カネよりも
チエと**センス**で
人を呼び込め！

地域発
観光まちづくり最前線

嶋津隆文・鷲尾裕子　編著

東京法令出版

はじめに

　全国各地を歩いていると、地域の人々の力というのは、何としたたかなんだろうと思い知らされる。
　たしかに、地方が全て元気かと言われればそうではない。田んぼには草が生え、商店街ではシャッターが下ろされ、高齢化の進行は地方にとりわけ早いと喧伝されている。しかし昨今、各地域ではこんな逆境を逆手に取り、あるいは地の素材を再発見することで、地域の活性化に挑んでいる人たちは多いのである。苦労しながらも結構楽しんでいる風情さえ見受けられるのだ。新しい挑戦をする。まちと人々が元気になる。外から人も来るし、自分たちの暮らしも面白くなってくる。その充足感によるものだろう。このしたたかさが素晴らしい。
　こうした地域の観光まちづくりの動きを知らない手はない。こうした地域の挑戦を全国の人に知ってもらわない手はない。そう考えて、着手したのが本書である。名付けて「カネよりもチエとセンスで人を呼び込め！」である。

　いつぞやこんな話を耳にしたことがある。
　日本には、元来日本料理というものはなく、それができたのはたかだか100年前の明治になってからだというものだ。それまで各地の郷土料理こそあったが、全国から集められた兵隊の口に合うものとして、最大公約数的な日本料理なるものを陸軍が考案したというのである。すなわち本当の「食」は、それぞれの郷土の土と水と空気を素材にして、その地の人々が育んできたものこそ本物だということである。
　そう考えると昨今の我が国の社会にあって、国政の混迷が続くにもかかわらず、したたかに全国各地で人々や自治体が、自らのチエとセンスで、地域おこしの取組みが展開する理由がよく分かるというものである。そもそも社会の力というのは、その土地の素材と人材を活用するところにこそあると言えるからである。硬い表現で言うならば、各地で展開される昨今の観光振興の胎動は、明治以来の中央集権というパラダイムを、無意識のうちに地方主権に還元しようとする内実を持つものと言えるだろう。地域の力にこそ、明日の日本社会の活性化が期待できる。そう思わせる気運が各地に彷彿としているのである。

　本書は第Ⅰ部で、各地の観光まちづくりの個性的な取組み例の最新情報を載せ

た。第Ⅱ部では、全国の自治体の観光プランの挑戦的な策定例を紹介し、併せて観光プランの策定のノウハウを提示してみた。その際、特に3つの視点に留意した。この本のセールスポイントである。

　1つは、全国の情報をできるだけ多く採録しようとしたことである。いささかでも学び得る知恵のある先例であるならば、それを漏らすまいと心した。とりわけ市町村の、小粒ながらもでっかい挑戦例を取り上げることに腐心したつもりである。

　2つは、できるだけ最新の情報を採録しようとしたことである。観光は時間との戦いである。人々の観光ニーズは思いの外わがままであり、常に移り変わっていく。昨日求められていたエリアが、今日は人々の足が遠ざかる例も少なくない。それだけに「旬」である事例を取り上げてみた。

　3つは、その取組みの情報を、できるだけ生(なま)の形、すなわち生の人間の、生の言葉で語ることでリアリティを伝えたいとしたことである。観光まちづくりを担う人々の体温を感じることで、直接その人々と地域に触れるチャンスをもってもらえばありがたい。そう念じたからでもある。

　全国各地で今、地域活性化のための新しい風が吹いている。観光という視座に立っての、様々な挑戦が行われている。その風を集めて強い力に変えていけたら、これは一つの素晴らしい社会革命になるのではないか。そう念じつつ筆を進めたものである。

　平成23年4月

　　　　　　　　　　　　　　　　　　　　　　　　　　　嶋津　隆文

観光の力を信じて

　平成23年３月11日、大きな揺れとともに、東日本大震災が起こりました。地震、津波に加えて原発問題、日に日に深刻な状況になっていく中、避難生活という状況の中で工夫して暮らしを築こうとする被災地の姿が知らされるようになり、ほっとした気持ちになりました。そうなると、次は私たちです。私たちができることについて、深く考えるようになってきました。

　まずは、この本のこと。本書は東日本大震災前、平成23年２月末に書き終えたものです。発刊時の６月では、疑問符を打たれるかもしれません。果たして、このまま発刊していいのか。悩みました。考えました。相談もしました。助言も受けました。話合いもしました。歴女で頑張る福島市の取組みも、中国からの観光客誘客に力を入れていた横浜市の取組みも、しばらくは、その力を蓄えることになるでしょう。それでも、何年か先に役に立つ指針として風を残すために、２月末に近い状態のまま、紹介させていただくこととしました。

　今は、観光を楽しむ気分になれない人たちが多いでしょう。しかし、緩やかに地域全体の経済を進めていくのが観光の本分です。被災地も今は難しいとしても、必ず、また訪れたい街になるに違いありません。海外からの観光客の足も遠のき、旅行に行きたい国とはならないでしょう。しかし、近いうちに必ず、たくさんの方が日本を笑顔で旅し、そして海外からの観光客を迎える日が来ます。なぜなら、あれだけの心温まるメッセージが、日本全国、世界各地から届けられているのですから。

　そして何よりも、「住み慣れた街に戻りたい」と正面を見据えて話す様子に、地域を再生する原動力は人であることを確信しました。

　観光の力を信じるためにも、本書をお届けしたいと思います。

　　　　　　　　　　　　この本に携わった皆さんを代表して
　　　　　　　　　　　　　　　　　　　　　嶋津・鷲尾

目次

第Ⅰ部　観光まちづくりの今を知る！

第1章　観光まちづくりの風を感じる……………………………3

1-1　観光まちづくりに関わる多様な主体……………………5
- 事例1　加賀市（石川県）
  地域観光・人流政策の現場……………………………………5
- 事例2　三島市（静岡県）
  市民主体の観光まちづくりの推進で通過地から目的地へ………………………………………………………12
- 事例3　絵金蔵（高知県香南市）
  住民で作って、住民で運営……………………………………19
- 事例4　ハウステンボス（長崎県佐世保市）
  地域との協働をより前面に……………………………………25
- まとめ…………………………………………………………30

1-2　温泉ブーム以前から続く観光まちづくり……………34
- 事例5　由布院温泉（大分県由布市）
  世代を超えてつながる観光まちづくり………………………34
- 事例6　黒川温泉（熊本県南小国町）
  入湯手形から25年。楽しみながらの観光地づくり…………42
- まとめ…………………………………………………………49

1-3　ニューツーリズムの今・昔……………………………53
- 事例7　安心院町グリーンツーリズム（大分県宇佐市）
  風土・食、さらには人を大事に………………………………53
- 事例8　工場景観の活用（横浜市・川崎市・岡山県倉敷市）
  サブカルチャー的視点からの地域の魅力の掘り起こし………………………………………………………60
- 事例9　京都フラワーツーリズム（京都府ほか）
  旬の情報提供、感動サービスＩＣＴ「花なび」………………68
- まとめ…………………………………………………………75

1-4　訪れる人も受け入れる人にも浸透するアートの観光まちづくり………………………………………………………79

事例10　大地の芸術祭　越後妻有アートトリエンナーレと小さなイベント（新潟県十日町市・津南町ほか）
アートで観光まちづくり……………………………………79

事例11　瀬戸内国際芸術祭に参加して（高松市ほか）
アートの力、人間らしく生きるために…………………84

まとめ………………………………………………………………91

1-5　時を越えて常に新鮮
──歴史は観光まちづくりの原点──……………………………95

事例12　福島商工会議所青年部（福島市）
勇猛果敢に他県、大企業とタイアップにつなげた心意気…………………………………………………………95

まとめ………………………………………………………………103

1-6　活動の場を広げる観光ボランティア活動……………107

事例13　山形の達人（山形県）
観光ボランティアガイドで着地型旅行の商品化………107

まとめ………………………………………………………………113

1-7　「ビジット・ジャパン」情報発信に力を入れて
──インバウンド誘致──…………………………………………116

事例14　横浜観光コンベンション・ビューロー（横浜市）
中国人観光客の受入れについて"攻めと守り"…………116

事例15　野沢温泉（長野県野沢温泉村）
民間の力でインバウンド誘客……………………………124

事例16　中国人観光客の消費志向
割引クーポンで中国人観光客を囲い込み………………130

まとめ………………………………………………………………135

第2章　観光まちづくりの風を検証する……………………………140

2-1　柔軟な組織運営
──縦（世代）にも横（業種や分野）にも幅広く──………………140

2-2　戦略と参加
──目標は高く、敷居（きっかけ）は低く──………………………147

2-3　観光魅力の掘り起こし
──普段の暮らしから特別の趣味まで──…………………………152

第Ⅱ部　わがまちの観光プランをつくろう！

第3章　全国各地の観光プランを知る……161

③-①　ブランドで勝負！……162

- 事例1　宇都宮市　「餃子」からさらなる飛翔を目指す……162
- 事例2　富良野市（北海道）
  「環境・感動・癒しの大地ふらの」を標榜……165
- 事例3　今治市（愛媛県）
  「海響都市のブランドを創る」が目標……168
- 事例4　熊本市・浜松市・柳川市（福岡県）……172

③-②　イベントを軸に！……174

- 事例5　伊勢市（三重県）
  「日本人の心のふるさと伊勢」を基本理念に……174
- 事例6　墨田区（東京都）
  スカイツリーを生かした国際観光都市づくり……177
- 事例7　奈良県　遷都1300年の歴史文化をまるごとに……181
- 事例8　出雲市（島根県）・横浜市・東京都……184

③-③　地域ぐるみがミソ！……186

- 事例9　岐阜県　飛騨・美濃じまん運動を展開する……186
- 事例10　田原市（愛知県）
  菜の花も丼も海浜も"まるごと"に……189
- 事例11　今帰仁村（沖縄県）
  日本一早い桜まつりと世界遺産グスク……193
- 事例12　阿賀野市（新潟県）・酒田市（山形県）・大田区（東京都）・徳島県……195

③-④　シティセールスで売り込め！……198

- 事例13　仙台市
  シティセールス戦略プランを軸とした観光振興……198
- 事例14　盛岡市　ふるさとの山に向ひて言うことなし……201
- 事例15　厚木市（神奈川県）
  「味よし」「眺めよし」「気持ちよし」のまち……205
- 事例16　甲府市・山口市・甲賀市（滋賀県）……209

第4章　観光プラン作成のフォーマット ……………………… 211

- 4-1　市の観光プランの一例
  　　　—高崎市観光振興計画 ……………………………… 211
- 4-2　観光プランの一般的な構成 ………………………… 217
- 4-3　市町村の観光プランの策定状況 …………………… 226
- 4-4　県の観光プランの一例
  　　　—しまね観光アクションプラン ……………………… 230
- 4-5　都道府県の観光プランの策定状況 ………………… 236

第5章　観光プランの意義と今後の課題 ……………………… 240

- 5-1　観光プランを作る意義 ……………………………… 240
  - その1　観光立国という国の方針 …………………… 240
  - その2　自治体にとっての計画のメリット ……………… 241
- 5-2　観光プランを策定する上での留意点 ……………… 246
  - その1　政策的な面からの留意点 …………………… 246
  - その2　技術的な面からの留意点 …………………… 255
  - その3　主体と協働という面からの留意点 …………… 258
- 5-3　観光プランをさらに磨き上げよう …………………… 265

附録　わがまちの風を探そう「わがまち診断票」

地図から探す

～本書で取り上げた主な地域～

（数字は掲載ページ）

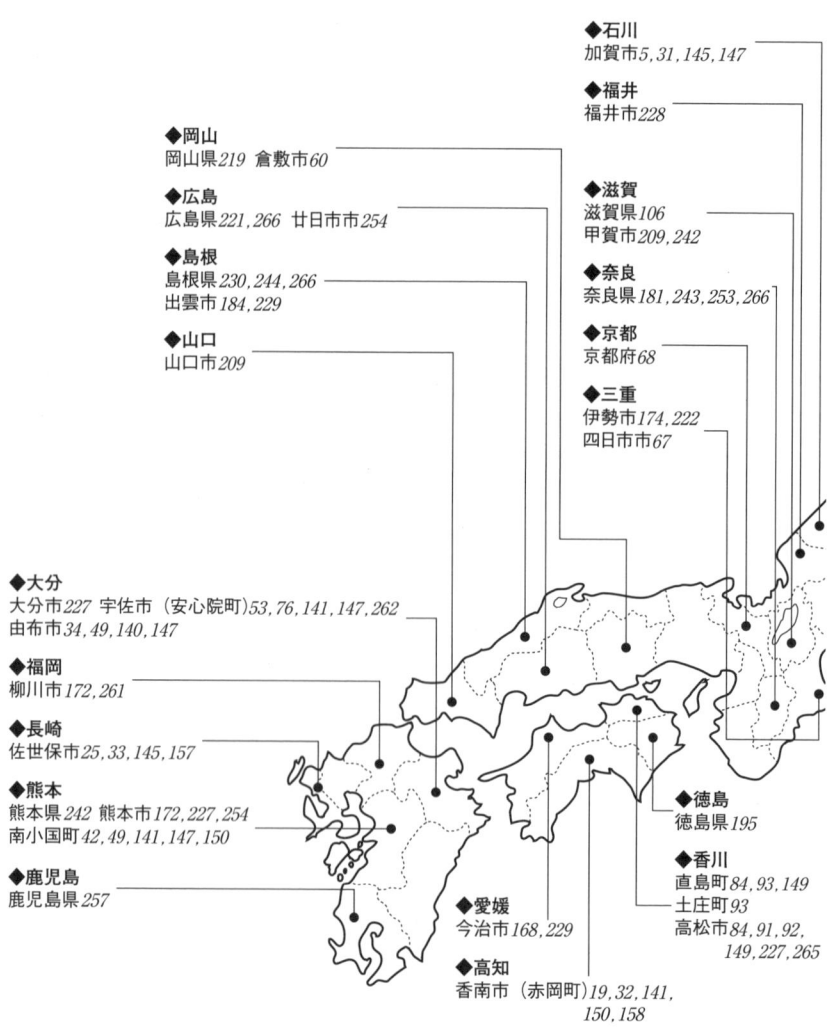

◆石川
加賀市 5, 31, 145, 147

◆福井
福井市 228

◆岡山
岡山県 219　倉敷市 60

◆広島
広島県 221, 266　廿日市市 254

◆島根
島根県 230, 244, 266
出雲市 184, 229

◆滋賀
滋賀県 106
甲賀市 209, 242

◆奈良
奈良県 181, 243, 253, 266

◆山口
山口市 209

◆京都
京都府 68

◆三重
伊勢市 174, 222
四日市市 67

◆大分
大分市 227　宇佐市（安心院町）53, 76, 141, 147, 262
由布市 34, 49, 140, 147

◆福岡
柳川市 172, 261

◆長崎
佐世保市 25, 33, 145, 157

◆熊本
熊本県 242　熊本市 172, 227, 254
南小国町 42, 49, 141, 147, 150

◆鹿児島
鹿児島県 257

◆徳島
徳島県 195

◆愛媛
今治市 168, 229

◆香川
直島町 84, 93, 149
土庄町 93
高松市 84, 91, 92, 149, 227, 265

◆高知
香南市（赤岡町）19, 32, 141, 150, 158

6　目　次

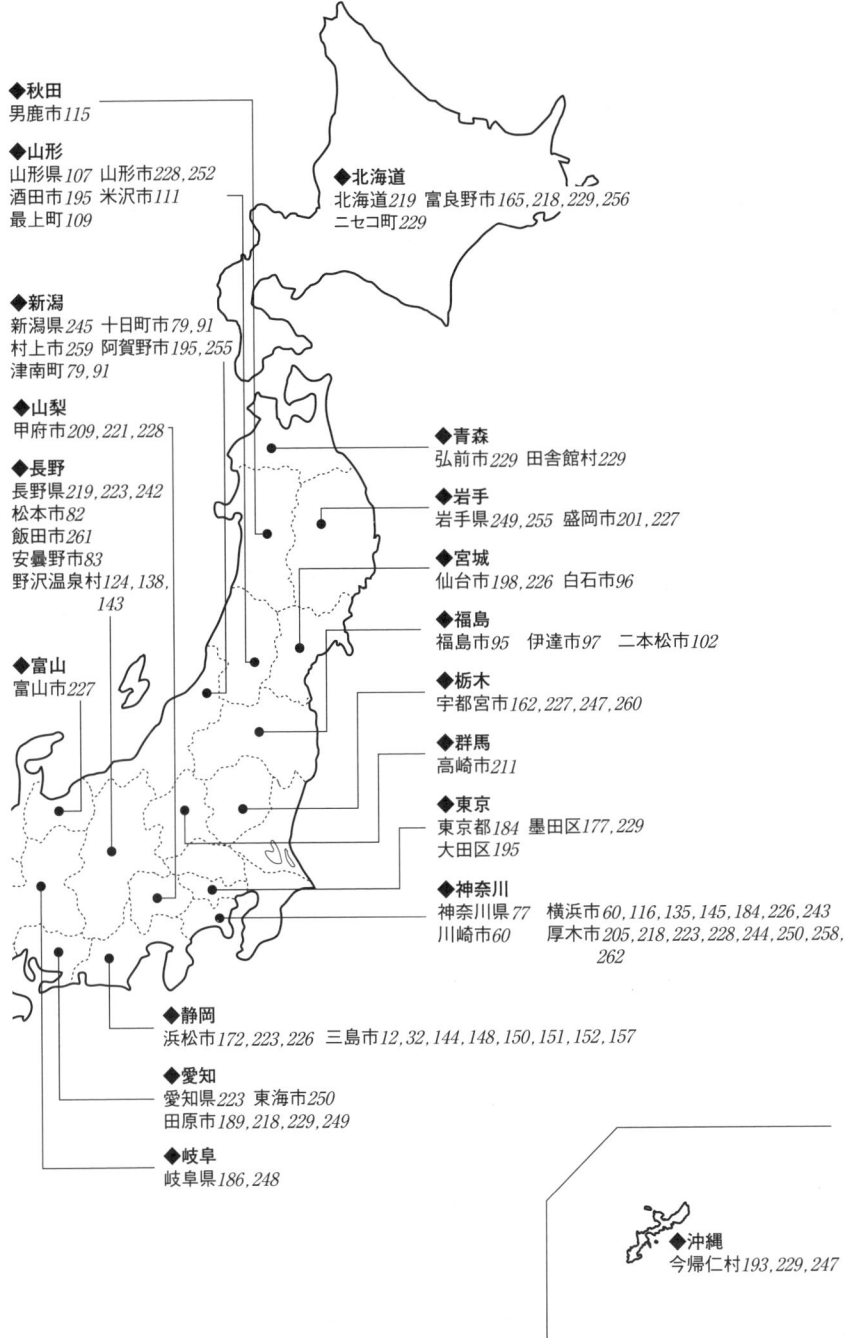

◆秋田
男鹿市 115

◆山形
山形県 107　山形市 228, 252
酒田市 195　米沢市 111
最上町 109

◆新潟
新潟県 245　十日町市 79, 91
村上市 259　阿賀野市 195, 255
津南町 79, 91

◆山梨
甲府市 209, 221, 228

◆長野
長野県 219, 223, 242
松本市 82
飯田市 261
安曇野市 83
野沢温泉村 124, 138, 143

◆富山
富山市 227

◆北海道
北海道 219　富良野市 165, 218, 229, 256
ニセコ町 229

◆青森
弘前市 229　田舎館村 229

◆岩手
岩手県 249, 255　盛岡市 201, 227

◆宮城
仙台市 198, 226　白石市 96

◆福島
福島市 95　伊達市 97　二本松市 102

◆栃木
宇都宮市 162, 227, 247, 260

◆群馬
高崎市 211

◆東京
東京都 184　墨田区 177, 229
大田区 195

◆神奈川
神奈川県 77　横浜市 60, 116, 135, 145, 184, 226, 243
川崎市 60　厚木市 205, 218, 223, 228, 244, 250, 258, 262

◆静岡
浜松市 172, 223, 226　三島市 12, 32, 144, 148, 150, 151, 152, 157

◆愛知
愛知県 223　東海市 250
田原市 189, 218, 229, 249

◆岐阜
岐阜県 186, 248

◆沖縄
今帰仁村 193, 229, 247

目　次　7

第Ⅰ部

観光まちづくりの今を知る！

　第Ⅰ部は、まずは第1章「観光まちづくりの風を感じる」で、7つのテーマを⑴観光の主体、⑵温泉、⑶ニューツーリズム、⑷アート、⑸歴史、⑹ボランティアガイド、⑺インバウンドの順に、地域発のはつらつとした事例の紹介と、観光まちづくりに重要とされる視点を、データを交え解説する。第2章では、第1章の事例を基に、地域の観光まちづくりの風が吹いていく方角を見ていく。

観光まちづくりの風を感じる

地域の風を集めて、力に変えよう

　観光立国の言葉以前から、各地で、観光への熱心な取組みが進められてきた。そして、今では、「住んでよし、訪れてよし」の言葉にあるように、まちづくりとしての観光振興、つまり観光まちづくりとして、個性的な取組みが続けられている。それらの取組みは、博覧会、リゾート、大型テーマパークといったブームと呼ばれる大きな風ではないが、景気や雇用、政治に対する不安といった何となく重苦しい逆風に負けず吹く、小さな風のように思える。

　本書は、地域の観光まちづくりの今を知ることから始める。各地での小さな風を集めると大きな風になり、力になる。観光まちづくりに取り組む仲間を知ることで、自分たちの街に生かしてもらえたらと思う。

　今、各地で進む観光まちづくりには、1つの特徴がある。それは、これまでの取組みを足下から見直し、まずは、自分たちの生活を楽しもうとしていること。ずっと先のことを考えながらも、まずはできることから取り組もうとしている。

　例えば、観光地づくりのお手本と言われた地域がある。たくさんの人々がその地域を訪れ、自分たちの観光地づくりに生かそうとした。でも、そういった地域にも、雰囲気にふさわしくない、地域らしくない看板や建物ができたり、観光客数が伸び悩んだりといった現実に苦戦している。テーマパークブームが終焉を迎え、閉園したものも数多くある中、新たな人材を迎え、地域とともに再生を目指すものもある。市民の手で見直された観光資源がある。その観光資源に関わる博物館を市民が運営している。などなど。

　本章では、「観光まちづくりの風を感じる」と称して、幾つか

の事例を紹介する。それぞれの事例は見る角度によって様々な見え方をするが、ここでは共通する特徴として7つのテーマ、(1)観光の主体、(2)温泉、(3)ニューツーリズム、(4)アート、(5)歴史、(6)ボランティアガイド、(7)インバウンドの順に紹介していく。特に第1のテーマ「観光の主体」を感じてもらえるよう、行政の首長、観光課職員、商工会議所メンバー、観光関連企業、観光に直接関連のない企業、アーティスト、市民活動グループ等、多彩な皆さんに執筆していただいた。立場が違えばものの見え方が変わるように、観光まちづくりの今を様々な角度から触れてほしい。

　なお、事例に続いて、それぞれのテーマに関する「まとめ」として、観光まちづくりに重要とされる視点をデータを交え解説している。

1-1 観光まちづくりに関わる多様な主体

事例1 加賀市（石川県）
地域観光・人流政策の現場

　石川県加賀市は古くからの温泉地であり、城下町である。しかし昨今、地域間競争の時代の中で、抱える課題は少なくない。寺前秀一市長★は、その加賀の首長として、観光を軸に地域の活性化を図ろうとする。かつては運輸省・国土交通省の担当官として観光振興策を推進し、また、観光学博士として大学で教鞭もとってきた。その豊富なストックをもとに、故郷の加賀をいかに発展させていくか。全国から注目される取組みである。

1　多核分散都市・加賀市における観光・人流政策の位置付け

　加賀市域は山岳部から海岸線に至る大聖寺川、動橋川の全流域をカバーする旧大聖寺藩十万石の領域とほぼ重なっている。自給自足的地域経営がなされてきた藩政を反映して、山代、山中、片山津等の温泉はもとより、北前船主を生みだし明治・大正期に日本一の大富豪の村とされた橋立の伝統的建造物群、伝統工芸の九谷焼、山中漆器、片野鴨池の坂網猟（◉P.11）、山中節等、多くの歴史・文化資源、産業資源を保有する地域である。それとともに、城下町・大聖寺は、加賀藩の支藩であったことから、金沢文化との共通性も多く、今後は萩・津和野にも匹敵する「もうひとつの金沢」として地域の誇りの中心となることを目指している。

　温泉の恵みを受けた加賀市は、古くから観光政策のウェイトが高く、複数の温泉地を抱え、観光に限らず温泉地間の地域バランスを

■橋立伝統的建造物群保存地区（山崎通り）
江戸後期から明治中期にかけて繁栄した北前船の船主や船頭が居住した集落

★　事例1執筆　寺前　秀一（加賀市長／松蔭大学客員教授・観光学博士）

どう取るかといった問題が政策課題であった。また、域内総生産額で観光業を超える基幹産業である製造業は、漆器、食品製造といった入湯客用土産品製造に由来するものが多く、まさに温泉の恵を受けている地域であった。しかしながら、2014（平成26）年度の北陸新幹線金沢開業を控え、また、高速道路料金の低廉化傾向を受けて、加賀市がこれからの地域間競争に対応するためには、観光施設の戦略的整備・更新、域内イベントのプログラム化等、従来の温泉地ごとに行ってきた活動から脱却して地域全体の総合的取組みとすることが課題となっている。

バブル崩壊後、入湯客の大幅減少とともに山代温泉、山中温泉等の知名度が低下してきており、特に若年層においてその傾向は顕著である。伝統を表すブランドとして力のある「加賀」及び「加賀温泉郷」を前面に出した地域ブランド戦略が特に東京圏を中心に求められるものである。

加賀市議会における市長答弁頻度は、観光よりも医療、福祉、教育が上回っているものの、これらのテーマはすべて「地域の誇り」と結び付いており、改めて観光政策の重要性が認識される。筆者は市長として、政治的数値目標である年間観光誘客300万人構想実現に向けて、加賀市においては全市的取組みのため観光誘客推進本部を設置したところであり、産業界も㈳加賀市観光交流機構を設立し、宿泊産業に限定せず全産業的取組みを展開中である。

2　温泉権の地域主権化

温泉は「自然に湧く湯は皆のもの」という意識に支えられて、その地域住民は何らかの形で共同浴場に入浴する権利を持ってきた。しかし、人工掘削泉が増大するにつれて、温泉の私的支配が進み、それに伴って総有的支配に基礎をおく旧慣上の温泉権は変質・解体していった。住民側においても、温泉地にもかかわらず家庭内入浴施設が普及していき、今日のように地域づくりの中心に温泉が据えられるようになると、温泉入浴施設は地域住民の共同入浴施設というよりも、観光政策的な意味でも捉えられるようになっていった。山代温泉古総湯がその代表例である。

片山津温泉では、入湯客の減少により、2007年に財産区制度を

廃止した。財産区が設立されたのは「加賀市制の施行によって、共浴場の所有権と、これに伴う温泉の使用権とが市に吸収されることを防ぐため」であり、旧片山津町が保有していた源泉地の所有権は、地域住民名義に変更され、総有的団体「明治会」が所有するものとされた。片山津財産区が廃止

■片山津温泉新総湯（2012年春完成予定のイメージ）
白山連峰を望む柴山潟湖畔の21世紀型温泉館

された今日、加賀市が直接老朽化した片山津温泉共浴場の建替を行うに当たっては、観光施設的要素を強く打ち出し、加賀温泉郷全体の発展につながる企画が必要であることは当然であった。山出保前金沢市長が政治生命をかけて推進した金沢21世紀美術館の成功事例に倣い、新総湯の設計をニューヨーク近代美術館の設計などを手掛けた建築家の谷口吉生氏に依頼し、2012年開業に向け地域住民一丸となって片山津温泉再生に邁進することとしている。

　他方、漆器関係者等旅館以外の者の発言力も強かった山中温泉では、温泉の掘削に対する集落共同体的規制が強く維持され、温泉の配湯は全て山中温泉財産区条例等によって規律されている。これに対して、山代温泉の源泉地は民間の鉱泉組合等が全て保有する形となっているが、沿革的には旧山代町が所有する土地も含まれていた。前述のとおり、明治会名義になっている片山津温泉の源泉地と併せて、まちづくりの観点や域外資本旅館との調整を円滑にすることを重視する立場からは、市民共有のものとすることが期待されるところである。しかし、温泉権をめぐる解決は、現在の温泉法のスキームでは対応できないものであり、経済特区による温泉権の管理が実現可能かを今後検討していくべきである。

3　新資本・旧資本問題

　温泉権[※1]が加賀市民の共有財産的なものとして認識されるの

※1　湯口権、温泉利用権などともいわれる、慣習法上の物権である。土地の所有権と切り離された独立した権利として扱われる。その内容は民法や温泉法に規定されておらず、全て慣行による。加賀市は有名な三温泉（山代、片山津、山中）を有するが、それぞれの地域での歴史と特性があり、土地の所有権や温泉権の管理は複雑な課題となっている。

であれば、域内資本と域外資本の調整問題も、温泉利用の在り方として解決策が模索できる。しかし、個別宿泊施設の私有財産的色彩が強い場合には、譲渡方式を含めビジネス上の問題となり、市政の関与は雇用等の政策の観点から行われる。

加賀三温泉（片山津、山中、山代）の入湯客数は、明治期に興された片山津温泉の入湯客数が山中温泉を超えて最大となったのが1964（昭和39）年で、当時の域外資本のホテル「ながやま」が進出し発展に寄与した。片山津温泉は1980年、山代温泉は1986年、山中温泉は1991年に最大入湯客数を記録している（図表1）。バブル崩壊により加賀三温泉の入湯客数は激減し、2010年には片山津温泉はほぼ東京オリンピック時（1964年）の入湯客数に戻ってしまった。

図表1　加賀三温泉の入込客数の推移
（日帰りを含む）　　　　　　　（人）

	山代温泉	山中温泉	片山津温泉
1964年	468,029	546,942	559,341
1980年	1,664,015	681,804	1,514,377
1986年	1,853,757	774,326	1,284,369
1991年	1,756,440	849,671	1,162,267
2005年	1,095,876	514,229	391,961
2009年	905,146	529,467	533,770
2010年	938,625	557,472	522,738

注　　　　　は各温泉の過去最高客数の年である。

バブル崩壊後、金融政策の変更等の環境変化に対応できず、創業800年の山中温泉「よしのや依緑園」等の各温泉地の一番館を先頭に、多くの旅館が経営者交代等に追い込まれ、域外資本の低料金問題や廃業旅館跡地問題が発生することとなった。新しく経営に参加した旅館（新資本旅館）の加賀市内におけるウェイトは、入湯客数で全体の半数に迫ってきている。このうち低価格旅館（新資本旅館のうち、365日同一低料金をうたう旅館）は4分の1にもなり、一部の地元資本旅館は、低価格旅館が自分たちのお客を奪っているのではないかという不満をベースに、三温泉のブランド・イメージへの不安を訴える。しかし、新資本旅館は、地域資源、地元食材の活用、地元業者の利用については地元資本と遜色はなく、域内の複数の温泉地で旅館を経営するところから三温泉にこだわらず、加賀温泉郷全体を前面に打ち出す傾向が強い。

4　錦城山、鶴仙渓整備と九谷焼・山中漆器のブランド化

観光政策の重要性が増加すればするほど、石川県と加賀市の役割分担を明確化することが大きな課題となる。山出保前金沢市長

が「金沢城址や兼六園の整備は県が行っており、僕たち市の担当はその外縁にある用水、堀、昔ながらの茶屋やこまちなみ、武家屋敷など」(美術出版社「美術手帖」2010年9月号)としているように、錦城山や鶴仙渓の整備は、金沢城、兼六園に相当するものとして石川県の役割にも期待し、加賀市は外縁にあるまち並み等の整備を中心にして、北陸新幹線の金沢以西延伸のための積極的人流増進策に取り組んでいくことを考えている。

　国宝数において、石川県は2点と愛知県の9点に劣後するものの、実存する人間国宝の数において石川県(9人)は愛知県(1人)をはるかにしのぐものとなっている。加賀市在住の人間国宝は、大聖寺藩が奨励した山中漆器及び九谷焼に直接、間接に関連している。明治終期から骨董的価値の高くなった古九谷の産地について、平成初期に加賀九谷説と有田説が論争になり、東京国立博物館は「伊万里焼・古九谷様式」と有田説による表示をしているものの、文化財保護法による重要文化財としての指定は古九谷と分類されており、混乱した印象を与えるものとなっている。これを、邪馬台国論争的に九谷・有田論争として世間に着目される大きなテーマに発展させるため、加賀市としては、佐賀県有田町と連携して、東京において誘客効果を狙ったシンポジウム等を計画している。

　ブランド力を高めるため、加賀九谷陶磁器協同組合では、九谷焼と山中漆器のコラボレーションによるザ・ジャパニーズウォッチを、東京国際空港免税売店に海外観光客向高級土産品として展示する等の試みを行っており、加賀市

■錦城山
大聖寺城は幕府の「一国一城令」により廃城となり、現在は錦城山公園となっている。

■鶴仙渓(こおろぎ橋)
山中温泉にある砂岩の浸食によって数多くの奇岩が見られる景勝地。

第1章　観光まちづくりの風を感じる　9

としては「伝統工芸等担い手育成事業助成金」制度を設け、若手九谷焼作家の海外などでの展示会への助成を行っている。

5　アンドラ公国に倣う日帰り観光客対策

　人口、面積等において加賀市とほぼ同じ規模である欧州アンドラ公国（ピレネー山脈にあるフランスとスペインに挟まれた国）には日帰り客を中心として年間1000万人以上の観光客が訪れている。その結果、同国の経済規模は、ほぼ加賀市の2倍となっている。このことは、加賀市において、近隣地域の日帰り客を重視した施策も地域活性化として可能性があることを示唆している。

　日本の入湯客数上位10市町村のうち、東京圏内に6か所が含まれている。東京圏以外の4か所のうち、札幌市（定山渓温泉）、仙台市（秋保温泉）は政令指定都市であり、地方都市としては、別府市とともに加賀市が頑張っている。しかしながら、やはり観光地として近隣に大きな都市が存在することの有利性は否定できず、金沢市のメガロポリス化は加賀温泉の大幅発展には必須であり、新幹線開業後の発展には大いに期待したい。

6　北陸新幹線延伸と越前加賀の連携の強化

　加賀温泉郷の全入湯客における東京圏からの入湯客の割合は1割にも満たない状況であるものの、北陸新幹線金沢開業を控え人口4000万人を超える東京圏は潜在需要と認識すべきであろう。長期滞在型観光地ではない金沢は周遊型観光の拠点となるはずであり、石川県当局は、新幹線金沢開業効果の石川全県下への普及という政治的スローガンを掲げている。加賀市の観光施策も、金沢駅におけるアンテナショップの費用対効果等を調査実施しているところである。東京圏の観光客から見た加賀温泉郷は金沢駅からの二次交通圏内に存在するものと映るから、新幹線の着発に合わせた路線バス、乗合タクシー、送迎バス等の交通サービスネットワークの確立も必須である。

　大手旅行会社は、東京圏における「越前・加賀」のブランド力に注目しているものの、両地域の県境という見えざる壁は、行政制度、活字系マスコミ資本の違いもあり、物理的距離以上に情報距離が大きいのも現実である。北陸新幹線の金沢以西延伸には、この壁を突破する越前・加賀間の人流の増大が必要であり、その

ための戦略的な施策の展開が求められる。旧西ドイツは、戦後アメリカ人観光客誘致のため、ナチズムのイメージを払拭しローマ帝国、中世をイメージさせたロマンティック街道を観光資源として新たに開発した。越前・加賀においても、白山平泉寺、永平寺、瀧谷寺（三国）、吉崎御坊、戸田城聖生誕地、山の下寺院群（大聖寺）等の宗教資源を、「北國宗教街道"祈りの道（仮称）"」として戦略的にルート化して商品化する試み等が考えられる。また、越前・加賀間の人流の振興は、県境にある加賀市にとって、金沢市よりも物理的距離の近い福井市を中心にした日帰り客の誘致策としても重要課題である。

問合せ先 加賀市役所観光交流課
☎0761-72-7900

■吉崎御坊（福井県あわら市、集落の一部は加賀市）
蓮如は吉崎を本願寺系浄土真宗の北陸における布教拠点とした。

＜当地のイチオシ・スポット＞

■山代温泉　古総湯（こそうゆ）

明治19年築の総湯を復元した山代温泉のシンボルとなる施設で、外観は、四方八方どこからでも出入りできる特徴的な造りとなっている。こけら葺きの屋根や拭き漆による浴室壁面、さらには随所に施されたステンドグラスなど、当時の様式が忠実に再現されている。また、当時の浴室に使用されていた九谷焼のタイルを地元九谷作家たちの手により復刻させ、壁や床にあしらっている。これらの粋を極めた意匠を楽しみながら、昔日の雰囲気の中、源泉かけ流しの本物の温泉を味わうことのできる浴場である。

所 石川県加賀市山代温泉18-128 ☎0761-76-0144
営 6:00～22:00 休 第4水曜午前（午後から通常）
料 大人￥500 中人￥200 小人￥100

■片野鴨池（かたのかもいけ）と坂網猟（さかあみりょう）

片野鴨池には鴨や雁をはじめとする野鳥が多く飛来し、野鳥たちの生息地となっている。1993年、湿地と水鳥を保護する国際条約であるラムサール条約の登録湿地に指定された。鴨池のそばにある鴨池観察館では、常駐の日本野鳥の会レンジャーによる説明を聞きながら、館内の望遠鏡で鳥たちの様子が観察できる。

この鴨池では、江戸時代から伝わる伝統的な狩猟方法で石川県指定有形民俗文化財に指定されている、坂網猟（猟期は11月から2月まで）という鴨猟がある。日没時に、坂場と呼ばれる池周辺の丘陵地において、Y字型の特殊な網を投げ上げ、水田に採餌に飛び立つ鴨を捕獲する。一度に取り尽くさず、必要な分だけ捕獲することから、湿地のワイズユース（賢明な利用）としても知られる。また、坂網猟は銃猟と違い、鴨に傷が付かない状態で捕まえることができることから、その肉は臭みがなく、食べやすく、市内の料亭で珍重されている。

坂網猟でとれた貴重な鴨と地酒と、九谷焼や山中漆器などの器を使った「大聖寺天然鴨プレミアム料理」などの加賀の天然鴨の料理を中心にした商品開発により、加賀ブランドとしての全国発信を目指している。

事例2	三島市（静岡県） 市民主体の観光まちづくりの推進で通過地から目的地へ

　静岡県三島市は、積極的なまちづくりで知られている。水を大切にして、暮らしを守り育ててきた結果、多くの来訪客が訪れる観光のまちとなった。土日は、三島駅から始まるまち歩きコースを楽しむ人たちでにぎわう。観光まちづくりにおいて次のステップを目指す三島市の取組みを、これまでの経緯を交えて、商工観光課の柿島淳★さんに紹介いただく。

1　はじめに

　三島市は静岡県の東部、富士箱根伊豆国立公園の玄関口に位置しており、西に愛鷹山麓山塊、東に箱根連山を控え、山間丘陵地帯が約3分の2を占めている。北部には標高3776メートルの富士山がそびえ、その雪解け水が市内の至る所で湧き出ており、美しい自然と温暖な気候に恵まれた環境の中にある。東京駅から100キロメートル圏内にあり、新幹線三島駅から中心市街地へと続く緑地帯と湧水が流れる水辺環境は東京から約1時間の位置とは思えないほど自然が残っている。

　市民（人口約11万3000人）が主体となり「住みたい街・快適な空間づくり」を目指したまちづくりを継続した結果、水と緑がまち中を彩るようになり、身近な環境美化活動を始める人々が増えるなど市民の意識が高まるとともに、三島市を訪れる人も増加しており、まちににぎわいと活気が戻ってきた。現在はその来訪者を、おもてなしの気持ちで迎え入れるための様々な取組みが展開され、交流によるにぎわいが生まれている。

2　まちづくりの経緯

　かつて「水の都」と呼ばれていた三島市では、昭和40年代に湧水が枯渇したことを契機として、市民が自主的に活動する気運が高まり、市民主導のまちづくりが展開されてきた。その象徴とも

★　事例2執筆　柿島　淳（三島市役所　地域振興部商工観光課）

言える「街中がせせらぎ事業」は、1996（平成8）年の三島商工会議所による「街中がせせらぎビジョン」提言をきっかけに、市民、企業、まちづくり団体、行政がパートナーシップを結び役割を分担し合い快適な空間作りを目指した事業である。

　話し合いを繰り返し行い、合意形成を図る中で環境整備をしてきた結果、心の原風景・原体験を思い出させる回遊ルートができ上がり、市全体のロケーションをグレードアップすることができた。巡り歩く楽しさによる感動や発見、そこでの様々な出会いこそ、魅力あるまちではないかという共通認識が生まれてきた。

　このようなまちづくりを10年以上継続した結果、市民の意識も高まるとともに訪れる人も増加してきた。このことは三島市民にとっても驚きであった。決して観光地化を目指してきたわけではなく、三島市の本来あるべき姿に取り戻す活動をしてきただけだったが、その活動が誘客につながっていたからだ。現在では、休日になるとリュックを背負った来訪者が多く見られるようになり、市内中心部を流れる源兵衛川は、夏場には毎日100人近い子供たちが川遊びに興じる光景も見られるなど、水の都・三島を代表する場所となっている。

■源兵衛川
富士山の湧水が流れ、水の都・三島のシンボルとも言える源兵衛川。川には飛び石があり、景色を楽しみながら歩くことが市民の日常となっている。

　市民が主役となって、景観に配慮し展開してきたまちづくりは「都市景観大賞」、「手づくり郷土賞」、「優秀観光地づくり賞」等数々の賞を受賞し、全国的にも注目されるようになった。現在は、協働のまちづくりによって醸成された市民、市民グループ等と共に次なるステップとして「着地型旅行」を推進している。「住みたい街」を目指しての活動が、誘客と観光振興にステップアップしたのだ。住んでいる地域が好きになったことで、人を迎え入れ、見てもらいたいという気持ちに高まったと言える。

　以前からまちづくりに関わった各団体とは、ネットワークを構

築しオール三島としての活動をしてきたので、着地型旅行に向けての取組みもスムーズに行動（アクション）に移すことができた。富士・箱根・伊豆に向かう通過地の三島という現状から、乗換えの人にも降り立ってもらい、楽しんでもらうことで滞留時間を少しでも長くし、それにより次回は目的地として来訪してもらうことが重要だと考えたのである。その実現を図るために、豊かな自然と市民の持つ力を生かし、より細かなニーズへの対応と、着実な旅行需要の拡大を目指すためにオール三島による話合いを繰り返し行い、実行に移している。

3　現在力を入れている取組み

🍃旅行会社、マスコミへの積極的なセールス活動

まず、手始めに箱根西麓の初冬の風物詩となっている大根干しを舞台とする写真撮影ツアーとスケッチツアーを首都圏の旅行会社に直接売り込んで誘致した。富士山を背に約1万本の大根が白く輝く現場は、我々市民にとっては日常の風景であったが、首都圏の人にとっては非日常的空間ということに気付いたためである。東京から距離的に近いのもポイントで、観光協会、行政、大学教授等でチームを作り、写真を持参し撮影ポイントをアピールしながら営業活動し、当日も案内役を買って出ている。地元ならではの情報を盛り込むことで参加者からは好評をいただいている。ここでポイントとなっているのが、その日に一番ロケーションがよい旬の場所を案内するように心掛けていること。写真を撮影する人、スケッチを描く人の作品は広く口コミで紹介され、そのまま誘客につながるので、地元発信の旬の情報提供が重要なためである。参加者のみならず作品を見た人が、その後個人旅行としてゆっくり訪れてくれているのが特徴と言える。つまりツアー参加者の一人ひとりが観光大使となっているのだ。趣味のツ

■大根干しと富士山
11月下旬に箱根西麓地区で広がる大根干しの風景を見ようと、多くの人が訪れる。

アー客の誘致はこれからも強化していきたい。

🍃着地型旅行の推進

三島市観光協会では、2010年に第三種旅行業を取得して着地型旅行商品の開発及びその販売に努めている。まちの面白い取組み、おすすめのお店、特産品等といった三島ならではの旬の情報をつなぎ合わせ、積極的に企画・販売することで多様なニーズに対応し、活性化を目指すものである。そのためには取得した第三種旅行業のメリットを生かし、窓口の明確化、手続きの一本化を図ることが必要である。今後は受入れ態勢を整備し着地型商品のメニューを増やすことで、来訪者の滞留時間の延長とそれに伴う経済効果を図りたい。

🍃来訪者と市民との交流

三島の自然環境をただ見学するのではなく、三島を愛してやまない市民とつなぎ合わせ、まちの魅力を対面により口頭で伝えることが重要である。三島には1991年に結成された観光ボランティアガイドの「三島市ふるさとガイドの会」があり、名所旧跡等を案内することで観光推進に貢献しているので、ガイドと来訪者をつなぎ合わせることに力を入れている。同会は三島駅前の総合観光案内所に常駐し市民目線の案内を行い、事前予約者にはガイドツアーを行うことでガイドブックやインターネットでは伝わらない市民の想い、そして三島の持つ歴史と文化について対話を通して伝えている。人とのふれあいを重視した案内は好評で、口コミにより件数が増加し、リピーター化にもつながり、現在では「ガイドとめぐる三島散策」という形で旅行商品にまでなっている。また、他の団体も来訪者とふれあう機会を組んで、おもてなしに努めるなど、市民が観光推進の一躍を担っているというのも協働のまち三島

■観光ボランティアガイド
観光ボランティアガイドによるガイドツアーが、まち歩きを楽しくする。

第1章　観光まちづくりの風を感じる　15

ならではと言える。

　また、来訪者と市民との交流の場所が重要と考え、総合観光案内所だけではなく、回遊ルート沿いに「せせらぎ一服処」を2か所設置し、来訪者と市民との交流、お茶によるおもてなし、情報発信に努めている。ここでも主役となっているのが市民。交流の拠点を整備し、市民目線で自分の好きな場所、お店、旬の情報を対面によって伝えることで市内を回遊する人が増えてきて、まちへの滞留時間が延長しつつある。

食によるまちおこし

三島は以前からうなぎが名物として知られているが、もっと来訪者に気軽に食べ歩きしてもらうことを目的として、特産品の三島馬鈴薯を使用した「みしまコロッケ」で食によるまちおこしを展開している。現在、認定店も800店舗を超え、農商工連携による取組みで認知度が上がり、

■みしまコロッケ
農商工連携で取り組む「みしまコロッケ」でまちおこしを進めている。

市内での盛り上がりだけでなく、B-1グランプリをはじめとする全国規模のイベントでも人気の的となり、広く三島の名前を知ってもらう機会となっている。みしまコロッケを求めてやってくる人も飛躍的に増えており、今後は増加している来訪者が飲食店や商店に立ち寄る仕組みを作り上げたい。

4　今後の課題

外国人観光客への対応

　今後インバウンド対応がいかにできるかが緊急的課題である。隣接地である伊豆、箱根には外国からの来訪者が多数いるので、三島にも立ち寄ってもらい楽しんでもらうための対応が早急に必要である。まず、最初の段階として母国語と日本語を話せる外国人を雇用し、総合観光案内所において英語、中国語、韓国語対応を図っている。対面による旬の情報

を伝えることは、外国人観光客にも重要だと考えているためだ。今後はガイドツアーにも同行し、ボランティアで通訳することにより外国人にも安心して楽しんでもらえる環境作りをしていきたいと考えている。

🌿 後継者の育成

人の動き、まちの磨き上げが観光推進に結び付いている三島市にとって、後継者育成が重要と考え、ガイドの会との協働による「旅育事業」を始めている。子供たちに地域の魅力を知ってもらい、自分のまちを好きになってもらうことを目的に「旅育」を推進することで、将来の地域のリーダーとなる存在を生み出したいというのが狙いである。

■子供との旅育事業
子供たちは、自分たちのまちを知ることで愛着が生まれる。

その際の指導者は、学校の先生でもなく、行政職員でもなく、地域を知り尽くしている市民だと考える。事業を展開した成果として、小学生による観光ボランティアガイド体験や観光マップ作成にまで発展しており、今後も若い世代が地域を楽しく学ぶための事業を展開していき人材育成も図りたい。

5 さいごに

これらのポイントは全て人である。富士山と景観、湧水といった三島に残る「心の原風景」に通じる景観を活用し、まちづくり活動を通して成熟した三島市民が来訪者と交流することこそ重要である。交流により魅力的な地域と感じてもらうことでリピーターも増え、三島市は今までの通過地、立寄り地から目的地へとステップアップするのではないだろうか。決して観光地化を目指していたわけではない三島のまちづくりが着実にステップアップしていくのではないかと思われる。それができるのが、首都圏から100キロメートル圏内で富士箱根伊豆の玄関口という交通の便の良い立地にある三島の利点、役割ではないかと考えている。

しかしながら、三島市だけではニーズに十分対応できないのが現状である。そこで、近隣市町と受入れ態勢を整備し、綿密な連携の下、お互いの弱点を補い合って、広域的に情報発信、誘客に取り組んでいく必要があると思われる。そのための取組みはスタートしたばかりだが、話し合いを進めるだけではなく、実行に移す中で改善を繰り返し三島ならではの観光まちづくりをこれからも進めていきたい。

問合せ先 三島市商工観光課 ☎055-983-2656

＜当地のイチオシ・スポット＞

■三嶋大社

源頼朝公旗挙げの地である三嶋大社。東海道に面し、交通の要所として広く知れ渡った。重要文化財の指定を受けた本殿・幣殿・拝殿には、けやき材を用いた見事な彫刻が施されている。また、大社内の宝物館では、三島市の貴重な資料を見ることができる。春には200本を超える桜が咲き、圧巻の景色を私たちに魅せてくれる。樹齢1200年を超えると推定される金木犀は、秋になると甘い香りを広げる。年間約300万人が三嶋大社に訪れている。
URL www.mishimataisha.or.jp/

■楽寿園

三島駅の目の前に、広大な自然公園がある。小松宮彰仁親王が別邸として造営されたものを市立公園として一般に公開している楽寿園。園内にある楽寿館は、明治時代を代表する日本画家たちによる210面に及ぶ襖絵・杉板戸絵・天井画等が施されており、これらは、静岡県指定の文化財となっている。富士山の溶岩石が模った見事な景観や手入れの行き届いた日本庭園など、自然の素晴らしさをまちなかで感じることができる。
所 静岡県三島市一番町19-3 ☎055-975-2570 営 9:00〜17:00（4〜10月）9:00〜16:30（11〜3月）入園は閉園時間の30分前まで 休 月曜（祝日の場合は翌日）年末年始変更あり 料 大人￥300 小人￥50団体30名以上は大人￥270小人￥40 URL www.city.mishima.shizuoka.jp/rakujyu/

■三嶋暦師の館

かなを使用し、印刷された暦では最も古いと言われる三嶋暦。鎌倉時代頃から明治16年まで、代々三嶋暦を作り販売してきた河合家が、歴史ある建物を三島市に寄贈。この建物を、暦の歴史や文化に親しめる場所として活用しているのが三嶋暦師の館である。国の登録有形文化財にも登録されている。中には暦の印刷体験コーナーも設けている。
所 静岡県三島市大宮町2-5-17 ☎055-976-3088 営 9:30〜16:30 休 月曜（祝日の場合は翌日）年末年始変更あり 料 無料

事例3 絵金蔵（高知県香南市）
住民で作って、住民で運営

　高知県の小さな町で住民たちがつくりあげた「絵金蔵」、運営も住民たちの手で行われている。「絵金蔵」に関わる住民たちから背中を押されるように、運営のまとめ役である蔵長と副蔵長となった女性2人。福原僚子★さんは、2代目副蔵長で、高知生まれの高知育ち、地元の大学で仏像や絵馬などの文化財調査に携わってきた。掃除や草むしりから会計、企画その他基本的に管理運営の全てに関わり、蔵長の横田恵さんとは学生時代からの戦友という福原さんは、多くの仲間たちと共に、充実した毎日を送っておられる。

1　絵金とは

　「絵金」という絵師を御存じだろうか。幕末土佐で活躍した絵師・金蔵（1812—1876）、通称絵金は、かつて土佐で絵描きの代名詞とされるほど民衆の心に根付いた絵師だった。もともと土佐藩の御用絵師を務めていたが、贋作事件に巻き込まれ、お城下追放となる。町絵師となった彼がその代表作である芝居絵屏風を最も数多く残したのが、ここ「絵金蔵」（●P.24）の建つ高知県香南市赤岡町である。

　町では年に一度、真夏の夜、商家の軒先に絵金の描いた芝居絵屏風23枚を点々と飾る。ゆらめく蠟燭の灯りのもと、血生臭い歌舞伎や浄瑠璃のクライマックスが息を呑むような迫力で観る者に迫る。芝居に熱狂した土佐の民衆たちは、年に一度の夏祭りのためにこぞって絵金に芝居絵屏風を注文し、神社に奉納した。氏子である町の旦那衆は幕末から約150年間、この土佐独自の祭礼文化とともに絵金の絵を守り続けてきた。

　絵金蔵は2005（平成17）年2月、これらの芝居絵屏風を収蔵し、絵金と彼を育んだまちの魅力を広く発信するために作られた。この小さな美術館の特徴は何といっても町の人々の手によって生まれ、町の人々によって運営が行われていることであろう。

★　事例3執筆　福原　僚子（絵金蔵副蔵長）

第1章　観光まちづくりの風を感じる　19

絵金蔵が生まれるまで、その長い道のりはここでは語りつくせないが、建設に至る経緯と現在の運営の一端をご紹介したい。

2　最初はビアガーデン

さて、赤岡の町は高知市中心部から東へ約20キロメートル、土佐湾に面した県東部の玄関口に位置する。古くから廻船業や製塩、染織や酒造などの商工業が大変栄えた町であった。豪商たちは讃岐の金毘羅から役者を呼び寄せ、芝居を大いに楽しんだという。

しかしながら、高度経済成長期を経て、町に国道が造られた昭和40年代を境に活気は薄れ、かつてのにぎわいがうそのように人通りの少ない町となっていった。この町になんとか元気を取り戻したい、そんな思いを抱いた人々が1977（昭和52）年、「絵金祭り」を開催する。商工会青年部が中心となり、これまで地元で行われていた伝統的な須留田八幡宮宵宮祭に倣い、通りに芝居絵屏風を並べるとともに、ビアガーデンや、うなぎつかみなどの催しを行った。むせ返るような真夏の夜、屋台の喧騒と強烈な個性を放つ絵金の屏風絵とが渾然一体となった祭りは、次第に評判を呼ぶようになる。

1993年には、芝居絵屏風に描かれた場面を実際に演じ絵金の魅力を伝えたい、という有志が集まり「土佐絵金歌舞伎伝承会」が発足、絵金祭りの2日間、地歌舞伎の上演を始めた（◎P.24）。さらに1995年には絵金グッズの開発から製作、販売までを手掛ける主婦中心のグループ「やつゆ会金木犀」が誕生、同年には若い学生たちの「この町の人たちと一緒に何かやりたい！」という一言から、商店街でフリーマーケットなどを

■絵金蔵の第1展示室「闇と絵金」
絵金祭りを再現した闇の展示室。来館者は提灯を持って江戸時代の闇を体験する。

■弁天座の地歌舞伎公演
絵金蔵と同じく、町づくりワークショップから生まれた芝居小屋「弁天座」。毎年絵金祭りの2日間、地歌舞伎公演を行う。

行う「冬の夏祭り」が始まった。

3　町の支援を受けて。仲間も広がる。

こうした盛り上がりを受けて1997年、旧赤岡町（2006年2月合併、現香南市）は絵金を核としたまちづくり支援事業を開始、地域の人たちを巻き込んだワークショップのスタイルで町の未来像を探り始めた。このワークショップの場こそが今日につながるまちづくりの第一歩であり、後に行われる様々な試みから絵金蔵の運営にまでつながる源泉であったと思う。進行役の若竹まちづくり研究所は「まちの宝物を探し、丁寧に育てていくための"ものさし"を探り当てる」場として位置付け、誰もが発言しやすく楽しみながら参加できる雰囲気を作った。ここでは前述の地域活動のリーダーをはじめ町職員、商工会、議員たちが立場を超えて自由な議論を重ねた。

やがて、建築やまちづくりの専門家たちも交えて語り合う中で、皆自分たちの町独自の魅力に気付き始める。少し見方を変えただけで日々の営みの中にたくさんの魅力が隠れていること、日々の暮らしを楽しむことがまちづくりにつながることを感じ始めたのである。こうした気付きは、ご意見番として参加し、後に絵金蔵の展示プロデュースを手掛けるデザイナー・梅原真氏の提言によるところも大きい。梅原氏の提案した「歩く町」「再生の町」というコンセプトによって、メンバーに目指すべき方向性がより明確に見え始めた。以後、赤岡の魅力を再発見する「赤岡探偵団」の結成、古い銭湯を舞台に落語やコンサートなどを行う「旭湯お気楽演芸場」、町を親子で探検し、探してきた不思議をもとに「あかおカルタ」を作成するなど、この町ならではのユニークな試みが続けられる。

■旭湯お気楽演芸場「はな笛」（2001年4月）
響きのいい浴槽のなか、ハワイ出身の演奏家が鼻で笛を…。

4　ついに「絵金蔵」へ　運営も住民で

こういった取組みを経て、2002年から絵金の作品の展示施設「絵金館」構想が具体的に検討されはじめた。商家に伝えられた

芝居絵屏風は、近年絵具の剥落を中心とする傷みが進行し、より安全な保管場所が必要であった。その保管場所をどう作るか。保管するだけでなく絵金の魅力をもっと伝えたい、では展示をしながら、年に一度の祭礼文化をどう守るのか。何度も議論が重ねられた。当初は町の郊外に大きな美術館を作ろうという構想もあったようである。しかし、この町に本当にそんな大きなものが必要か。赤岡の魅力は古くて温かみのある家並みにあるのではないか。そういった議論の中から自分たちの身の丈に合った古い建物を生かそうという動きが高まった。そこで商店街の中心にある米蔵（1929（昭和4）年建築）が注目され、2004年10月、漆喰壁や古い梁を生かし再生された新しい文化の蔵、「絵金蔵」が誕生した。

　建設後の協議により町の直営ではなく指定管理者を置くことが決まり、同年11月、ボランティア組織「絵金蔵運営委員会」が発足、同年12月にはこの組織が県内文化施設で初の指定管理者[※1]となった。現在、3度目となる指定を受けた絵金蔵運営委員会の構成メンバーは24名、多くが町の商店主であり、まちづくりワークショップに参加してきた人々である。会長、副会長、事務局長各1名、理事7名が主な運営に関わり、運営に関する事案は基本的に月1回の理事会で協議する。日常的な施設管理は、学芸員で大学・大学院を通じ絵金の研究を行ってきた蔵長と、私、副蔵長を含む運営委員会に雇用された常勤職員3名が行い、絵金に関わる作品や祭礼などの調査研究、企画展、コンサート、まちづくりに関わる事業などを理事らとともに行っている。

5　「ボラボラ」、「ブラブラ」様々な支え

　そして運営になくてはならないのが、近所に住むおばあちゃんたち。開館当初から約30名が日常的な接客業務を中心にボランティアで強力にサポートしてくれている。ボランティアの皆さんには、午前と午後の当番を有償のボランティアとしてこなしてもらい、それ以外に人出が足りないときに助けてもらう無償のボランティアとしても協力をお願いしている。有償と言っても、1回

※1　2003年に、地方自治法の一部を改正する法律の施行によって導入されたのが指定管理者制度で、「公の施設」の管理を、民間事業者も含めた幅広い団体が行えることになった。

1000円というささやかな額だが、皆さん張り合いになると言ってくださっている。絵金蔵では、有償ボランティアを「ボラ」、無償のボランティアを「ボラボラ」（ちょっと立ち寄る「ブラブラ」とかけている）と称している。ボランティアの皆さんからすれば私たちは孫世代、いつも親身に支えてもらっている。

　絵金蔵の2009年度の入館者は9700人余り、開館した年を除き、ほぼ横ばいで推移している。常設展示が中心というリピーターが出にくい構造上の課題、事業や広報活動を展開するための資金・人手不足、また、来館者の多くは県外客であり、日用品の販売が中心の商店街では大きな経済的波及が認められないこと等々、課題は少なくない。

■町のボランティア「蔵守」さん
絵金蔵のエントランス・土間ホール。ここでお客さんにプレゼントするしおりやエコバッグを手作りする。

　しかし、絵金蔵は外からの来館者を迎えるだけではなく、地域に開かれた人と情報の交流を支える場でもある。また、収蔵品及び祭礼文化を後世に伝えるため、県下に多数残された絵金に関わる作品の調査・研究を進め、より良い保護と活用のバランスを提案していくことも大切な使命と考えている。最近では、調査・研究活動を通じて生まれた県内外の美術館、所蔵家とのネットワークが拡大し、町の方々に美術や音楽、演劇、歴史、民俗などに関わる多様な情報を提供できるようになった。商店街でも民家を再生したカフェ（◯P.24）や雑貨店が、2010年になって新たに生まれている。目まぐるしく変化する現代において、この町の歩みは遅々としたわずかなものにすぎないのかもしれないが、変わらぬ「ものさし」を見つけたこの町だからこそできる文化発信の形がもっとあるような気がしてならない。

　絵金蔵で勤務を始めてから3年余り、これまで、日々の施設管理のほかグッズ開発、商店街ガイドマップ作り、ニュースレター編集、芝居絵屏風保存会の設立、祭礼の調査・研究、館外での企画展の開催など、毎年のように新しいことに携わらせていただい

た。この土地の魅力は、アイディアを実現させてくれる風土にある。それぞれの思いが共鳴し合ったとき、想像を超える大きなパワーが発揮される。そうした風土の中で仕事をさせていただいた楽しさは何物にも代えがたい。そして「今日も遅いがかね。早う帰らんといかんぞね。」といつも声を掛けてくださり、毎日のように魚や野菜、お餅やお寿司などを届け

■赤岡町横町商店街
江戸中期の商家で、着物やアクセサリーなど、作家たちの手で古いものに新しさが加えられて再生された雑貨を売る「おっこう屋」。

てくださるボランティアさん、町の皆さんには物心両面で本当に助けられている。これからもこの町の面白さと温かさに支えられて、多種多様な業務と向き合い、格闘する日々が続きそうだ。

問合せ先　絵金蔵
☎0887-57-7117

＜当地のイチオシ・スポット＞

■絵金蔵

古い米蔵を再生した美術館。幕末から町に伝えられる絵師・金蔵、通称絵金の芝居絵屏風23点を収蔵・展示している。年に一度、商家の軒先に並べられる祭りの夜を再現した「闇と絵金」展示室では、来館者が提灯を持ち、江戸時代の闇と恐ろしくも美しい絵金の世界を体感する。漆喰壁に開けられた穴からのぞき見る「蔵の穴」展示室、手作りのキルトで再現したまち並みなども見どころ。ゆっくりとくつろげる喫茶スペースがある。所 高知県香南市赤岡町538 ☎0887-57-7117 営 9：00～17：00（16：30入館締切）困 月曜（祝日の場合は翌日）

■弁天座

絵金蔵に隣接する芝居小屋。小さな空間だが、回り舞台やすっぽん、桝席などを備えた本格的な造り。明治時代からここでは芝居が盛んに行われ、美空ひばりや松方弘樹も巡業したという。映画やテレビの普及とともに姿を消したが、地歌舞伎の上演を続けてきた町の有志の熱意が実り、2006年に再建された。土間には皆に愛された町のシンボル、銭湯・旭湯が移築されている。多目的ホールとして様々な催しに活用可能。見学要予約。所 高知県香南市赤岡町795 ☎0887-57-3060 営 9：00～22：00（貸し館受付17：00）貸し館利用のない日は17：30まで 困 月曜（祝日の場合は翌日）

■カフェ　道（タオ）

築200年以上経つ古い商家を改装したカフェ。1808（文化5）年に、この地に測量に訪れた伊能忠敬が宿泊したことでも知られる。不要とされる古いものに、新たな使い「道」を。そんな思いからオーナー自身がデザインを手掛けた、単なる和風ではない、エスプリの効いた和みの空間を作り上げた。ちゃぶ台とシャンデリアが不思議になじむ空間は時の経つのを忘れさせる。スパイスの効いたタオカレーは定評があり、ドリンクメニューも豊富。所 高知県香南市赤岡町448-1 ☎090-1176-5545 営 営業日・営業時間 不定（要電話確認）

事例4 ハウステンボス（長崎県佐世保市）
地域との協働をより前面に

　九州を代表するテーマパーク「ハウステンボス」は、2010（平成22）年4月、旅行業界の大手である㈱H.I.S.のもと、新たなスタートを切った。四半期決算では開業以来初の経常黒字と好結果を出し、新聞等で好意的に伝えられている。ここでは、再スタートを切ったハウステンボスの具体的な取組みとその狙いを中心に広報室の中平佳菜子★さんに報告していただく。

1　ハウステンボスがこれから目指す姿「観光ビジネス都市」

　2010年4月、ハウステンボスは新しいスタートを切った。これから目指すハウステンボスの将来像は「観光ビジネス都市」だ。ハウステンボスが永続的に発展し続けるためには、現在テーマパークに来訪する「観光目的」のお客様に加えて、別の目的を持ったお客様、それも国内外から足を運んでいただく必要がある。

■ハウステンボス全景
オランダの街並みを再現したテーマパーク。

　具体的にはハウステンボス内で事業を展開するベンチャー企業を誘致することで発生する「ビジネス目的」、アウトレットモールの整備による「ショッピング目的」、医療観光を受け入れる機能の設置による「医療目的」、インターシップの受入れや教育活動の場として生かしていくことによる「教育・学習目的」といった、来場の動機となる様々な目的をハウステンボス内に創出していくという構想だ。

2　観光客の不満を解消し、常に変化するにぎわいを創出する

　再スタート1年目の2010年は、基盤であるテーマパーク事業の再生に注力し、ゴールデンウィーク以降、様々な展開を図っている。テーマパーク事業で確実に収益を産み出し、事業として成立

★　事例4執筆　中平　佳菜子（ハウステンボス株式会社　広報室）

させることを念頭に置いた取組みだ。

　まず、4月のゴールデンウィークをリニューアル第1弾と位置付け、場内をテーマパークの「有料ゾーン」と、入場料無しで利用が可能な「フリーゾーン」とに区分けした。従前のパーク全体の約3分の2程度に縮小した有料ゾーンに経営資源を集中。有料ゾーンでそれまで閉鎖していた店舗を順次再開すると同時に、入場料を含めた価格設定の見直しにも着手。それまで3200円であった入場料を2500円（大人料金。ゴールデンウィーク、夏休み等、繁忙期は3000円）に引き下げた。さらに国内トップレベルのミュージカルショーの開催などイベントの充実も図り、にぎわいの創出にも徹底的に取り組んだ。

■フリーゾーン
場内の3分の1を無料開放。

　それまでお客様からの「（料金が）高い」、「寂しい」といった不満を解消することが再生に当たっての最優先事項と考えていたからで、その結果、これらの取組みの実行により4月から6月までの売上高は前年同期に比べ、1割強減少したものの入場者数は2パーセント増加。それまで続いていた入場者数の減少傾向に歯止めをかけ増加に転じることに成功した。

3　日中から夜まで1日中楽しめるハウステンボス

　次に取り組んだことは、場内の施設や店舗の営業時間の統一で、パーク全体の営業時間を夜10時まで（従前は夜9時まで）延長した。そして、これまで統一されていなかった店舗や施設の営業時間もそれに合わせ、日中と変わらず夜まで場内の魅力を満喫してもらえるように体制を整えた。

　夏シーズンのスタート時にはフジテレビの協力を得て、エリア全体を閉鎖していたミュージアムスタッド地区が世界最大級のホラータウン「スリラー・ファンタジー・ミュージアム」として生まれ変わった。また、若年層を中心に絶大な人気を誇るアニメーションの世界を体感できる「H.I.S.プレゼンツ　ワンピースメモリアルログ」を期間限定で開催。関連商品を扱う販売店や、

テーマレストランも新設した。

　その他、場内パレードや劇団スイセイミュージカルによるステージショー、広い場内の敷地を利用した体験型宝探し、小さな子供も安心して遊べる水関連遊戯施設「水の王国」、運河を利用した釣堀「シーテンボス」など、夏の主客層であるファミリー層を意識した新施設・企画を展開し、主なものは夜まで営業を行い1日中楽しめるラインナップとした。

　加えて、世界5か国の花火師による音と花火の競演「世界花火師競技会」や国民的アイドルグループを招いて開催した「AKB48 DAY」、第一発見者には200万円を進呈する宝探しイベント「タカラッシュ！ＧＰ」などのスポットイベントも企画し、それぞれ好評を博した。

■スリラー・ファンタジー・ミュージアム
夜はイルミネーションショーも開催。

■スポットイベント
場内はAKB48ファンで大にぎわい。

　営業時間を延長し夜のにぎわいを創出したことで、日中に来場したお客様が夜まで滞在するようになり、場内消費の促進にもつなげることができた。入場者数の増加と同時に売上の向上も意識して取り組んだ夏シーズンは、入場者数が前年同期比4割増、観光事業売上も同3割増と見込みを上回る結果となった。

4　地元との結び付きを大切に

　今回の再スタートに当たり、地元佐世保市をはじめ長崎県にも多くの支援と声援を受けた。ハウステンボスが世界中からの観光客を迎える東洋一の観光ビジネス都市を目指すに当たり、まずもって地元の方々の理解を得ること、そして、何よりも地元から愛される施設であることが必要不可欠だ。

　4月に新設した「フリーゾーン」では、親会社である旅行会社H.I.S.のコールセンターの一部がこのエリアで稼動し、ビジネスの場としての活用がスタートしている。さらにこの場について

は、広く市民・県民の皆さんに普段からの活動の発表や自主企画の展開など、様々な形で活用してほしいと考えている。

　夏期には、地元の西肥自動車の定期路線バスがこのフリーゾーンに乗入れを開始した。これにより佐世保駅など市の中心部から直接アクセスすることが可能となった。また、2011年4月以降、ハウステンボスの港湾部分が県有化され、同時に外部から港までの取付け道路（県道）も整備され、さらにアクセスが向上する。これにより市民・県民の皆さんに気軽に立ち寄って、過ごしてもらえる可能性も高まった。

　また、有料ゾーンについても地元のお客様にもっと足を運んでもらうために取組みを進めている。まず、ゴールデンウィーク後半から夏休みスタート時まで15時から17時30分までの入場料を無料化、18時以降も200円とした。18時以降については秋シーズンまで500円として継続した。この取組みは、全ての来場者が対象であるが、日帰りで、かつ、近隣のお客様が楽しむ時間帯ということもあり、特に地元のお客様を意識したものとして実施した。

　また、8月にも県内在住のお客様を対象に、3日間限定で終日入場料を500円とする「長崎県民感謝デー」を実施。これまで、夏のトップシーズンに割引施策を行うことはなかったが、今回2度のリニューアルを重ねイベントも厚みを増し、従来よりも格段に魅力が高まったハウステンボスを是非地元のお客様に体感してほしいという思いと、日頃からの支援・声援に対する感謝の意を込め実施したものだ。おかげ様で期間中は1万人を超える県民の皆さんに、新しくなった夏のハウステンボスを満喫してもらうことができた。

　そして、佐世保市には西海国立公園九十九島の美しい自然がある。島々の間に沈んで行く夕陽はとても素晴らしく、「海に沈む夕陽」を見る機会が少ない中国の観光客から大変高く評価された。また、近隣には武雄・嬉野、そして雲仙といった温泉地、三川内や有田といった世界的にも有名な焼き物の里、そして、長崎という土地ならではの歴史など、ハウステンボスの周辺は豊富な観光資源や魅力に恵まれている。今後もこれらの周辺観光地との連携という形でも地元との結び付きを強化していきたいと考えている。

　ハウステンボスのある土地は、もともと1970年代に工業団地用

地として造成されたもので、高度経済成長期の象徴とも言える自然破壊型の開発がなされていた。結局、工場の誘致がかなわなかったこの土地にハウステンボスを建設するに当たり、破壊された自然を再び蘇らせるため、土壌改良や水際の整備、徹底した排水のリサイクルなど、環境に配慮した様々な取組みが行われた。そして建設から20年を経た現在、運河の水は澄みわたり場内には森が茂った。この取組みを学習素材として地元の小学生が定期的に来場している。自然を大切にする心を育むこの活動も地域貢献の一環として継続して行っている。

■小学生の学習の様子
運河の生き物探しも環境学習の一環。

5　常に新しい取組みにチャレンジし進化していく

　2010年秋には世界のトップガーデナー11組がハウステンボスに集結し、"平和"をテーマにガーデニングの技を競う「ガーデニングワールドカップ2010ナガサキ」が開催された。ハウステンボスとしてはもちろん、日本でも世界的ガーデナーが一堂に会し開催される大会は過去に例がないイベントだ。

　そして、冬には従来と比べても格段にバージョンアップした国内でも最高クラスのイルミネーション展開を実施した。

　2011年もこれまでにない新しい企画にどんどんチャレンジしていく。フリーゾーンの一部を英語のみが通じるエリアとする、ベンチャー企業による「イングリッシュ・スクウェア」事業もその一例だ。新しい試みの一つひとつの積み重ねで3年後、5年後、10年後には東洋一の「観光ビジネス都市」として、このまちが息付いている姿を目指して、常に更なる魅力の向上に努め、日々進化をしていきたい。

■東洋一のイルミネーション
700万球の光で街を彩る。

問合せ先　ハウステンボス総合案内センター
☎0956-27-0001

1-1 まとめ（事例1〜4）

> 多様な主体。
> 誰がつなげるか、誰とつなぐかが重要だ。

1 多様な主体

　都道府県、市町村が作成する観光まちづくり条例、観光まちづくりプランの冒頭では、「観光まちづくりには多様（さまざま）な主体が、協力、連携、協働、パートナーシップのもと、取り組む必要がある」といった文章が必ずと言えるほど出てくる。この多様な主体とは、行政、観光関連団体（観光協会、旅館組合等）、各種団体（商店街、農協、漁協、商工会議所等）、観光関連企業（観光施設、旅館、交通企業等）、その他の第1次から第3次産業の事業者、住民団体（ボランティアグループ、NPO等）、住民（個人）が挙げられ、最近は大学等を加え、産官学連携を打ち出す例も見られる。

2 だからこそ行政への期待

　幅広い分野との連携が求められる観光まちづくりにおいて、行政への期待は大きい。幅広い分野を結ぶコーディネーター的な役割を行政に求めているのだ。そこで行政においては、観光主幹課を中心に各部局・各課を横断的に組織し、オール都道府県、市町村で観光まちづくりに取り組む例は多い。ワンストップ的な組織が目標だ。事例で紹介された加賀市の観光誘客推進本部は、全市的取組み推進のため設置された最新の事例である。

　また、長期的な展望が必要な観光まちづくりにおいて、その横断的な組織を長期間維持していくためには、よく言われる各課のしがらみといったものに縛られない柔軟な運営が求められる。そのために、新たな役職を設置する例も多い。観光まちづくりに関わる施策の総合調整を行う役職として、神戸市が2004（平成16）年に設けた「観光監」や、京都市が2006年に設けた「観光政策監」が、市町村での例となる。ま

た、行政と観光事業者の連携推進の視点で、民間から観光担当課長等に採用する例も見られる。2004年に神奈川県が観光振興担当課長を公募し、その結果、旅行会社のベテラン社員が採用され、現在は２代目の方が職務に当たっている。「民」のノウハウを「官」に生かそうとする取組みだ。[※1]

一方で、私有財産の枠に切り込みにくいという限界が行政にはある。加賀市の事例では、その限界への取組みが報告されている。市民共有の財産であるとともに個人・法人資産である温泉を観光まちづくりへ活用する、新たな施策に注目していきたい。

観光まちづくりに前向きな市町村を訪れた時に感じることだが、職員による案内の途中で、その職員が地域の人と気さくに挨拶する、世間話をする、そんな市町村には、観光まちづくりがうまく進んでいそうなのである。実際、その感覚が間違っていないことが多い。地域住民、企業の考えを肌で感じるためには、日常的に地域に出向くことが求められる。市町村だからできることは多い。

3　市民の力を観光まちづくりに

「住んでよし、訪れてよし」[※2]は、2003年に出された「観光立国懇談会報告書」のテーマである。観光振興に関係した人は、これ以前から「住んでよし、訪ねてよし」という言葉としても、観光地として成功するには、まずは「住みよい地域」たることが不可欠だということをいろいろな場面で問うてきた。

近年、特に新しい公共、市民活動、ＮＰＯといった動きと相まって、自分の地域を住んで楽しいまちにするための市民

[※1] 由布院温泉観光事務所の例でよく知られる観光協会事務局長の公募だが、その例は多く、最近では、静岡県稲取温泉観光協会（2006年）、敦賀観光協会事務局長（2007年）、白馬村観光局長（2008年）、社団法人小樽観光協会事務局長（2009年）、ＮＰＯ法人阿寒観光協会まちづくり推進機構事務局長（2010年）などがある。

[※2] 観光立国の基本理念は、「住んでよし、訪れてよしの国づくり」を実現することにある。日本に住む全ての人々が、自らの地域社会や都市を愛し、誇りをもち、楽しく幸せに暮らしているならば、おのずとだれしもがその地を訪れたくなるものである。（「観光立国懇談会報告書―住んでよし、訪れてよしの国づくり―」2003年４月24日観光立国懇談会）

の主体的な取組みが活発化する中、「住みよい地域」を目指す行政は市民がまちづくりの担い手となるべく様々な工夫をし、また、市民側も行政の「代わり」ではなく自主的な活動で「住みよい地域」を作り出そうとしている。

　三島市の官民協働による取組みは、1996年に三島商工会議所が創立50周年に地域振興ビジョンとしてまとめた「住んでよし、訪れてよし、観光の街、産業の街」から始まる。「住んでよし」が源である取組みだ。地元との意見交換会を核に9年間、ぶれずに続けられたことは注目される。歩く観光人気もあり、観光客が目立つようになった三島市では、観光客誘致にもオール三島スタイルで取り組んでいるとのこと。そして、このオール三島は、延べ400回以上、延べ6000人近くが参加した意見交換会を繰り返し続けてきた成果であり、行政が裏方に徹してきたことが成功の要因だ。「決して観光地化を目指していたわけではない三島のまちづくり」との言葉に、三島市の今後の自信を伺うことができる。

　そして、絵金蔵の取組みは、住民の思いを行政が支えた好例となる。幕末土佐で活躍した絵師・金蔵が町絵師として残した芝居絵屏風を大切にする住民たちの取組みが新たな観光施設を作り出した。絵金の芝居絵屏風を集めた施設が絵金蔵で、その施設の管理を住民たちで組織された絵金蔵運営委員会が指定管理者となり、行っている。

　指定管理者制度により、「公の施設」の管理を、民間事業者も含めた幅広い団体が行えるようになり、管理委託制度で受託してきた法人に加え、民間企業、ＮＰＯ法人等も対象となった（図表２）。これは法人格のない町内会等も認められるとされているが、現実的には法人格のない団体等の参入例は少ない。そのような中で、絵金蔵運営委員会は法人化されていない住民グループが指定管理者となったわけで、市と絵金を大切に思う市民たちの信頼関係を感じる。

4　地域とともにテーマパーク再生

　観光まちづくりの分野における「官」から「民」へといった動きは、違った意味で早かったのかもしれない。バブル期

図表2　公の施設の指定管理者制度の導入状況等に関する調査結果

(単位：施設、%)

区分	1 株式会社	2 特例民法法人、一般社団・財団法人、公益社団・財団法人	3 公共団体	4 公共的団体	うち地縁による団体	5 特定非営利活動法人	6 1～5以外の団体	合計
1 レクリエーション・スポーツ施設	3,925 (28.6%)	4,956 (36.1%)	110 (0.8%)	2,036 (14.8%)	1,169 (8.5%)	894 (6.5%)	1,821 (13.3%)	13,742 (100.0%)
2 産業振興施設	1,614 (22.6%)	1,037 (14.5%)	29 (0.4%)	3,197 (44.8%)	1,576 (22.1%)	185 (2.6%)	1,076 (15.1%)	7,138 (100.0%)
3 基盤施設	3,440 (15.6%)	9,348 (42.3%)	177 (0.8%)	5,674 (25.7%)	2,861 (12.9%)	210 (1.0%)	3,252 (14.7%)	22,101 (100.0%)
4 文教施設	1,003 (7.3%)	2,377 (17.3%)	40 (0.3%)	8,783 (64.0%)	7,937 (57.9%)	532 (3.9%)	982 (7.2%)	13,717 (100.0%)
5 社会福祉施設	393 (2.9%)	1,557 (11.7%)	78 (0.6%)	10,134 (76.1%)	2,308 (17.3%)	490 (3.7%)	672 (5.0%)	13,324 (100.0%)
合計	10,375 (14.8%)	19,275 (27.5%)	434 (0.6%)	29,824 (42.6%)	15,851 (22.6%)	2,311 (3.3%)	7,803 (11.1%)	70,022 (100.0%)

(平成21年10月23日　総務省)

に今では半官半民と揶揄されがちな第3セクターの設立が目立ったのはこの分野[※3]で、期待で地方は膨らんでいた。民活法[※4]やリゾート法[※5]に後押しされて、各地で第3セクターによる大規模なリゾート開発が行われたのは1980年代後半。そして、1990年代後半から始まった第3セクターの経営破綻は、地方の元気（この元気は本当の元気でなかったことは周知のことだが）を奪った。「半官半民」の痛み分けのツケは住民に大きく跳ね返ってきた。

第3セクターの経営破綻の例として、書籍、論文、レポート等で取り上げられているハウステンボスは、2010年4月に、地域との協働をより前面に再生のかじを切った。「新」ハウステンボスの報告からは、観光まちづくりに関わる多様な主体の1つとしての針路を見ることができる。

[※3]　この時期に設立された第3セクターのうち観光・レジャー分野が約3割で、観光・レジャー分野の第3セクターが各地の観光振興の先頭を走っていたことは知られている。経済産業省の特定サービス産業実態調査（1997年）でも、当時271あった遊園地・テーマパークは、この時期に建てられたものが多い。

[※4]　民間事業者の能力の活用による特定施設の整備の促進に関する臨時措置法。昭和61年に時限立法として制定され、平成18年に廃止となった。

[※5]　総合保養地域整備法。昭和62年に制定された。

1-2 温泉ブーム以前から続く観光まちづくり

事例5 由布院温泉（大分県由布市）
世代を超えてつながる観光まちづくり

観光まちづくりのお手本として知られる由布院温泉。手作りのイベント、農業へのこだわり、全戸配付のゆふいん観光新聞、由布院観光総合事務所事務局長の全国公募と、どれも他の観光地の先を走ってきた。米田誠司★さんは、1998（平成10）年に公募により選ばれた事務局長で、東京都職員から転身された。2010年に事務局長生活にピリオドを打つまで12年間、由布院温泉の観光まちづくりに力を尽くされた米田さんから、由布院温泉のこれまでについてご報告いただく。

1 はじめに

由布院のこれまで

　由布院の黎明期は大正時代にある。400年以上前に広まったキリシタンへの弾圧として、江戸期の由布院は分断統治され、温泉があることさえ公言することが許されなかった。しかし、その後の1925（大正14）年の鉄道開業こそが、外とつながる由布院の黎明期を決定付けている。もともとこの鉄道は町の西端を通過するだけの計画であったが、先人が馬蹄形に曲げて町の中心部まで誘致し、由布岳を正面に仰ぎ見る場所に由布院駅（開業当初は北由布駅）を設置してくれた。そのことが今日の歩いて楽しい温泉観光地としての大事な要件となっている。

　その鉄道開業の前年に、日本最初の林学博士である本多静六博士が「由布院温泉発展策」と題した講演を由布院で行った。講演では由布院の公園計画、道路計画等が地名入りで詳しく述べられており、さらには、風景の保全の重要性やドイツの保養温泉地を由布院は見習うべきと言及されていることにある。この時代本多博士は全国各地で講演を行っているも

★　事例5執筆　米田　誠司（前由布院観光総合事務所事務局長）

34　第Ⅰ部　観光まちづくりの今を知る！

のの、講演録が地域にきちんと残り今もまちづくりの範としていることでは、由布院は全国でも珍しい事例と言える。ちなみに由布院温泉観光協会では、2004年にこの講演録を子供向けに編集し直して発行し、旧湯布院町の小・中学生に副読本として配付している。

その後1950年代前半に由布院盆地ダム化計画が持ち上がり、由布院は最大の危機を迎えたが、ダム反対運動が奏功し計画は中止され、1955（昭和30）年に反対運動リーダーの岩男穎一氏が湯布院町初代町長となった。その後、猪の瀬戸湿原でのゴルフ場建設計画への反対運動として結成された「由布院の自然を守る会」が「明日の由布院を考える会」へと発展し、まちづくり情報誌「花水樹」を発行し、由布院のまちづくり活動や観光振興の母体となっていった。また1971年に本多博士が薦めたドイツの保養温泉地やヨーロッパ各地に志手、溝口、中谷の三氏※1が出向き、現地に学ぶとともに由布院の資源と可能性に気付いて戻り、まちづくり活動は進化していった。

■本多静六博士の「由布院温泉発展策」
本多博士は町の中に公園を作るのではなく、公園の中に町があるようにすべきとも説いていた。

一方、1975年に大分県中部地震が発生し、マスコミで大きく報道され、実被害以上の風評被害が発生したが、その対抗策として「観光辻馬車」、「ゆふいん音楽祭」、「牛喰い絶叫大会」、「湯布院映画祭」が順次始められ、由布院の求心力と情報発信力はさらに強化された。団体型観光から個人型観光への転換期にも由布院は順調に成長を続け、バブル期には大型開発計画の波にもさらされたが、大型開発抑制と成長の管理のための「潤いのある町づくり条例」を1990年に湯布院町が制定し、乱開発をかろうじて防ぐことができた。その後のバ

※1 志手康二氏（山のホテル夢想園）、溝口薫平氏（由布院玉の湯）、中谷健太郎氏（亀の井別荘）の3人。

ブルの崩壊や昨今の景況悪化でこうした開発圧力は一時沈静化しているものの、このような開発圧力は今も続いている。

世代交代のプロセス

　こうした明日の由布院を考える会から今日までの一連のまちづくり運動は、前述の志手、溝口、中谷の三氏がリーダーシップをとり、地域内外の仲間たちと共同戦線を張ったので大きなうねりを巻き起こすことができた。ただ、地域も人も時を経れば状況は変わる。地域がさらなる成長を遂げる時もあれば、新たに課題が発生し当初より厳しい局面を迎える場合もある。とすれば、成長するそれぞれの局面においてその時代にふさわしい手法を地域は編み出さなければならず、そして人の世代交代も避けては通れない。

■世代を超えた観光まちづくりメンバー
最前列には草創期からのリーダーたちが並び、後列には現在活躍している若手メンバーが並ぶ。

　由布院ではかねてから多世代が手を携えて動くことが特長であり、また、まちづくりリーダーこそが次世代の台頭と活躍を切に願っていた。そこで由布院の観光まちづくり組織の中心である観光協会は、2001年から段階的に6年かけて世代交代を仕掛けていった。その具体的なプロセスであるが、観光協会と旅館組合は長年にわたって協働して事業を展開しており、「ゆふいん観光行動会議」を共同で組織したのがこの年である。そのうち、総務は世話人会として先輩格の世代が担当し、事業は6つの事業委員会を設置して次世代メンバーが担当することとした。中でも事業委員会は「この指とまれ方式」で参画者を集め、事業の方向性や進捗もそれぞれの委員会に任せた。その委員会の中で実績を上げ頭角を現した30代、20代のメンバーを、2003年と2005年の2年に1回の役員改選時に事業委員会から世話人会に抜擢し、さらに2007年には代表世話人である観光協会長を40代の女性から輩出して一気に若返りを図って、一連の世代交代作業を完了した。

こうして由布院の観光まちづくりの思想と体制は引き継がれたのだが、6年にわたる世代をつなぐ並走期間があったこと、また同時期に巻き起こった市町村合併問題で反対運動自体は敗れたけれども仲間が結束できたことでは、何より由布院は恵まれていたと言うことができる。一般的に地域づくりにおいても企業でも、リーダーシップが強ければ強いほど世代交代がスムーズに行われず、一気にその時を迎えてかえって何も引き継がれないケースがある。もちろん由布院でも引き継がれたものは観光まちづくりの哲学や思想であって、それぞれの手法や人脈は次世代が自分の力で開拓すべきものであることは言うまでもない。また、成長と発展が進んだ今日、その振る舞いには由布院らしさと高い品質が求められ、同時に数多く発生する様々な課題（農地のスプロール化、交通問題、景観の悪化、デザインの氾濫、外部資本の進出等）に順に対応していかなければならないが、次世代が道を切り開き価値を作り出し始めたことでは、まずは世代交代の成果があったと言うことができる。

2　風景と産業を保全する

農村であることの大切さ

　由布院盆地は1000メートル級の山々に囲まれ、その山裾の斜面に古くからの集落が形成されているが、盆地の中央部には市街地と農地がそれぞれまとまって存在している。中でも田んぼは多くの生物を育み、爽やかな気候と豊かな風景をもたらす貴重な資源であり、都市的な中にも田舎の懐かしさを感じさせる由布院の魅力は、こうした田んぼに負うところが大きい。その中央部の田んぼと市街地に接するところで今も農地の宅地化や観光施設立地が進行し、もはや限界に近いところまでスプロール化が進んでいる。また、農業者の立場としても、米作は重労働であるにもかかわらずその価額は年々下がり続け、農業従事者は高齢化して耕作をいつまで続けられるか目算はなかなか立ちにくい。また、野菜や果樹等も標高500メートルという高地で盆地であるため、耕作条件が不利で競争力のある産地を形成するところまでは至らなかった

が、でも由布院は農村であり、農村であり続けなければならない。

ゆふいん料理研究会

　こうした中、1998年に「ゆふいん料理研究会」が誕生する。これは当時若手の料理長の代表格であった新江憲一氏が呼びかけ、賛同を得て月1回の研究会や勉強会が始まったのであるが、大きく分けて以下の3点が特徴として挙げられる。

■ゆふいん料理研究会の様子
それぞれの料理長が自分の料理を紹介し、その特長や狙いを説明し、やりとりしていく。

　第1に、料理人同士、旅館同士の垣根を低くし総体としてのレベルアップが図られたことである。活動当初には何人かの料理長から「技が盗まれるのではないか」という声が上がったそうだが、新江氏は「もし技が盗まれることを心配するなら、それはその程度の技でしかなく、技を公開し一緒に研鑽してこそ技は磨かれる」と説明したという。

　第2に、次世代育成を図るための機能である。徒弟制度ではないが、昔ながらの親方と弟子のシステムを内在する和食調理の世界において、それぞれの事業所や料理長ならではの特徴も学びながら、違う職場の様子やそれぞれで展開される料理を見ることができるこの研究会は、料理人の教育・育成の場として有効である。

　最後に、地元食材の利用を促進することである。食材流通は世界全てに通じるほど発展しており、種類も単価も様々に外から地域への流入が準備されている。そうした時代にあって、やはり旅をする方々はそれぞれの土地で採れたものを口にしたいはずであり、新鮮な土地のものを積極的に使えるよう、あるいはその日に採れたもので献立が構成できるほどに研究を重ねた。また、農家の中からも、旅館向けの少量多品種農業に切り替えて売上げを伸ばす事例も現れた。

由布院盆地米プロジェクト

　一方で米作の大変さに鑑み、農家の立場に立ちながら観光振興につながる手法として、2009年から「由布院盆地米プロジェクト」が展開されている。例えば、2010年秋の新米の平均的な買取り価格は1俵（30キログラム）5000円近くまで下がっている。それ

■由布院盆地米と由布岳
狭霧台から盆地の田んぼを見下ろすと、初夏には水鏡のように、秋には黄金色の緞通のように見える。

を1俵1万円程度で買い取り、初夏の閑散期に由布院に宿泊した観光客に秋のプレゼントとして新米を発送した。また2010年には、農家と旅館がバーター取引して、米の代金相当分で農家に旅館を体験・利用してもらう相互交流のシステムとしても機能し始めた。この取組みの将来展望として、由布院の冷涼な気候とおいしい水を生かして採れた米をブランド米として位置付けて販売し、同時に地域内で流通させて2009年調査で26パーセントであった米の地産地消比率をさらに高めていくことができれば、農家の売上げを伸ばし、農地から宅地への転用抑制や風景の保全につながっていくのではないかと考えている。

3　地域でのデザインの重要性

悪化する町の景観

　このように由布院は40年以上にわたって発展を続けてきたが、発展には同時に様々な課題も付随する。中でも由布院が「儲かる場所」であるということのみに着目し、由布院に新たに進出して開店する店舗が数多くある。もちろん資本が地域に投下されること自体は経済的には評価されるべきことであり、また、外部から進出した事業所でも由布院の地域活動に参画する事業所は少なくない。ただ、

■混雑する湯の坪街道
ヒューマンスケールで散策しやすいこの道も、車の往来とむき出しの電線類や電柱が課題である。

第1章　観光まちづくりの風を感じる　39

概して外部資本店舗の多くは、これまでの由布院の歩みや地域の仲間で力合わせしてきたことよりも、短期的な売上げの増大や投資回収に力点を置き、短時間しか滞在しない日帰り観光客をメインターゲットにして由布院に由来しない商品で店舗構成し、看板類を目立たせ、にぎやかで落ち着かないサービスを展開する傾向がある。例外的に、湯の坪地区においては、そうした動きを景観面からより良い状態にするため、「湯の坪街道周辺地区景観計画」を地域で策定し、運用するシステムを機能させていることは特筆に値するが、その紹介は別の機会としたい。

由布院デザインシステム

　そこで観光協会では、国の支援を受け商工会等と連携して、2009年に「由布院デザインシステム」という新たな仕組みを立ち上げた。これは地域の観光協会員や商工会員が、それぞれの事業の中で新たな展開を図りたいとき、デザイン面でのサポート体制を準備して、ともに発展を図る趣旨のものである。そのために、複数のデザイナーでチーム編成するため、大分県内、福岡県内で活躍するデザイナーを公募し、応募者から適任なデザイナーを選び出して「デザイナーズチーム」を構成した。そして、コーディネーターとともに、地域の会員から希望を募ってデザイン改善事例を積み上げてきた。例えば、小規模な旅館のケースでは、リニューアルの全てをこのシステムで行い、建物から調度品、什器、広告関係に至るまで、統一感のある旅館に生まれ変わった。また、商品パッケージの更新を予定していた事例では、商品のコンセプトの再構成からパッケージリニューアルまで、一貫したストーリーの下で展開を図ることができた。

由布院プラス

　由布院に由来しない商品が存在すると前述したが、観光客のリピート率が約6割と高く、高品質なリゾートライフスタイルを提案している由布院ならではの土産物として、観光協会はデザイン性が良く繰り返し使える「生活雑貨」に着目した。2010年からこのデザインシステムにより、タオル（3サ

イズ）、石けん、手ぬぐい、Tシャツ等の新商品群を開発し、由布院の「由」の文字をモチーフにしたロゴも作成して商品で使用し、「由布院プラス」として商標登録も行った。また、これらの商品はデザインだけでなく、高機能でナチュラルな使い心地の良いものをセレクトし、新たなラインナップ商品も順次誕生する予定である。顧客それぞれの自宅に戻っても由布院を感じていただけるスタイルを提案し、観光協会加盟の各店舗で販売してしっかりと収益を上げ、かつ、観光協会自体の観光まちづくり再投資財源も生み出すという取組みとして機能し始めた。また、このデザインシステムと地域内外の自然観察の専門家とのコラボレーションにより、由布院の子供たちと由布院を訪れる子供たちのために「由布院生きもの図鑑」を作成して販売を始め、旧湯布院町内の小・中学生には無料配布した。

■由布院プラスの商品群
中でもタオルは国内の優良メーカーで製造し、使うほどに洗うほどに肌になじんでいく。

4 まとめ

　2011年の由布院は、本多静六博士の講演から87年、ヨーロッパ視察からちょうど40年の節目の年に当たる。ドイツの保養温泉地バーデンヴァイラーのホテルオーナーから100年先まで見越した地域づくりを実現してほしいと励まされたリーダー三氏は、由布院で仲間たちと実績を積み上げ、その哲学と思想はまさに次世代に引き継がれた。これから次世代メンバーが様々な取組みを通じて、さらに次世代である由布院の子供たちにこの観光まちづくりの哲学と思想を伝えていくのである。その意味では由布院は100年計画のまだ道半ばであると言うことができよう。

問合せ先　由布院観光総合事務所
☎0977-85-4464

＜当地のイチオシ・スポット＞

■東勝吉常設館

東勝吉氏は83歳から絵を描き始め、99歳で亡くなるまでの16年間に100点以上の水彩画を遺した。純粋な心象風景のこれらの作品は「ナイーブアート」の好例として高く評価されている。町内の高齢者福祉総合センター「温水園」の一角に常設館が開設されており、この運営は東氏らゆ布院に縁のある作家のアート作品を収集し情報発信している「特定非営利活動法人由布院アートストック」により運営されている。所大分県由布市湯布院町川北2037温水園内
☎0977-85-3722 URL www.nukumien.or.jp/johsetsukan.html

■由布院温泉神楽

旧湯布院町エリアには古くから伝統芸能の神楽が伝わっており、2005年に合併して同じ由布市となった旧庄内町は町を挙げて神楽が盛んに行われている。こうした伝統芸能を由布院温泉を訪れた観光客に披露するため、2008年から毎月1回「由布院温泉神楽」と題して定期公演が開催されている。これまで夜の娯楽が乏しいと指摘されてきた由布院温泉であったが、毎回100名以上の観客がこの神楽を堪能し、新たな名物となっている。URL http://yufuin.coara.or.jp/contents/kagura/

■ゆふいんチッキ

歩いて楽しいまちづくり実現のため、中心部への車の流入を防ぐ「交通社会実験」が2002年に由布院で実施された。その際の観光客の声として「公共交通を利用したいが荷物が邪魔で困る」との声があり、翌年2003年7月から由布院温泉内の手荷物配送サービス「ゆふいんチッキ」の営業を開始した。列車やバスで到着した観光客は駅前で荷物を預けて手ぶらで観光を楽しみ、その間に旅館まで、また、翌朝は旅館から駅前まで荷物を運んで好評を博している。URL www.yufuin.gr.jp/infomation/chikki/

事例6　黒川温泉（熊本県南小国町）
入湯手形から25年。楽しみながらの観光地づくり

温泉観光地再生の見本として、広く知られる黒川温泉。交通の不便さにもかかわらず、人気を維持されている。再生の道筋については、多くの方によってまとめられてきたが、今はどうなのか。黒川温泉旅館協同組合の青年部や、案内所で日々ガイドを務めるスタッフの方からのお話を交え、観光まちづくりを持続させる処方に迫りたい。

1　黒川温泉「出没！アド街ック天国」に登場

宿泊する旅館以外の温泉も利用できるといった企画は、今ではどこの温泉地でも行われているが、いち早く手掛けたのが熊本県

の黒川温泉である。入湯手形は黒川温泉の代名詞として知られている。寂れた温泉地から、超人気の温泉地に変貌を遂げた黒川温泉は、温泉地再生の見本となった。

　2002（平成14）年には、テレビ東京制作のバラエティ情報番組「出没！アド街ック天国」で「黒川温泉」が取り上げられた（11月23日放送）。地方の小さな温泉地が取り上げられることは珍しいことで、放送地域の関係から関東周辺の地域が中心の番組内容からしてもまれな例と言える。かなりびっくりしながらテレビを観たことを覚えている。黒川温泉というタイトルだが、周辺地域を含めた広い地域が紹介された。恒例のベスト30の第1位が温泉露天風呂、第2位が入湯手形、いずれも黒川温泉を代表するコンテンツだ。

■入湯手形
入湯手形は、黒川温泉の代名詞。「地域が1つの旅館」の考え方が凝縮している。

　黒川温泉に続くように、九州の温泉地が頑張り始めた。九州には、由布院温泉はじめ、たくさんの温泉があるが、日本観光経済新聞社の「にっぽんの温泉100選」の総合ランキングが始まった1987（昭和62）年に、九州の温泉地は6か所しか選出されなかった。最新の2009年では13か所となり、九州の観光魅力として温泉は広く知られるようになった。

2　黒川温泉のこれまで

　黒川温泉の取組みは、観光振興、まちづくり、経営、マーケティング等様々な分野の専門家から紹介されている。黒川温泉の成功要件として共通して挙げられるのが、「露天風呂」、「入湯手形」、「景観整備（植樹・看板）」、「地域が1つの旅館」、「2代目」である。その概要を10年ほど前に黒川温泉で、黒川温泉旅館協同組合副理事長（当時）の松崎郁洋さんからお聞きした言葉を交え紹介する。

🍃「これは私たちが植えたものなのですよ」

　　地域に映える緑を指さし「田舎らしい風情がありますね」と話しかけると、松崎さんは「これは私たちが植えたものなのですよ」と言って笑われた。植樹事業（手入れも含めて）

第1章　観光まちづくりの風を感じる　43

は組合の主要な事業として現在も進行中である。そして、1961年に発足した組合は、１つの旅館だけでは銀行から借入れできず、その対策として作られたものだと言うのだ。それほど黒川温泉は、流行っていない温泉だった。

「こういうのを気楽な２代目と言うのですよ」

昭和50年代までは、「本当に寂れた温泉地だった」と松﨑さん。当事者が言うのだから間違いない。そこで、ヒマを持て余した松﨑さんたち若手が何をしたのかというと、なんとソフトボール。時間があるから練習が十分できる。練習が十分できるとうまくなる。試合に勝ち進む。地域の大会から、県の大会へ。土日は、ソフトボールの試合に夢中だったらしい。いくら流行っていなくても土日は書入れ時。そんな時に旅館にいないわけで、奥さま（女将さん）の評判はすごく悪く、ある時、誰が言い出したわけではないが、ふと気づき、旅館経営に戻ったそうだ。そんなことで、旅館経営の若手たちの結束力は強まったと。「こういうのを気楽な２代目と言うのですよ」と松﨑さんは笑いながら話してくれた。

「みんなで使い合おう」

流行っていない黒川温泉の中で、露天風呂のある旅館だけが客足が途絶えない。後に観光カリスマ※1に選ばれる後藤哲也さんの旅館だ。後藤さんが自ら敷地内の岩山を掘り抜いて作った幻想的な露天風呂が人気だった。ソフトボールのおかげか、地域全体で何かしたいという気持ちが強く、それではということで、後藤さんの指導を受けながら露天風呂をそれぞれに作り始めた。が、敷地の問題等でどう

■温泉街
田舎らしい風情は、植樹活動の結果。豊かな緑が黒川温泉の魅力を作り出している。

※1　内閣府と国土交通省が中心となって、2002年から2005年にかけて行った取組み。各地で観光振興の核となる人材を育てていくため、その先達となる人々を「観光カリスマ百選」として選定委員会のもと選定した。

しても作れない旅館が2つあり、「みんなで使い合おう」ということに自然となった。それを形にしたのが入湯手形である。3つの温泉に入ることのできる入湯手形は黒川温泉の顔となった。

　入湯手形で温泉街を歩いて回るお客さまが増えてきた。共同パンフレットを作り、次にしたのが共同看板整備。パンフレットも看板も「自分の旅館が目立たない」という声は上がらなかった。隣の旅館から隣の旅館の窓が見える、温泉街を歩いても左右に旅館が並んでいる、そんな光景の中で育った2代目には、黒川温泉全体が1つの旅館だと自然に思えたそうだ。

3　さて、今の黒川温泉は？

韓国からの観光客

　九州はアジアからのインバウンド誘致に熱心であり、黒川温泉にも少しずつ増えてきていて、韓国からの観光客を中心に、2007年には、月に観光バスが40から60台ほど来る盛況ぶりだった。日帰り入湯客がほとんどだったが、宿泊する個人客も以前よりは増えてきている。また、黒川温泉が外国人観光客受入れ研修の会場にもなり、案内所の鶴田晶子さんも勉強になったと話してくれた。韓国のメディアの取材も時々あり、ハングルのホームページも開設され、観光マップに、英語とハングル表記を取り入れるなど、受入れ体制の整備に力を入れている。

青年部

　組合の組織図によると、理事会の下、環境部、企画・広報部、事務所・研修部、女将の会、青年部が活動している。環境部、企画・広報部の2つの部長を務めるのは、青年部のメンバーだ。理事会の理事に名を連ねているこの2名は、子供だったころ、入湯手形が始まり、黒川温泉のにぎわいとともに育ってきた世代である。企画・広報部の部長の志賀希さんによると、青年部は「結構思い付きで行動している」とのことだ。思い付いても行動しないことが多い中、「ノリ」は3代目の証拠。

黒川温泉感謝祭は青年部の一番の活動で、そのタイムスケジュール（図表3）を見ても、てんこ盛り状態で、青年部の元気振りがうかがえる。「従業員さん向けにビアガーデンをしたり、語りバーとか」と教えてくれた志賀さんは、「焼き鳥を焼いていることが多い」と、楽しそうだ。自分たちが楽しむことで、お客さんにもその楽しさが伝わってくれればうれしい。

入湯手形新スタイル

　冒頭で九州の温泉の頑張りに触れたが、周辺に競合温泉地が増えてきたこともあり、黒川温泉の代名詞である入湯手形の売上げは、2002年から逓減傾向にある（図表4）。しかし、シール売上げの減少振りに比べると、入湯手形の減少度合いは小さいことに気付く。シール売上げとは、1つの入湯手形に3枚付いているシールの総利用枚数のことである。他旅館の温泉を利用する際に、このシールを1枚渡すというのが入湯手形の仕組みで、1つの入湯手形で最大3か所入れる入湯手形であるにもかかわらず、2か所程度の温泉をゆっくり楽しむと

図表3　黒川温泉感謝祭タイムスケジュール

平成22年9月9日	
15：00	バザー開始
16：30	子供イベント（ちびっこ早飲み大会）
	子供福引（ハズレなし子供福引40本）
17：30	牛深ハイヤ　～海と山のコラボ～
18：00	感謝祭開会宣言　子供みこし出発
18：20	大名行列（旅館組合出発）
18：30	子供みこし（組合到着）
18：40	大人イベント　女性（ストッキング相撲大会）男性（洗濯ばさみ相撲大会）
19：40	新藤久明ライブ
20：20	大名行列（組合到着）
20：30	牛深ハイヤ　～海と山のコラボ～
21：00	やまなみ太鼓
21：15	餅投げ
21：25	福引大会
22：15	花火大会

■黒川温泉感謝祭の様子
黒川温泉感謝祭は、青年部自らが楽しむ青年部の一番の活動だ。

図表4　黒川温泉　入湯手形売上げ推移

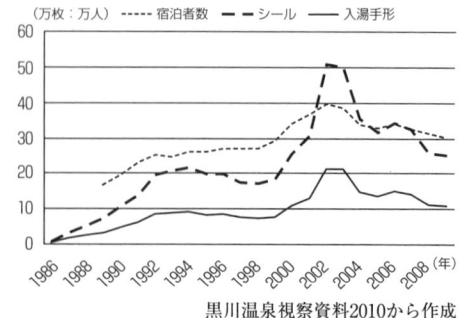

黒川温泉視察資料2010から作成

46　第Ⅰ部　観光まちづくりの今を知る！

いう傾向になっている。志賀さんによると、宿泊客から「3軒も巡れないので、現金で入ります」という声もあるとのことで、2010年5月から2か所の温泉に入れる850円のシール2枚手形を始め、夏休み時期の8月は144枚、9月は217枚販売できたそうだ。また、同時期に子供向けの入湯手形も始めた。この内容は、大人と同じで、値段は700円、3か所回ると、くじ引きのおまけ付きである。

　これら2つの新しい入湯手形は青年部の発案であり、もっと露天風呂巡りを楽しんでほしいと、「手探りで、いろんなことをしています」と志賀さんは言っている。

■こども入湯手形（パンフレット）
4か月間で約1500枚を販売するなど好調だったこども入湯手形。期間限定で始められたが、延長されることになった。

地域ブランド

　2006年、商標法の一部改正により地域団体商標制度（地域ブランド）がスタートした。2010年10月現在450件以上が登録されていて、そのうち温泉は19件だ。黒川温泉は、下呂温泉とともに、2006年10月に温泉の第1弾として登録された。複数の旅館の集合体であることが黒川温泉の魅力であるが、名前が知れ渡るにつれ、困ったことが起きてきた。例えば、黒川温泉から離れた場所にある旅館が黒川温泉と名乗ったり、黒川温泉という名前の分譲地ができたりということで、そういった状況に危機感を持ち、制度がスタートしてすぐに出願を決めた。その取組みを紹介した「地域ブランドへの取組み　26のケース」（安田龍平・板垣利明編著（2007年）同友館）によると、登録を担当した当時の事務局長小鑓光史さんは地域ブランドが「組合の大きな財産になる」と発言されたとのことだ。

　これは、青年部の取組みとも重なるものであり、次世代へと誇りを引き継ぐ活動が行われていることは、今後も黒川温泉の力となるだろう。その「誇り」は、「ノリ」であり、「活

気」であり、「自分たちがまずは楽しむ」ということだろう。それが引き継がれる一番の財産なのかもしれない。

🍃 地道さ

　2009年版「ミシュラン・グリーンガイド・ジャポン」で、黒川温泉は二つ星の評価を受けた。ホテル・レストランを星の数で評価することで知られるミシュランガイド。その観光地版が緑の表紙のミシュラン・グリーンガイドだ。一つ星から三つ星まで約750に名を連ねる観光地は、東京、京都、奈良、あるいは、札幌の雪祭り、東京国立博物館の孔雀明王像というように、その単位はいろいろで、三つ星には京都の歴史遺産や国立博物館の収蔵品がずらっと並ぶ。温泉は、ひょうたん温泉（別府）と道後温泉本館が三つ星で、二つ星、一つ星と評価された温泉（温泉として一般的に知られる観光地）の一覧を図表5にまとめた。

　ミシュランの二つ星評価は、黒川温泉にとっては、もちろんうれしいことに違いない。しかし、そのことを表立ってＰＲすることはしなかったようだ。自分たちの「内なるもの」に目を向ける地道さを感じた次第である。

図表5　「ミシュラン・グリーンガイド・ジャポン」で取り上げられた温泉（温泉として一般的に知られる観光地）

☆☆☆　三つ星	☆☆　二つ星	☆　一つ星
ひょうたん温泉（別府） 道後温泉本館	野沢温泉 大湯（野沢温泉） 新穂高温泉 修善寺 道後温泉 竹瓦温泉 黒川温泉 別府海浜砂湯 由布院 指宿砂むし温泉	登別温泉 第一滝本館（登別温泉） 洞爺湖 天山湯治郷 湯田中 箱根地方 別府 別府温泉保養ランド 別府地獄めぐり 古里温泉 指宿

2009年版「ミシュラン・グリーンガイド・ジャポン」から作成

1 − 2　まとめ（事例5・6）

> 折れない心で長期戦。
> 由布院温泉と黒川温泉に改めて学ぶ。

1　温泉ブームでなかった頃のお話

　今の学生たちに「昔、温泉は人気のない観光地だった」と話すと、一様に不思議そうな顔をする。㈳日本観光協会の「観光の実態と志向」によると、宿泊観光旅行の旅先での行動の質問に「温泉浴」とした回答は、この質問が加えられた1972（昭和47）年で27.3パーセントであった。平成生まれの学生たちの両親が若かった頃のことだ。この動きを宿泊観光旅行の同行者とともに時系列で表したものが図表6であり、「同行者の職場／学校」と「旅先での行動の温泉」が反比例して減少、増加していることが分かる。1970年頃の温泉には、会社の慰安旅行等でどんちゃん騒ぎをするイメージが強く、嫌う人も多かった。ところが、年々、数字を上げ、1980年代半ばから温泉ブームと言われるようになり、1999（平成11）年から50パーセントを下らない。

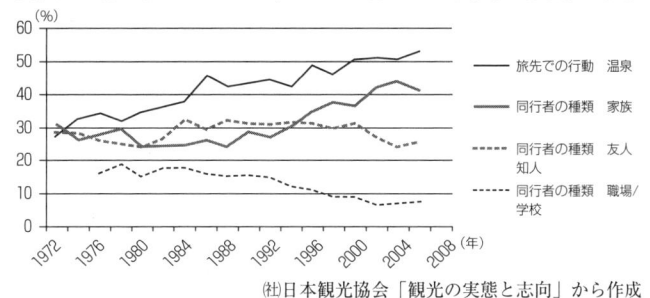

図表6　宿泊観光旅行での「旅先での行動・温泉」「同行者」の推移

（㈳日本観光協会「観光の実態と志向」から作成）

　1980年代以前、温泉観光地が奮わない中で、温泉ブームの先頭を走った温泉として、書籍、論文、レポート等で幾度も紹介されてきたのが、九州の2つの温泉地、由布院温泉と黒川温泉である。この2つは、温泉地の規模、旅館の数、収容力、交通事情のどれをとっても、対照的なのが興味深い。そ

して、この2つの温泉は、近距離にあるということもあり、お互いに刺激を受けてきたことも記されている。

由布院で志手さん、溝口さん、中谷さんの3人がヨーロッパ各地に出向いたのが1971年だ。そして、帰国後間もなく始められた「観光辻馬車」（1975年開始）は今でも予約なしには乗れないほどの人気で、「辻馬車開き」（毎年観光辻馬車を始める日）は由布院の春の風物詩として定着している。数ある取組みの一つをとってみても、温泉ブーム以前の取組みが今も綿々と続けられていて、由布院からは、「継続の力」を強く感じる。

2　ゆるいけど緊張のある関係

「我が町は、デゴトが多くて大変です」は、由布院温泉の中谷さんの言葉。「観光辻馬車」はじめとするたくさんのイベント等、旅館の外で用事（デゴト）をこなしていくと、旅館組合のイベントなのか、行政のイベントなのかなどと言えなくなり、自然と互いの関係がゆるんできたと、中谷さんは解説している[※1]。

黒川温泉も植樹活動に旅館総出で汗を流し、ゆるい関係を作ってきたようだ。入湯手形にもそのゆるさを見ることができる。入湯手形を使われると自分の旅館のお客さんが隣の旅館の温泉に入ることになる。これは、旅館側に勇気のいることだと聞いたことがある。せっかくのお客さん、自分の旅館のお得意さんになってほしいところなのに、隣に行って、その旅館が気に入ったらどうしよう。隣の旅館と比べられたらどうしよう。ということだろう。しかし、そんな垣根を作らず良いことは共有し、劣っている部分は学び合う、由布院のゆふいん料理研究会も同じことが言える。境のないゆるさが、より良い緊張を作り出している。

3　温泉ブームは続くのか

バブル経済と相まって温泉地では、絢爛豪華な設備を目指した旅館への過剰投資があり、バブル崩壊後、温泉に経営不

※1　㈳日本観光協会月刊「観光」2000年7月号

振、倒産という事態が巻き起こった。それでも、温泉志向は止まらない。温泉開発は続き、全国の温泉地の数は増える一方だ（図表7）。しかし、その反面、温泉宿泊施設数は伸びず、減少傾向にある。温泉地が増えて温泉宿泊施設が増えない理由は、日帰り温泉の盛況ぶりにある。手軽な温泉、いつでも行ける温泉と、じっくり楽しむ温泉、わざわざ行く温泉の二極化は、今後、しばらく続くだろう。

図表7　温泉地数、宿泊施設数、温泉利用の公衆浴場の数の推移

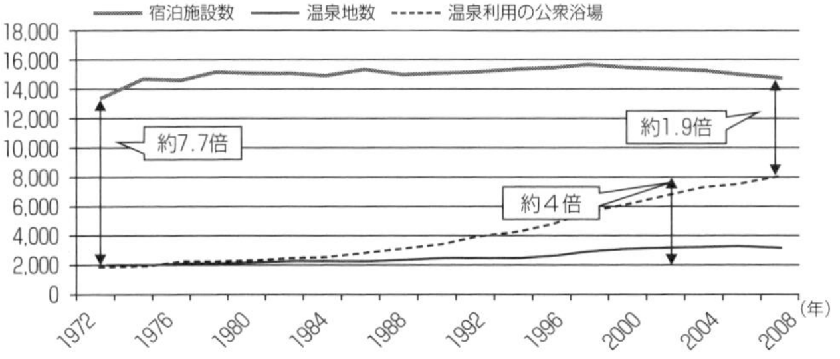

環境省「温泉利用状況経年変化表」より作成

そんな中で、由布院温泉と黒川温泉は、わざわざ行く温泉として評価されている。2002年に日本経済新聞社が実施した「温泉大賞」の「行ってみたい温泉地」部門で由布院温泉が第1位、黒川温泉が第3位、総合評価でもそれぞれ第2位、第3位である。2010年度日本観光経済新聞社の「にっぽんの温泉100選」（1987年から実施[2]）総合ランキングでも群馬県の草津温泉、北海道の登別温泉に次いで、由布院温泉が第3位、黒川温泉が第4位となっている。日帰りよりも宿泊の方が、地元への経済効果は大きい、人気が高い温泉は宿泊に結び付く可能性も高いと言える。2005年以降、国内宿泊観光旅行の回数も宿泊数も減少傾向にある中で、由布院温泉も黒川温泉も決して好調ばかりではないが、2つの温泉では今も観光まちづくりの取組みの手が緩められることはない。

　黒川温泉の入湯手形は、地元の老人会の皆さんが地元の小

---

[2]　旅行会社社員など"旅のプロ"が選んだ温泉ランキング。消費者でなく業務に関わる立場からの投票で決まる。(投票は1人1枚5軒まで捺印が必要)

国杉の間伐材を使って作っている。旅館で頑張るお孫さん、楽しくおしゃべりしながら入湯手形を作るおじいちゃん、おばあちゃんがいる。インターンシップの地元高校生が、暑い中旅館の仕事を経験する。黒川温泉の見えないところで、地域内のつながりがくもの巣状に広がっている。

　由布院温泉にあこがれて由布院駅に降り立った人は、その時点から、他の観光地とは違う何かを感じるだろう。駅には改札口がない、男性用トイレがない[※3]、小さな美術館がある。その駅舎は大分県出身の建築家磯崎新氏による設計で、「ゆふいん驛(えき)」の看板が掛かっている。駅を背に立てば、正面に由布岳が見える。それもこれも、由布院温泉が取り組んできたことだ。「まことに世界は資本系の勢力に満ち満ちており、私たちの戦いは、今や親から子へ、子から孫への長期戦の様相を示してきた」[※1]という中谷さんの言葉にあるように、これからもこの2つの温泉地は世代を超え、世代を結びながら、地域に根ざした長期戦を続けていくことだろう。

※3　由布院駅の利用客は女性が多いことから2003年の改修の際、女性専用トイレとなった。明るく、鏡も多く、ゆっくり身支度できる。

1 - 3　ニューツーリズムの今・昔

事例7　安心院町グリーンツーリズム（大分県宇佐市）
　　　　風土・食、さらには人を大事に

　グリーンツーリズムは大分県安心院から始まったと言われる。1992（平成4）年に農家中心の8名で安心院町アグリツーリズム研究会を組織したのが宮田静一さん、観光カリスマでもある。その宮田さんの著書※1で植田淳子★さんはピーターパンなのである。関西での大学院時代、グリーンツーリズム研究に安心院を何度も何度も訪れ、地域の人とはホントの親戚になった。そして、研究会の事務局長として請われて、大学院修了後、勤めていた会社を辞して移り住み、いつまでも少年の村人になった。ピーターパンは永遠の少年である。

1　安心院町グリーンツーリズム研究会の成り立ち

　大分県の北部に広がる人口約7100人の町、宇佐市安心院町は、四方を山に囲まれ、作家・司馬遼太郎も絶賛したほどの日本一の盆地の町である。

　また昔から、盆地の気温差のおかげでお米が大変美味しい。また、その気温差を利用して安心院町では約40年前に国営開拓パイロット事業によって約400ヘクタールのぶどう団地が造成された。一時は、西日本一の生産面積を誇るほどのぶどう地帯だったが、近年では生産者の高齢化に伴い、耕作地が減少し、担い手不足などが問題となっている。

　そのような中、1992年に、将来の安心院の農業・地域の行く末を懸念した県の担当者と地域の農家8名が、「アグリツーリズム研究会」を発足させ

■安心院盆地の朝霧の様子
この朝霧のおかげで、米やぶどうがおいしく育つ。

★　事例7執筆　植田　淳子（安心院町グリーンツーリズム研究会　事務局長）
※1　「しあわせ農泊　安心院グリーンツーリズム物語」西日本出版社2010年

第1章　観光まちづくりの風を感じる　53

た。"ブドウの町安心院"としての灯が消えないよう、従来の農業生産だけでは食べていけない現状を抱えながら、都市（消費者）と対等に手を結ぶ方法を模索していた。

　しかし、農村の問題を、いくら農家の人だけが考えても、実際になかなか活動は広がらず、また、周囲も活動に参加しにくい状況であったため、1996年に「アグリ＝農業」の壁を取り払い、農村に住む全ての人、また、町内のみならず町外からの応援団も募り「グリーン（＝農村）ツーリズム研究会」を発足し、活動を始めた。都市と直に手を結ぶための一つの方法である「グリーンツーリズム（農村で休暇を！）」は、行き詰まりを見せた農村に新しい活路を生み出そうとしていた。

　地理的に、安心院町は、観光地である由布院や、別府とも隣接している。しかし、そんな大観光地を意識しながらも、「彼らは、旅館業などの第3次産業が中心。うちは第1次産業が中心」と、ツーリズムを展開することを目指しつつ地元を見つめながら「農業に軸足を置く姿勢」を強調してきた。

　研究会の理念として、発足当初から大切にしていることは、次の3点である。

① 都市との交流により、町の基幹産業である農業を守り育て、発想を変え新しい連携の下、経済的活性化により農村の1軒1軒の足腰を強くする運動である。
② 農村の環境・景観を保全し、ゴミのない町づくりを原点とする。
③ 農村の社会的、経済的向上を目指す。

　特に、安心院の場合は、農家の人たちから"グリーンツーリズム"の声を上げたことで、単なる"地域おこし"や"まちづくり"ではなく、自分たちの生き様が懸かっていたものであると言えよう。

　新聞等の媒体を使い、この趣旨に賛同する仲間たちを広く募集した。当初、集まった会員の職業は、農業、農家主婦、町議会議員、割烹女将、葬祭業、銀行支店長、会社経営、新聞記者、旅館業、町長、元教職員、商店主、衣料品店主、清掃組合、書道家、住職、県庁職員、会社顧問、教諭、市職員、医者、建築設計士、

学生、大学教授などなど……と実に多彩なメンバーであった。これらの会員の方々は今でも、安心院町グリーンツーリズムの強力な応援団となっている。

発足当初は、昔から安心院に住んでいる人たちにとっては、「グリーンツーリズム？」「野原（グリーン）の2つ（ツー）の音楽（リズム）っていう意味かぇ？」「農村に人を呼ぶ？」「こげなところに、誰が来るんかぇ？」というように、なかなか田舎の良さを理解し難かった。安心院のグリーンツーリズムは、町内の一部のカワリモノと、町外からの応援でスタートしたのであった。

しかし、当時の安心院町長は、民間から発足したこの新しい運動を応援し、町の発展のために、力を尽くしていきたいと考えていたので、1997年には、安心院町議会で"グリーンツーリズム推進宣言"を発表した。また、行政の施策としても取り入れたため、役場内に新しく「商工歓交課（"観光"ではない）　グリーンツーリズム推進係」という専属の係を配置するというバックアップ体制を敷き、安心院町に住民を主体としたグリーンツーリズムという新しい動きが始まった。現在、研究会は、ＮＰＯ法人となり、職員も5名（全員女性）が働いている。また、合併によって、安心院町はなくなってしまい、現在は宇佐市となってしまったが、安心院支所の中に、グリーンツーリズムの担当者が3名配置されている。

2　年間を通じた様々な活動

都会の人々にとっても地元の人にとっても、単なる普通の一農山村にすぎなかった安心院町が、今や地域にある自然、食、文化、さらに人を前面に出しながら、これまでと一味違った旅行先として注目を浴びている。

いろいろな人々と交流をしながら、地域文化を生み出し、会を発展させていくために研究会では広報部、企画開発部、アグリ部、環境美化部、農泊部、応援団部と6つの専門部を持ち、組織的な体制で年間の活動を行っている。

例えば2010年で8回目を迎える「マイ米物語」がある。これは、農業後継者を中心とした「アグリ部」の主催で、安心院の基

幹作物であるお米を、田植えから、堆肥作り、草刈り、稲刈り、藁こずみ作り、餅つきという流れで1年を通じて育て、味わうという企画である。毎回のイベントには地元の高校生や都会からの親子連れ、近くの都市からの若者の参加も目立つ。また、農作業だけではなく、竹を使って、食器などを作ったり、地鶏のバーベキューやうどん作り、新米試食や米粉を使った石釜パン作りなど、「食」も合わせたイベントとなっているため、食に関心のある若い女性の参加も増えている。農業・農村にあまり縁がない人でも気軽に参加できる体験イベントとなっているため、このイベントを通じて、知り合い、結婚して、安心院に住むといったカップルも何組か出てきている。

　農村景観を守り育てていく活動としては、毎年3月に「祇園坊講演会」を開き、講演会やコンサートを開催し、参加者に「祇園坊」という柿の苗を毎回100本配布している。それを、道路脇や庭先の外から見えるところに植えてもらい、秋になったら柿がたわわに実る日本のふるさとらしい景観を創っていくことを目的としている。1000本近くが既に植えられており、景観としても楽しめる上、干し柿にすると最上級の甘みと言われている"祇園坊"なので、安心院の冬のおもてなしの一品となっている。

　また、私たちが目指すグリーンツーリズムはヨーロッパにあるということから、毎年無尽講方式（5年間毎月4000円ずつ積み立て、行ける人から参加する）でグリーンツーリズムが生まれたヨーロッパ、特にドイツの農村に、研修旅行に行っている。地元資源に目を向けるだけではなく、外に視野を広げていくという意味で、発足当時から実施している「ヨーロッパ・グリーンツーリズム研修」は、安心院のグリーンツーリズム研究会の目標となっている。安心院とは、風土も習慣も異なるが、昔の町並みが今も残り、それを代々、大切に守ってきている点は、安心院でも見習っ

■ドイツ研修〜毎年行っているドイツの農家にて〜
安心院グリーンツーリズム活動の目標は、"過疎"のないヨーロッパの農村である。

ていきたいところである。ヨーロッパ研修は今年（2011年）で12回目を迎えた。

実際に農村景観の美しさを目の当たりにし、社会的・経済的にも成立しているグリーンツーリズムのシステム等を勉強することで、自分たちの活動の目標を改めて認識することができた。

3　農泊で"心のせんたく"を！

イベントのみならず、旅人がゆっくりと安心院に滞在し、農家の人との交流を持つことができる取組みとして「農村民泊（通称農泊）」がある。これは、従来の民宿とは違い、1日1組の受入れで、普通の農家の家族の日常に入り、農村の生活体験をしてもらうものである。

特に農作業体験をするわけではなく、好きなように過ごしてもらうが、希望があれば農作業体験や牛の世話、料理作り・おやつ作り体験などができる。

訪れた人たちを"特別なお客様"としてではなく、"遠い親戚"が来たようなつもりで迎えており、それが従来の旅にはない温かさや想い出となって人々の心を捉えているようである。

15年前、これを始めた当初は、人を泊めて夕食を出し、お金をもらうとなると、旅館業法や食品衛生法などの法律の規制があり、多額の資金を投入して施設を整えなければ始めることができなかった。しかし、それでは結局、設備投資で終わってしまうことから、空いている部屋などを利用し、増改築をしないで始めていく方法として安心院式の「農村民泊」を開始した。この新しい取組みがマスコミや人々に注目され、2002年には6年間の農泊の実績が認められ、大分県から待望の規制緩和が出された。現在、大分県では旅館、ホテル、民宿に次ぐ第4の宿として「簡易宿所」の中に「農村民泊」が認められている。

現在、安心院では約20軒の家庭が常時受入れ可能である。また、年中ではないが、修学旅行生など学生の受入れを対象とした家庭が新たに40軒増え

■こんにゃく作りをするお母さん
昔から伝えられてきた味を大切にし、次世代につなぐ。

た。

　農泊を始めた当初、安心院の人々は「自分の家に他人を泊めるなんて…」「こんな田舎に誰が来てくれるのだろうか」「お金をもらうなんてとんでもない」と農泊に対して抵抗感が強かった。しかし、受け入れていくうちに、お客さんから「田舎の豊かさ」「都市の生活にはない本物がまだ田舎に残っている」ということを教えてもらい、交流することにより意識の変化が生じた。特にこれまで農村では表に出ることの少なかった高齢者や女性が、グリーンツーリズムを始めたことにより元気を取り戻し、今では「食の番人」として誇りを持って田舎のライフスタイルを提供している。女性の役割が大きい"グリーンツーリズム"を男性が応援していく形で家族のきずなもさらに深まっている。また、農泊のお客さんのための食材（肉や魚など）の購入は、町内の商店を利用し、入浴は町内の温泉を利用するので町全体の経済効果も大きい。

　訪問する客層は、若い女性の一人旅から、家族連れ、年配の夫婦など、ふるさとを知らない世代から、ふるさとを失い懐かしんで訪れる世代まで幅広い。また、近年では、修学旅行として、関東や関西、広島、北九州から、「田舎」に訪れる中学生・高校生が大変多くなってきている。最初は、田舎に泊まることに抵抗のあった多感な時期の都市部の生徒たちが、農家の家族の一員として受け入れられ、1泊や2泊して農家の人と一緒に作業を行ったり、寝食を共にすることで、通常の修学旅行とは、また違った思い出として、残っているようである。高校を卒業したら、大人になったら、家族で…と2回、3回と安心院を訪れてくれる学生さんもいる。

　宿泊したお客さんには"メンバーズカード"を発行し、泊まった家庭の印鑑を押す。"1回泊まれば遠い親戚、10回泊まれば本当の親戚"というキャッチフレーズで、10個スタンプがたまった人には「親戚の証」として賞状と、地域のワイン等を渡してい

■安心院に訪れた中学生
"安心院が第2のふるさとになれば…"という思いで受入れを行っている。

る。これまでに40人以上の親戚者が出ており、リピーターにつながっている。中には、安心院を気に入り、こちらに移住する人や、農泊が縁で安心院の人と結婚し、安心院に住む若い女性も出てきている。

受入れ家庭を主なメンバーとする「農泊部」では、料理の勉強会やおもてなし研修、食品衛生講習会などを実施し、受入れの勉強を重ねている。また、農泊家庭を増やしていくために仲間作りを行っている。農村民泊を開始してから15年が経過する中で、農村民泊の「質」が問われてきている。ありのままの田舎の生活を提供しながら、「田舎だから出せる本物の味や体験」をさらに掘り起こし、地域の人との交流を大切にしながら、訪れて下さった方々により楽しく過ごしてもらいたいと思っている。

さらに、2009年度から、新しい取組みとして、安心院の"食"に焦点を当てた「大分・安心院スローフードフェア」も開催し、安心院のお母さんたちが、地域の食材を使った料理を作って、お客さんに振る舞っている。第2回は2011年2月に開催された。

今後とも、安心院の風土・食、さらには、人を大事にして、「安心院型グリーンツーリズム」の活動を続けていきたいと願っている。

■大分・安心院スローフードフェア開催
第1回には約110品が出品された。

問合せ先 NPO法人　安心院町グリーンツーリズム研究会　事務局
☎0978-44-1158

＜当地のイチオシ・スポット＞

■農村民泊　受入れ農家見学

現在、農村民泊をしている家庭を1～2軒案内し、実際にお客様が泊まる部屋を見学したり、実際、受入れをしている家の人に話を聞いたりすることができる。

①安心院町グリーンツーリズムについての説明などを希望
　所要時間：60～90分
　費用：¥1000（教材費込み）
　　　　日帰りの場合¥1500
②町内の農村民泊家庭や直売所などの見学を希望
　費用：¥2500
　　　　日帰りの場合¥5000

■JA　ふれあい市場

安心院町にある農産物直売所。隣に魚屋も併設されている。安心院で育てられた野菜や果物、農家の人の惣菜、手作りお菓子など、新鮮な地元の食材、安心院の旬を知ることができる。

■安心院葡萄酒工房

安心院葡萄酒工房は、盆地特有の温度差の激しい気候を生かし良質のブドウを育て、芳醇なワインを醸すワイナリー。杜の中のワイナリーをイメージした園内には醸造所、貯蔵庫、ブドウ畑、ショップなどが点在し、製造工程やブドウ畑の見学はもちろん、試飲やショッピングなどが楽しめる。

問合せ先
NPO法人　安心院町グリーンツーリズム研究会
所　大分県宇佐市安心院町下毛1046
☎0978-44-1158
Email　japan-ajimu-gt@basil.ocn.ne.jp
URL　www.ajimu-gt.jp/

事例8　工場景観の活用（横浜市・川崎市・岡山県倉敷市）
サブカルチャー的視点からの地域の魅力の掘り起こし

　㈱ティー・ゲートは、2008（平成20）年に近畿日本ツーリスト㈱と㈱角川グループホールディングスが共同出資し設立した旅行会社で、地域との連携により作り上げた多彩な体験プログラムをウェブサイト「旅の発見」[※1]を通じて販売しているのが大きな特徴。ここでは、サブカルチャーの視点で地域資源を生かし旅行商品化した取組みを㈱ティー・ゲートの冨澤美津男★さんに紹介していただく。

★　事例8執筆　冨澤　美津男（株式会社ティー・ゲート　ニューツーリズム・コンサルティング部）
※1　http://tabihatsu.jp

1　顕在化する工場観賞家

　「工場萌え」という言葉が登場したのは2007年3月、東京書籍から出版された異色の写真集「工場萌え」からである。同書は全国の工業地帯に広がる工場景観の写真と、その魅力を堪能するためのポイント解説によって構成される、いわばマニア向け工場観賞ガイド本なのだが、それが驚くことに3万部を超えるヒットセラーとなっている。それはつまり、工場を観賞対象として認識し、積極的に愛でたいというファン層が3万人以上存在することを意味している。仮にこの層がマーケティング階層におけるイノベーター※2（2.5パーセント）であるとしたら、今後、追随が期待されるアーリーアダプター※3（13.5パーセント）層だけで16万人以上、さらにそれに続き早い段階で顕在化するアーリーマジョリティ※4（34パーセント）層は40万人以上という大きなマーケットが現れることになる。その数値の妥当性はともかくとしても、工場景観を活用した観光マーケットは、相当規模が想定されることを「工場萌え」は示唆している。

■東亜石油・水江工場の構造物
タンク様構造物と塔状構造物が造り出すシルエットは、実に妖艶なたたずまいを見せる。

2　忌諱されてきた景観が今や観光資源に

　このように、従来は観賞対象として扱われることのなかった人工的建造物が景観として評価されだしているのは、需要規模の大小はあれど工場に限った話ではない。機能だけを追求して建造された人工構造物が作り出す景観＝テクノスケープ※5を愛好する層は、ダム、ガスタンク、給水塔、橋梁、鉄塔、水門、団地、ジャンクション、トンネルなど、様々なジャンルに及び、イン

※2　冒険心があり新しい商品をすぐに購入する層
※3　流行に敏感で自ら情報収集し、購入の判断をする層
※4　比較的慎重だが、早目に購入する層
※5　「テクノスケープ―同化と異化の景観論（景観学研究叢書）」岡田昌彰著において人工構造物の作り出す景観について様々なアプローチによる価値評価を行っている。

ターネット上にはマニアックなコミュニティが数多く出現している。

数年前、「美しい景観を創る会」が「悪い景観100景」を選び出して糾弾したことに対し、その恣意性に猛反発し「悪い景観」を積極的に評価しようとする動きが広がった。工場景観などのテクノスケープはまさに「悪い景観」の代表格であったが、この論争を契機に、従来の景観評価姿勢に対するアンチテーゼとして、それまで観光的価値を持たなかった景観の積極的評価に拍車をかける格好となる。そして、その価値評価の視点は既存価値へのカウンターとして、サブカルチャー的景観評価と融合し「工場萌え」を出現させたとも言える。

3　京浜コンビナート観賞クルーズの試み

前置きが長くなったが、前記の経緯を踏まえ、サブカルチャー的視点からの観光資源の発掘と活用について、㈱ティー・ゲートが取り組んだ事例として工場鑑賞クルーズを紹介する。

> 【例1】"工場に萌えろ！"工場の美しさを堪能しつくす京浜コンビナート鑑賞クルーズ
>
> 開催日程：2008年10月25日、11月1日
> 行　　程：横浜みなとみらい〜京浜運河　コンビナート群　〜横浜みなとみらい
> 企画内容：貸切パーティークルーズ船により京浜運河に広がる工場群を海上から観賞
> 所用時間：14：00から17：00までの3時間
> 募集定員：各回60名
> 販売価格：¥4500（ガイドトーク、軽食、フリードリンク付き）

企画段階では工場景観の観光活用に取り組む八馬智氏（千葉大学工学部助教（当時））、「工場萌え」の著者である石井哲氏と大山顕氏、都市に新しい「水上経験」をつくることをテーマに活動を続ける Boat People Association（以下「BPA」という。）山崎博史氏等の協力を仰いだ。協議の末、運河沿いに広がる京浜コンビナートの観賞は、視界を遮るものがない海上からのアプローチが有効であるとの結論に至り、クルーズ船による工場観賞を計画することとなった。

試験的な取組みのため、予想以上に企画に時間を要した結果、

発売の開始は催行日1か月前を切るという状況となり、集客に対する懸念は大きかったのだが、それも杞憂(きゆう)に終わった。プロモーションについてはチラシ等の媒体は作成せず、石井氏、大山氏によるウェブでの情報発信のみであったが、工場鑑賞家のオピニオンリーダーである両氏からのレコメンドの威力は絶大だった。発売開始から10日程度で募集定員に達し、急遽(きゅうきょ)キャパシティの大きいクルーズ船に変更して追加募集した30名分も即日完売となった。

■京浜コンビナート鑑賞クルーズのコース図

　アンケート結果（図表8）を見ると、ほとんどの参加者は大山氏の運営する「住宅都市整理公団」や、氏のレポートが掲載される「デイリーポータルZ」、石井氏が主宰するSNSのフォーラムから情報を得ている様子が分かる。また、その他の「友人・知人から」も比較的多いことから、工場鑑賞家同士での情報の交換が活発に行われている様子もうかがえる。つまりこうした特徴は、工場鑑賞コミュニティがインターネットを介して形成されていることを物語っている。

図表8　"工場に萌えろ！"京浜コンビナート鑑賞クルーズ参加者アンケート（抜粋）

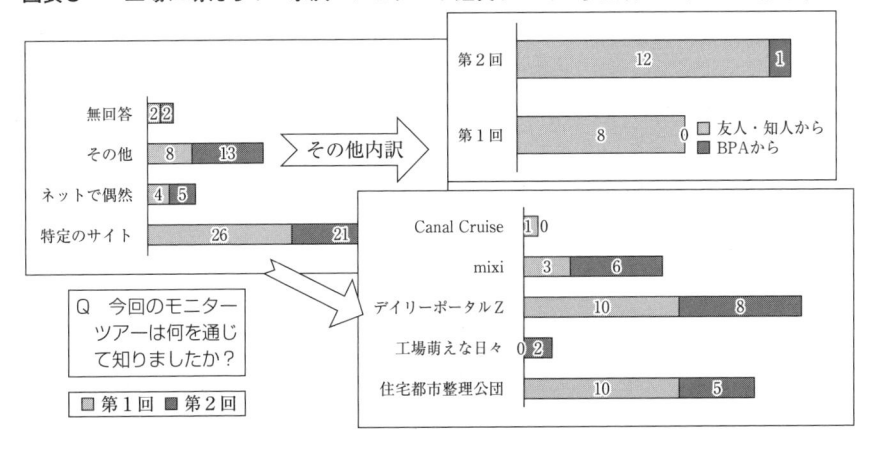

Q　今回のモニターツアーは何を通じて知りましたか？
□ 第1回　■ 第2回

無回答　2／2
その他　8／13
ネットで偶然　4／5
特定のサイト　26／21

その他内訳
第2回　友人・知人から 12／BPAから 1
第1回　友人・知人から 8／BPAから 0

Canal Cruise　1／0
mixi　3／6
デイリーポータルZ　10／8
工場萌えな日々　0／2
住宅都市整理公団　10／5

第1章　観光まちづくりの風を感じる　63

4　サブカルチャーツーリズムの特徴

今回のクルーズを検証すると、以下のような特徴が浮かび上がる。

① コミュニティが形成されているため、マーケットが特定しやすい。
② コミュニティ参加者は、オピニオンリーダーのレコメンドに対し敏感に反応する。
③ 特殊性、希少性の高い企画となるためメディアの注目[※6]を集めやすく、プロモーションとしてパブリシティを活用できる。

こうした特徴は「工場萌え」だけのものではなく、サブカルチャー全般に見られるものである。つまり、サブカルチャー的視点での資源活用は、それ自体が流通を創造するという特徴を持つと言えるのである。そしてさらに強調しておきたいのは、強いテーマ性を持つという意味で着型観光と親和性が高いということだ。

5　「工場萌え」による地域ツーリズムの創出

近年の観光の潮流である着型観光の最も重要なポイントは、地域（＝着地）が主体的に市場ニーズを読み解き、地域のツーリズムの有様を創り上げることにある。しかしながら、自地域の魅力を的確に評価し、市場ニーズに適合させることは困難な場合が多い。なぜなら、地域の魅力の価値とは地域が決めるのではなく、訪れる訪問客によって測られるからだ。つまり、地域の魅力を発掘するためには、地域サイドが独りよがりに陥ることなく、客観的な立場からの資源評価＝「視点の外材化」が求められるのである。その意味で市場ニーズのアウトラインが明確なサブカルチャーというファインダーは、地域資源を評価するための有効な手法の一つだと言えよう。具体的な展開事例としては、倉敷市の水島コンビナートを活用した企画がある。

※6　クルーズには新聞やテレビの同行取材の申入れがあった。

> 【例２】水玉物語〜水島コンビナートと港町・玉島のまち探索の旅〜
> 開催日程：2010年２月６日
> 行　　程：ＪＲ新倉敷駅＝倉敷市玉島地区（霞橋、玉島臨港鉄道跡、水門、ため池周辺、商店街）＝水島港〜水島コンビナート〜水島港＝ＪＲ倉敷駅
> 企画内容：貸切バスによる玉島地区の街並み観光と、水島コンビナート夜景クルーズ
> 所用時間：13：00から21：00までの８時間
> 募集定員：30名（集客実績36名）
> 販売価格：大人￥7000　子供￥4500（バス代、夕食代、クルーズ代など）

　この企画は、観光庁の平成21年度ニューツーリズム創出・流通促進実証事業の採択を受け、倉敷市が事業後援、企画は㈱ティー・ゲートと玉島商工会議所の協議による構成、ツアーガイドは玉島商工会議所の赤澤雅弘氏、旅行主催は㈱ティー・ゲートが担うという地域主導の形での実施となった。企画の最大の特徴は、工場鑑賞クルーズをフックに置きながらも、ツアー全体は単なるサブカルチャー企画で終わることなく、水島

■JFEスチール水島製鉄所の夜景
溶鉱炉から漏れる光が林立する煙突の足元を照らしだす様は、実にダイナミックで見る人の興奮を誘う。

■ため池に架かるドラム缶橋（玉島地区）
地元住民の共同拠出により維持されている。

■古い水門（玉島地区）
市街各所には古い水門が無造作に放置されている。

第１章　観光まちづくりの風を感じる　65

■大正期に建造された銭湯（玉島地区）今も現役営業中。

■昭和40年頃のパチンコ店「思ひ出」（玉島地区）現在はガレージとなっている。

■玉島臨海鉄道の橋梁（玉島地区）未成線に終わった。

地区と玉島地区の歴史的経緯についてコンビナートを軸に編集している点にある。

　玉島地区は高梁川上流の備中松山藩の物流拠点として開かれた港町で、「山陽の小浪速（こなにわ）」と呼ばれるほどの殷賑（いんしん）ぶりだったが、戦後の水島コンビナートの発展により、その地位を水島に渡すこととなった。両地区はかつて玉島港と総称されていたが、1962（昭和37）年には「関税法」による名称を水島港と指定されることとなる。以降、玉島地区は急速に活力を失い、昭和40年頃のまち並みがそのまま手を加えられることもなく放置された。昭和の趣が濃密に漂うレトロな商店街、古い水門、ドラム缶をつなげた浮橋など、ユニークな資源が現在まで残されているのだ。しかしながら、美観地区中心の通過型観光主体の倉敷にあって、交通アクセスの悪い同地区ではそうした資源が観光活用されることがなかった。

　さて、実際の集客状況を見ると、20代から40代の工場鑑賞マニアが中心だった京浜コンビナートクルーズのケースと異なり、参加客の3分の2が地元倉敷市や周辺地域のシニア層となった。当初はマニアマーケットの取込みを意図していたが、むしろ一般マーケットの取込みに成功したという点では、結果的にサブカルチャーをフックとした地域ツーリズムの創出という狙いが当たったと言えよう。もともと夜景が知られる水島のクルーズ企画だったので、参加客のほとんどが水島コンビナート夜景クルーズを目

当てに参加していたようだが、アンケートには玉島地区の意外な魅力を楽しめたとの意見が多数寄せられた。また、この企画は、工場景観の活用という新規性と赤澤氏の積極的な働きかけにより、「山陽新聞」「日本経済新聞」での告知記事の掲載、「共同通信」によるニュース配信、「山陽テレビ」「NHK」での企画段階からの取材など、多くのメディアに取り上げられ、パブリシティ効果をフルに活用することが可能となった。特にNHKでは中国地域ローカル番組のみならず、ツアー後ながらも全国放映されたり、海外向けにストリーミング配信されたりと、水島コンビナートの夜景とともに玉島地区の観光魅力が広く発信されるという効用を得ることとなった。

　この事例は、サブカルチャー的視点が地域主導の着型観光と高い親和性を持つことを証明している。なぜならば、着型観光における最大の課題は、地域独自の資源発掘と流通にあるからだ。いかに視点を外在化させ地域を見つめるか、いかにコストをかけずにプロモーションを展開するか、こうした地域ツーリズムの問いに対する回答の一つがサブカルチャーなのではないだろうか。

　　　　　問合せ先　株式会社ティー・ゲート
　　　　　　　　　　ニューツーリズム・コンサルティング部
　　　　　　　　　　☎03-6859-0213

―――――――――――――――――――――――――――

＜私のイチオシ・スポット＞

■四日市コンビナート夜景クルーズ

川崎や倉敷の取組みに触発され、四日市市がバックアップし四日市観光協会の主導で、2010年夏に夜景クルーズが登場することとなった。作り込みには時間をかけており、「工場萌え」著者の石井氏・大山氏、地域デザインの視点から工場景観の観光活用を提唱する千葉大学工学部の八馬氏等をアドバイザーに迎え、徹底的に工場鑑賞の姿勢を貫いた、言うなれば硬派工場クルーズである。川崎にも劣らないまばゆい工場景観をご堪能あれ。問四日市観光協会所〒510-0075三重県四日市市安島1丁目1-56 ☎059-347-7177 料大人￥3150子供￥2000 URL http://kanko-yokkaichi.com

第1章　観光まちづくりの風を感じる　67

事例9 京都フラワーツーリズム（京都府ほか）
旬の情報提供、感動サービスＩＣＴ「花なび」

　花を題材にする観光は、特に旬の情報が重要となる。日々咲き具合が変わっていく花が対象なので、時には時間単位の情報までが求められる。誰が情報を集め、どうやって広く知らせるのか、そんな課題に取り組んだのが合同会社京都フラワーツーリズム。観光関係を中心に様々な業界を結び付けた組織で、ICT[※1]でまちおこしに関わる高木治夫★さんに、京都フラワーツーリズムの活動を紹介していただく。

1　「花なび」とは

　「今、京都の花は、どこが見どころですか？」
　「もう紅葉してますか？」
　京都に住んでいると、そんな質問が度々遠方の知人たちから寄せられる。せっかく京都に旅行に行くんだったら、絵になるいい時期を選びたい。また、幾つもある観光地の中から、その季節に合った旬の景色を堪能（たんのう）したい。しかし、雑誌やインターネットで観光地情報や去年の写真はあふれていても、今この時期に、どこでどんな花が咲いているか、紅葉はどのくらい進んでいるか、そんな情報を網羅的に届けるシステムはなかった。
　そんなニーズに対して2008（平成20）年の秋に、ハイアットリージェンシー京都、MKタクシー、筆者の三者で実験的に取り組んだのが、「花なび」というサービスであった。フットワークを生かし、旬の紅葉情報を撮影するのは、MKタクシーの運転手である。筆者はシステムを作成し、ハイアットリージェンシー京都のロビーに設置してあるハイビジョンディスプレイに対して遠隔配信放映を行った。約100点ほどの写真と位置情報を発信したところ、観光客に大好評だった。あまり知られていない場所が花

★　事例9執筆　高木　治夫（京都フラワーツーリズム　プロデューサー）

※1　ICT とは、Information and Communications Technology の略で情報通信技術と訳される。「IT (Information Technology)」とほぼ同義と捉えられているが、"Communications" の重要性が表出している。総務省が毎年度まとめる情報通信分野における重点施策の名称が、「IT 政策大綱」から「ICT 政策大綱」と変更されたのが2005年度で、近年、IT という言葉に変わって、ICT が用いられている。

や紅葉の隠れた名所だったり、もう旬を過ぎただろうとあきらめていた場所が、まだまだ奇麗に紅葉していた、という例もあり、「花なび」によって観光客の方が新たな発見をすることも多かった。

2009年度には、「花なび」が国土交通省の「まちめぐりナビプロジェクト（まちナビ）」に採択された。これを機に、京都フラワーツーリズム推進協議会（図表9）を設立し、本格的なシステム構築を行うことになった。iPhone やカーナビへも配信を開始した。

2010年には、推進協議会の事務局を合同会社として独立させ、ICT を活用した情報サービス「花なび」システムを長期にわたり改善して継続発展させる体制を構築した。

図表9　協議会メンバー構成・会員

㈳京都府観光連盟、京都府、亀岡市、八幡市、㈳宇治市観光協会、源氏物語千年紀委員会、京都嵯峨芸術大学、ハイアットリージェンシー京都、近畿日本ツーリスト㈱、中井タクシー、エムケイ㈱、㈱らくたび、㈱ネットイン京都、ソフトバンクモバイル㈱、オリンパス㈱、フォン・ジャパン㈱

「花なび」の配信例

ハイアットリージェンシー京都の1階ロビーにある大型ハイビジョンディスプレイ、京都信用金庫嵯峨支店、城南宮、国立京都博物館、大映通り商店街などにある「電子ポスター」に旬の花情報を配信している。

■ハイビジョン電子ポスターへの配信放映

また、大阪・神戸・京都の主要な32のホテル客室（約1万1000客室）のテレビにも配信している。さらに、日産自動車のカーナビ「CARWINGS」、ソフトバンクモバイルのデジタルフォトフレーム「PhotoVision」にも配信している。

第1章　観光まちづくりの風を感じる

2　iPhone アプリ「花なび」

　iPhone アプリ「花なび」では、GPS 機能を使って現在地からのお薦めの花やイベントなどの情報を知ることができる。さらに、花の場所やイベント会場までの経路を案内表示できるので、初めて京都を訪れた人でも迷わずに目的地まで行くことができる。

　このアプリは日本語・英語の2か国言語で世界に配信している。海外にいながら京都の花情報を楽しめるほか、京都を訪れた外国人観光客にも iPhone を使ったナビゲートを行うことができる。

　2009年1月から2010年2月までに、旬の花、約4600件の情報発信を行ってきた。これだけの量の情報発信が実現できた大きな理由は、タクシー会社、個人、NPO、学生、神社など、「地域の人」を巻き込んで進めてきたことにある。

　中でも、中井タクシー、MKタクシーの観光タクシー運転手の参加の寄与が大きく、この2者で全体の約9割の発信を占めている。京都の歴史・文化・観光に詳しく、今の京都の花の見どころを一番良く知っているのは、実は観光タクシーの運転手である。京都には「京都文化検定」というものがあるが、このライセンスを取得している観光タクシーの運転手も多い。この知識、経験や知恵を生かして日々の観光案内業務の合間に旬の花を撮影しても

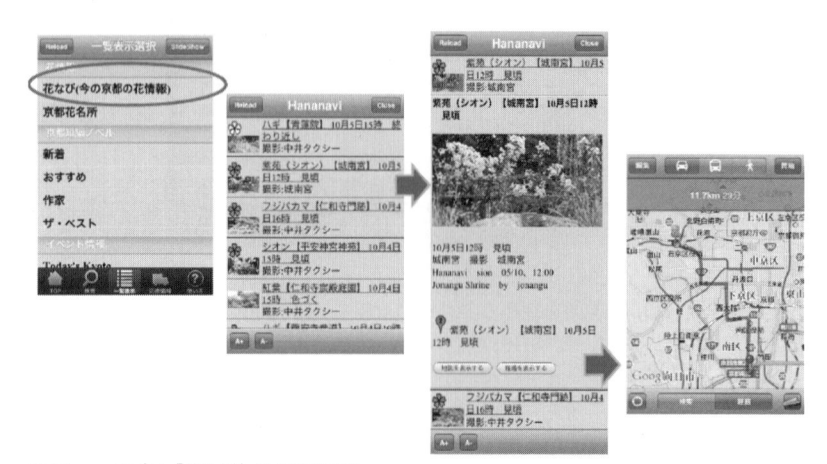

■ iPhone アプリ「花なび」による道案内

らい、全国に発信する。これは、タクシー運転手にとっては、新たな「やりがい」の場ともなっている。

中井タクシーの中井さんは、「花なび」を通した情報発信と並行して、ウェブコミュニケーションツールであるツイッターでも観光地や花の情報を並行的に発信している。「花なび」タクシーとして認知され、京都に興味のあるユーザーからのコメントやRT（リツイート）などのレスポンスをリアルタイムにもらうことで、さらに「やりがい」を高めている。そして今では、ホームページからだけでなく、ツイッターからもタクシーの予約が入るようになってきた。

■案内の途中に花情報を撮影している中井さん

■今では「花なび観光」タクシーとして活躍　iPhoneを片手にツイッターで見どころを紹介している。

ソーシャルまちおこしICT「花なび」システムについて

◎特徴

・システムの特徴
　—コンテンツの制作は、ワープロ知識があれば誰でもすぐに
　—多人数の参加でソーシャルにコンテンツを集積
　—鮮度の高いコンテンツが簡単に制作できる

・活用
　現場の魅力をよく知った人たち「地域の人」が参加して鮮度の高いコンテンツを発信！

　⬇

　感動サービスをソーシャルだから継続的に実現！
　情報発信者には「やりがいの舞台」を提供！

第1章　観光まちづくりの風を感じる　71

3 システムの構成コンテンツの作成と集積配信

　その仕組みをまとめたものが、図表10である。「花なび」では、タクシー会社や団体、企業等のコンテンツ発信者に対して、コンテンツ作成用として各自にそれぞれ専用のウェブシステムを提供し、このウェブで作成・発信されたコンテンツは、上位のウェブシステムに撮影日順やイベント開催日順で集積される。そして、集積されたコンテンツは配信サーバーを経由して、iPhoneアプリや電子ポスターなどへ配信されるという流れだ。

　例えば、10人のコンテンツ発信者が参加すれば、1週間に1度各自が発信すれば、全体としては、ほぼ毎日、鮮度の高いコンテンツを無理なくユーザーに届けることができる。さらに、情報発信にツイッターを併用すると素早いレスポンスが返ってくるので、ユーザーが求めるニーズの把握ができること、ユーザーからのコメントやRTで「やりがい」がさらに高められ情報発信を継続しようという意欲が強くなる。

　また、コンテンツ発信者の社名や電話番号を掲載することで広報・宣伝にもなるので、コンテンツ提供は無料である。単なるボランティアの参加ではなく、コンテンツ発信者とWin－Winのきずなを持てるので「地域の人」を巻き込みやすく継続しやす

図表10　花なびの仕組み

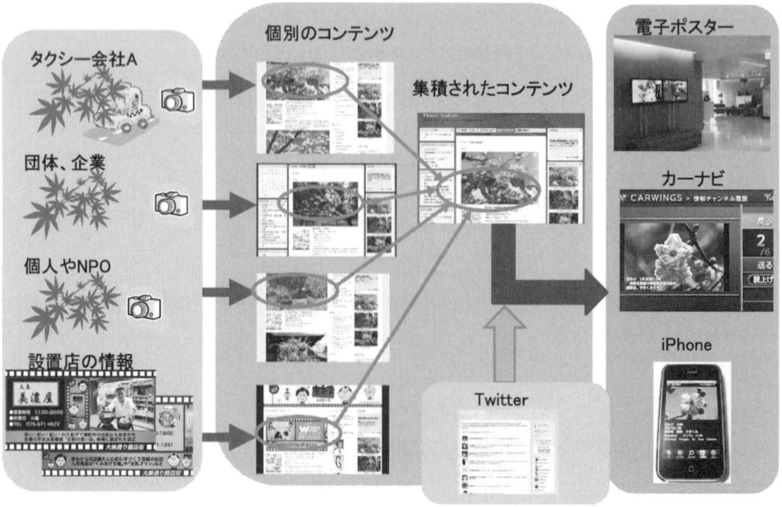

い。

　コンテンツ発信者のウェブサイトを希望により独自ドメイン名でサービス提供することも可能であり、広報・宣伝用のホームページとしてアクセス数を高めるための重要なSEO対策[※2]を行うことができる。

4　ソーシャルまちおこしICT「花なび」の拡がり

　ソーシャルまちおこしICT「花なび」のシステムを活用して、新たに次に示すような2つの利用事例が生まれた。いずれも、「地域の人」を巻き込んで現地情報発信を行っている。

　観光まちづくりにおいて一番の課題は、いかに地域住民を巻き込めるかということ。これからの観光地は、物見遊山的な名所旧跡ではなく、地域に密着した生活文化である。来訪者は「観光地」ではなく、「生活地」を求めており、いかに地域の生活文化的情報を来訪者に伝える手段を構築するかが重要なのである。

　一方で、まちづくりに参加したいが、どのようにしてよいか分からない、自分の生活や仕事のパターンを変えずに、あるいはそれを生かして気軽に参加したい、という人々が潜在的にたくさん存在する。この両者をマッチングさせ、観光まちづくりを進めるために、ソーシャルまちおこしICT「花なび」のプラットホームが活用されている。

他地域に広がるICT「花なび」スタイル

① 北海道富良野「FuranoNavi」
　http://furanonavi.net/
　・電子ポスター設置箇所
　　富良野国際インフォメーションセンター、富良野・美瑛広域観光インフォメーションセンター、フラノ・マルシェ内　観光インフォメーション、ホテルナトゥールバルト富良野、ホテル　ベルヒルズ、ナチュラクスホテル、フロンティアフラヌイ温泉

※2　SEOとは、Search Engine Optimizationの略でインターネットで検索する際、Yahoo！やGoogle等でより上位に表示されるように必要な対策をすること。

- iPhone アプリ「FuranoNavi」
② ファミなび「FamiNavi」　http://faminavi.org/
- iPhone アプリ「FamiNavi」

	車椅子対応トイレ
	オストメイト対応トイレ
	多機能トイレ
	エレベータ入り口
	授乳室
	緊急医療機関
	ホテル・旅館
	遊び場
	レストラン
	買物

問合せ先　京都フラワーツーリズム合同会社
☎075-634-3347

1-3 まとめ（事例7～9）

> 消費者と地域を結ぶ仕組み作り。
> ニューツーリズム推進の鍵を探す。

1 求められる着地側の視点

　ニューツーリズムという言葉が2000年代半ばから頻繁に使われている。観光庁がまとめた「ニューツーリズム旅行商品創出・流通促進ポイント集」（2010年3月）では、「厳密な定義づけは出来ないが、従来の物見遊山的な観光旅行に対して、テーマ性が強く、体験型・交流型の要素を取り入れた新しい形態の旅行を指す」としている。「平成22年版観光白書」でもニューツーリズム創出・流通の促進が取り上げられ、そこでは具体的な例として、エコツーリズム、グリーン・ツーリズム[※1]、文化観光、産業観光、医療観光、スポーツ観光、ヘルスツーリズム等の現状が紹介されている。

　ニューツーリズムとは、文字どおり新しい観光ということだが、この言葉が頻出する背景には、2000年よりもっと以前から言われ続けてきた、テーマ性を持った旅行への展開がなかなか進まなかったということを示している。その反省から、発地側（旅行者が出発する側、送り手側＝消費者側）でなく、着地側（旅行者を受け入れる側、受け手側＝地域側）の視点で、地域ならではのテーマを前面に押し出していく必要性が強く問われているのである。

　地域住民が自らの地域の観光魅力を発掘し、着地側から発地側に向けて情報発信するためのノウハウを着地側が持ち得ていないことが多い。一方で、新しい旅行商品造成に意欲を見せる旅行会社側にも地域に入り込むには機動性が低い。ということで、ニューツーリズム推進の鍵は、消費者と地域を結ぶ仕組み作りということになる。

※1　農林水産省では「グリーン・ツーリズム」と中点付きで表記しているが、一般には中点を略して「グリーンツーリズム」と表記されることが多い。

2　ニューツーリズムの先駆者　グリーンツーリズム

　こういった動きをいち早く見せたのは、農村と都会の交流といった視点から始まったグリーンツーリズムである。都会からの来訪者に農業を楽しんで体験してもらうには、農家の協力なくしてあり得ない。つまり、着地側でなければ振興しないツーリズムの典型である。しかし、農家には、人を呼び込んだ経験がない、また、自分たちの日々の暮らしが都会の人に受け入れられるとは思えない、自信がない、どういった工夫をすればよいか分からない。そういった状況の中で作られたのが、都会と農家を結ぶ活動を目的とした組織で、農家と都会を知る、例えば、Uターンしてきた人や、グリーンツーリズムに関心を持つ都会の人が参画しているのが特徴だ。エコツーリズムにおいても、環境に強い関心を持つ若者が都会から地域に移り住むことが刺激となり、彼らと地域が協働し、同様の組織を立ち上げる動きが見られた。

　グリーンツーリズム推進組織の先進例である大分県の安心院町グリーンツーリズム研究会の報告には、食の安全を求める消費者の志向がグリーンツーリズムを後押ししたことが触れられている。同じものを食べるという行為には安心感がある。冠婚葬祭だけの付き合いでない、心のよりどころ、信頼できる相手、仲間として遠くの「親戚」なのだろう。

3　産業観光の新展開　旅行会社も観光協会も

　旅行会社も着地側の視点で取組みを強化している。宿泊施設、観光施設、NPO、自治体などとの連携強化を目的に掲げる㈱ティー・ゲートから、産業観光の発展型である工場景観を活用した取組みを紹介していただいた。地元の産業を題材とする旅行商品は企業、地域の協力なしでは成立しない。「客観的な立場からの資源評価＝視点の外在化」に力を発揮するのが旅行会社であり、今回の事例の中心であるサブカルチャーという意外な視点が、地域側が再度足下を見直すきっかけとなった。これまでと同じ視点からでは、地域側を乗せることは難しかったかもしれない。

　着地側視点の例として、㈳神奈川県観光協会が、県内企業

との協力の下に取り組む産業観光ツアーを紹介する。このツアーは2009年度からの取組みで、1年目は11本（8月から）、2年目の2010年度は約30本（予定も含めて）を企画、ほぼ、毎回定員に近い盛況ぶりだ。2010年からは「産・3・参キャンペーン」（産業観光ツアーに3回参加したお客様へのプレゼントキャンペーン）を実施、その対象者が2010年10月時点で30人とのことで、リピーターが多いことがうかがえる。

■夜の工場見学のお土産
携帯ストラップや絵はがきなど、特別なお土産も人気の秘密。工場内の説明はトランシーバーで聞く。

　㈳神奈川県観光協会では、神奈川県をはじめ、県内の各市町村、団体、企業等との連携の下、この産業観光ツアー企画を進めているが、「全国初！！」と銘打った「夜の工場見学」（日産自動車㈱横浜工場を夜に見学するツアー）は、京浜臨海部産業観光推進協議会[※2]の事業によるもので、工場見学受入れに熱心な日産自動車㈱横浜工場でも、夜間に実施することは初めてで、新聞等でも好意的に紹介された。

図表11　㈳神奈川県観光協会の産業観光ツアー（2010年度）企画（10月末現在）

4月6日(火)	県内マスメディアと横浜みなとみらいホールコンサート
5月3日(祝)・4日(祝)	シティガイドと歩いて巡る横浜三塔と横浜港クルーズ
6月24日(木)	食と美の工場を巡るバスツアー（資生堂メイクアップレッスン付）
7月6日(火)・7日(水)	食と美の工場を巡るバスツアー
8月17日(火)・18日(水)	日産車両組立工場・シーサイドライン車両基地見学と軍港めぐりクルーズ

※2　京浜臨海部における産業観光を推進する組織として、神奈川県、横浜市、川崎市、商工・観光関係団体、立地企業などをメンバーに2009年6月に発足。

8月26日(木)・27日(金)	大黒埠頭コンテナターミナルと工場夜景クルーズ
8月30日(月)	横浜スタジアムと日清オイリオ工場見学ツアー
9月3日(金)・10日(金)	日産自動車エンジン工場ナイトツアー「夜の工場見学」
9月18日(土)	さよならスカイウォークと「ハマの市場」見学ツアー
10月14日(木)	日本銀行横浜支店と横浜運河巡り
10月23日(土)	技能五輪全国大会見学と技能五輪メダリストによるテーブルマナーミニ講座
10月20日(水)・11月2日(火)	横浜シティガイドと歩いて巡る中華街&横浜港探検クルーズ
12月3日(金)・6日(月)	食と美の工場見学第2弾！ヤクルト化粧品工場とクノール食品

　日本の大躍進を支えた工業地帯。今後、産業構造の変化によって現役を終えるときがくるかもしれない。その時に、工業地帯が果たしてきた役割を次世代につなぎ、新しい産業へと結び付けるヒントが、産業観光にあるに違いない。

4　古くて新しいフラワーツーリズム

　花をテーマにした観光、フラワーツーリズム。花を愛でる楽しみは、古の時代から生活の中にあった。季節の花見は、日帰り観光の元祖と言える。フラワーツーリズムで課題とされてきたのは、花の見頃はコントロールできない、自然が相手ということだ。旬の情報が求められるフラワーツーリズムにおいて、花の咲き具合を画像で情報提供できるインターネットは欠かせないものとなった。京都フラワーツーリズムの「花なび」は、ICTを活用しての積極的な情報提供を行っている例で、情報発信することで顧客の獲得にもつながる、双方向に良い効果が出ていることが特徴だ。

1−4 訪れる人も受け入れる人にも浸透するアートの観光まちづくり

事例10 大地の芸術祭　越後妻有アートトリエンナーレと小さなイベント（新潟県十日町市・津南町ほか）
アートで観光まちづくり

　ロイター通信によると、2009（平成21）年に世界の美術館の特別展の来場者数は1位から4位を日本の展示会が独占した（英アート情報誌「The Art Newspaper」）と報じられた[※1]。日本はこのように美術館大好き国のはずなのに、なかなか実感として湧いてこない。これは特別展の数字であり、日々、美術等を身近に体験しているかというと、そうではないようだ。ここでは、各地で展開されるアートによる観光まちづくりの今を、新潟県でのアートイベント「大地の芸術祭 越後妻有アートトリエンナーレ」を中心に紹介する。

1　はじめに

　美術館・博物館は地域の文化活動の拠点であるとともに、観光資源でもある。「ミロのビーナス特別公開」（国立西洋美術館他 1964（昭和39）年）、「ツタンカーメン展」（東京国立博物館1965年）は、多くの来場者で大行列となった。海外作品の特別展だけでなく、収蔵品を効果的に活用する2010年で62回目となる正倉院展の奈良国立博物館や、ミレーの作品で知られる山梨県立美術館等においても県外から多くの来場者でにぎわっている。

　人を引き付ける魅力あふれる美術・芸術が、いつの頃からかアートと呼ばれるようになり、大それた特別なイメージから日々の食器や文具等、普段の生活の中に顔を見せるものとして、暮らしを豊かにしてくれるものとなった。

　ここ数年、アートをテーマに観光まちづくりに取り組む地域が

※1　〔2010年3月31日ロイター〕　来場者数調査によると、1位は東京国立博物館の「国宝　阿修羅展」で、1日当たりの来場者数は1万5960人。2位は奈良国立博物館の「正倉院展」で同1万4965人。3位には同9473人で東京国立博物館の「皇室の名宝―日本美の華」、4位は同9267人で国立西洋美術館の「ルーヴル美術館展　17世紀ヨーロッパ絵画」が入った。ほかにも、国立新美術館の「THE ハプスブルク」が同5609人で10位に入り、ベスト10のうち半分を日本の展示会が占めた。

■正倉院展
非公開の正倉院の宝物約9000件の中から、年に1度、奈良国立博物館で開催される特別展示が行われる正倉院展。毎年、多くの人が訪れる。

元気だ。アートそのものは、以前から観光まちづくりのテーマとされてきたが、最近は特に際立っている。

2　越後妻有アートトリエンナーレ
―作品がその場所にある意味―

　アートをテーマにした観光まちづくりとして注目された「越後妻有アートトリエンナーレ」。これは、1994年に新潟県の広域地域作りプロジェクト事業「ニューにいがた里創(りそう)プラン」から始まった「越後妻有アートネックレス整備事業」の取組みが結実したもので、新潟県越後妻有地域（十日町市＋津南町）で3年に1度開催される国際芸術祭である。2000年に始まり、これまで4回開催された。プロジェクトのスタートから15年の取組みが、豪雪地帯、過疎化、高齢化、そんな言葉で紹介される地域を、現代アートが溶け込んだ前向きな地域へと変えていった。

　総合ディレクターである北川フラムさんは、新潟県出身。農業の大切さを知っている。田植えから始まって、たわわに実る稲穂、周りを囲む山々、家々。「越後妻有アートトリエンナーレ」の作品は、その場所にあるべき意味、使命がそれぞれに備わっているのである。棚田にあるべきもの、桑畑にあるべきもの、廃校にあるべきもの、蔵にあるべきもの、その場所以外にあってはいけないものなのだ。そして、地域の人々、地域外から参加したボランティアの力があってこそのもので、作家1人では完成させられない。作り上げる時間も作品の一部であり、全部である。作家と地域の交流が、取組みの厚みを作り出している。

例えば、ほくほく線まつだい駅近く、越後妻有アートトリエンナーレの拠点施設である、まつだい雪国農耕文化村センター「農舞台」の前に広がる棚田には作品「棚田」がある（イリヤ＆エミリア・カバコフ作　ロシア）。金属板に切り抜いた文章は農作業の情景を静かに語り、その文章に重なるように農作業をかたどった彫刻が配置されている光景は、越後妻有アートトリエンナーレの顔であり、棚田の風景とともに１つの作品となっている。また、時代の流れで空き家となってしまった養蚕農家を蘇らせた作品「繭の家」（古巻和芳作＋夜閒工房　日本）は、絹織物産地の十日町のかつての生活が織り込まれた作品だ。看板の文字は集落の方が書いたもの

■「棚田」イリヤ＆エミリア・カバコフ作　ロシア
トリエンナーレの中心会場である、まつだい雪国農耕文化村センター「農舞台」の「棚田」。越後妻有アートトリエンナーレの顔とも言える作品である。

■「光の館」（ジェームズ・タレル作　アメリカ）
「光の館」は2000年の越後妻有アートトリエンナーレの作品で、宿泊施設として利用される常設作品の１つ。

で、蚕が桑を食べる音も作品の一つであり、この音を聞くと、蚕と暮らしてきた人々の気持ちに近づけそうな気分になる。「繭の家」が開いている時も閉まっているときも、作品は蚕とともに息を続けている。しかし、この「繭の家」は2011年２月初旬に雪害のため半壊してしまった。作者は地域の人々と相談しつつ、今後の作品の在り方を考えていくようだ。

3　越後妻有アートトリエンナーレ—地域に浸透する効果—

　越後妻有地域（十日町市＋津南町）[※2]の観光客数を見てみると[※3]、第１回目の2000年、第２回目の2003年、第３回目の2006年と、越後妻有アートトリエンナーレの開催年は観光客が前年よ

※2　十日町市（旧十日町市、川西町、中里村、松代町、松之山町）に津南町を加えた地域。

※3　新潟県交流企画課の速報値（2009年度新潟県観光入込客数（速報）７月28日発表）によると、越後妻有地域を含む魚沼東頸城地区が前年度12.5パーセント増である。

第１章　観光まちづくりの風を感じる　*81*

り増えている。特に第3回目は33パーセント増と大きく増えている。開催の翌年は落ち込みを見せるものの、第1回開催からの10年で見ると、右上がりで第4回目の2009年へとつながっている※4（図表12）。これは、4回の開催で約200点のアートが常設されたこと、そして、前述の「繭の家」のように、雪害に遭いながらもプロジェクトは進行中であることなど、開催のない期間なりの楽しみが続いているからである。開催のない2年半は大勢の人を迎えるための準備をしつつ、そして、その準備の様子を楽しみにまた人が訪れるという、良い効果が生まれている。

図表12　越後妻有地域（新潟県十日町市＋津南町）の観光客数

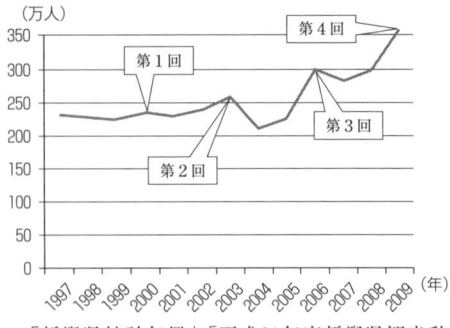

「新潟県統計年鑑」「平成21年度新潟県観光動態の概要」から作成

4　作家と地域をつなぐ動き―小さなイベントから―

　何世紀も前から、例えば、画家は美しい景色を求め、例えば、陶芸家はより良い土を求めて、旅を繰り返してきた。アートは旅と結び付いてきたと言える。そして、旅の途中で気に入った場所に移り住むようになり、アトリエ、工房を置き、住民として地域とのふれあいの中で作品制作に取り組む。そんな地域の例として挙げられるのが、長野県松本盆地の北西部、安曇野と呼ばれる地域。ここでは、移り住んだ作家たちと地域をつなぐ活動が盛んに行われている。

　その1つが松本クラフト推進協会で、1987年に発足した。作り手と使いたい人たちをつなぐお手伝いがしたいと、「クラフトフェアまつもと」「クラフトピクニック」を主催するなどの活動をしている。「クラフトフェアまつもと」は、全国のクラフトマンが250人ほどが集まり、展示や販売、実演等を行うイベントで、2010年で26回を数えている。「クラフトピクニック」は「クラフトフェアまつもと」の長野県版で、県内の作家が100名ほど集ま

※4　南魚沼市で開催された「愛・天地人博」も観光客増加の要因である。

るイベントだ。松本クラフト推進協会は、2004年にNPO法人としての認可を取得し、それまでの活動を通して得た経験やネットワークを生かしたワークショップの開催など、社会教育活動にも積極的に取り組んでいる。

　また、安曇野で開催される秋のイベント「安曇野スタイル」は、地域で活動する工芸家たちが中心となり行っているイベントで、2005年に始まった。6回目（2010年）は、工房、アトリエ、クラフトショップ、美術館、ギャラリー、飲食店、宿泊施設など約120施設が参加、100近い会場で工房の公開や作品展示、創作体験などが行われた。そして、「安曇野スタイル」は兵庫県内（神戸市のアートホール神戸、兵庫県豊岡市県立円山川公苑美術館）や東京都内（東急ハンズ渋谷店）といった地域の外で展示会等を開くなど、積極的なアピールを展開している。活動をまとめているのは「安曇野スタイルネットワーク」で、住んでいる人たちには「安曇野って本当にいいところだ」、「安曇野に暮らしていてよかった」と、訪れた人たちには「また安曇野に来たい」と感じてもらいたいと考えているとのこと。暮らしている人同士がつながり、また、訪れた人と暮らしている人がつながることを目指している。

　同様の活動として、「アートリンク　上野―谷中2010」※5は東京の上野から谷中にかけた美術館やギャラリーで、「極楽寺稲村ガ崎アートフェスティバル」※6は、神奈川県の江ノ島電鉄沿線、極楽寺・稲村ガ崎周辺のお店や個人宅で開催され、どちらも2010年で14回目となる。

　アーティスト、作家、作り手などと、呼び方は様々だが、彼らと地域との交流からは、地域の魅力、情報発信力、市民の活動力と様々な力を生み出している。規模の大小でなく、アートが地域に受け入れられてこその取組みである。

■極楽寺稲村ガ崎アートフェスティバル
2010年は34か所のお店や個人宅を会場にして開催された。

※5　http://artlink.jp.org/

※6　http://artfestival.jp/

第1章　観光まちづくりの風を感じる　　83

事例11 瀬戸内国際芸術祭に参加して（高松市ほか）
アートの力、人間らしく生きるために

　2010（平成22）年に注目されたのが「瀬戸内国際芸術祭2010」[※1]。香川県の高松港と瀬戸内の7つの島を舞台に、7月19日から10月31日まで開催された。想定された来場者数30万人は、9月5日で早々に突破し、会期が進むにつれてマスコミにも数多く取り上げられ、注目度も上昇。平日、土日問わずにぎわい、最終的には93万8000人を記録した。ここでは、「瀬戸内国際芸術祭2010」に公募で参加した美術家眞壁陸二★さんに、芸術祭への関わりや取組みについて紹介していただく。

1　一般公募から瀬戸内国際芸術祭へ

　2009年7月、友人たちと直島（香川県直島町）を訪れたことがきっかけで、私の瀬戸内国際芸術祭との関わりが生まれた。その2年ほど前から、私は、キャンバスではなく木材を支持体とし、木に絵を描くようになっていた。木に描くということで絵画であっても屋外展示が可能となり、自分が「家プロジェクト」をやるならこうするというイメージがはっきりと出来上がっていた。そして、瀬戸内国際芸術祭に公募というチャンスを使って参加しようと思った。公募なので、必ず参加できるというわけではないが、すぐにプロジェクトプランを作成、実行委員会へ提出した。直島への旅の翌8月のことである。公募には世界中から約750のプランが寄せられ、高倍率の中、選出されたわけだが、不思議と当然選ばれると思っていた。まずは、その経緯から説明したい。
　岡山県と香川県の間に浮かぶ直島に美術館構想が持ち上がったのは1990年代初頭、過疎高齢化の進む島に現代アートが根付くと思う人は少なかっただろう[※2]。最初に建設されたベネッセハウスの美術館は、一部のアートマニアの人には受け入れられたもの

★　事例11執筆　眞壁　陸二（美術家）
※1　18の国と地域から75組の作家等が作品制作に取り組み、16のイベントが行われた。直島福武美術館財団理事長の福武總一郎氏が総合プロデューサーを、「大地の芸術祭　越後妻有アートトリエンナーレ」の北川フラム氏が総合ディレクターを務めた。

の、アートを楽しもうという観光客はまばらで、日本各地にある地方美術館との大きな違いが見当たらなかった。しかし1998年に「家プロジェクト」が始まり、その作品の数が増えるにつれて話題が話題を呼び、口コミで「直島が面白いらしいぞ」という噂が1990年代後半、当時美術大学の学生だった私まで届いて来た。その頃から直島は、一躍現代アートの島として知られるようになっていった。

　ベネッセハウスの美術館は基本的には現代と近代をつなぐ時代の70〜80年代のアートが中心。大きな窓があり、開放的な空間となっているとはいえ、いわゆるホワイトキューブの美術館だ。ホワイトキューブという概念は、世界中の美術館建設における最もスタンダードなもので、壁や天井、時には床までも真っ白な素材の展示室では、鑑賞者の視線と意識がそこに設置された作品にのみ注がれることになる。絵画や彫刻作品を、よりはっきりと見せようとする配慮から考えられたもので見やすいが、作品が作品だけで完結してしまう。さらに言うならば、ホワイトキューブに作品を置いたら世界中どこで展示したって同じようにしか見えないのだ。東京でも、ニューヨークでも、パリでも、エジプトでも、そして直島でも、それは全く同じように見えてしまう。それを良しとするか悪しとするかなのだ。瀬戸内海の小さな島、直島が東京、ニューヨークと同じであれば、国内から、世界から人はやって来ない。

　それに対し「家プロジェクト」[※3]は築100年はあろうかとい

■家プロジェクト「角屋」（宮島達男　日本）
直島・本村地区において展開される家プロジェクトの第1弾として完成。（写真：上野則宏）

※2　直島は、㈱ベネッセホールディングスと㈶直島福武美術館財団が進める「ベネッセアートサイト直島」の中核であり、建築家・安藤忠雄設計による美術館併設のホテル「ベネッセハウス」、2004年開館の地中美術館等のほか、奇抜な外装が目を引く直島銭湯「I♥湯」は最近特に有名だ。「瀬戸内国際芸術祭2010」は直島での取組みがベースにある。

※3　1998年に始まり、現在、写真の「角屋」を含め7軒が公開されている。人々が暮らす地域に点在する空き家などアーティストによって作品化され、その家に住んでいた人の時間と記憶をつなぐという新たな使命を帯びている。

う木造家屋、およそ現代アートがそこにあるとは誰も思わないような民家を舞台に繰り広げられている。土間、泥壁、焼杉板など、その土地が代々受け継いできた伝統建築で、建てられた家そのものを極力生かし利用する。アーティストはいやがおうにもその場所で何ができるか、何がふさわしいか、誰のために制作するのか、なぜ作るのかといった根源的なことを考えざるを得なくなる。古民家、すぐそばには海、港、ちょっと行けば山、土地の持つ歴史の記憶、土地の住民とのコミュニケーション、それらが前提となって作られていく。

ホワイトキューブの美術館で見るより、この古い木造家屋の中や外での方がより魅力が増して見えた。既に実力者であるアーティストの力が急にアップするということはなく、その家や土地、借景による風景、そして、その家に残された人のにおいといったものが、作品の魅力と強度を上げたわけだ。

「もの」として絵画や彫刻を制作するだけでなく、「どこに」設置するのか、振り返るとそこから何が見えるのか、その作品の前に立つ人はどんな景色を見ながらそこにたどり着いたのか？その状況、関係性を一つひとつ組み立てていくことは、極めて重要であり、現代的であり、新鮮である。これが「家プロジェクト」作品の強さと人気の高さのゆえんだと思う。

直島を訪れたことをきっかけに自分の作品のビジョンが明確なものとなり「家プロジェクト」に関わりたいと強く思うようになった。そしてはっきりと「自分ならこうする」というイメージが完全に浮かび上がっていった。

2 男木島で 島民とのふれあいが祭の準備

2010年4月から3か月に及ぶ期間、現地制作を行った。直島しか知らない私に提供された舞台は「男木島」と呼ばれる人口200人、平均年齢約70歳の島だった。直島の隣だが、全く雰囲気が違っていた。島全体が山の頂上のようにと

■海から望む男木島（高松市）
男木島全体が山の頂上のようにとがっていて、そこにへばり付くように家が密集して建てられている。

がっていて平坦な土地はほぼない。石垣を組み、そこにへばり付くように密集して家が建てられ、家と家の間は迷路のような細い路地が続き、階段、急坂。実際、一部を除いて車は走れない。徒歩あるいはテーラーと呼ばれる農業用トラクターが生活の主な足となっている。信号機すら一つもない島なのだ。コンビニもスーパーもファミレスも銀行もない。あるのは農協と郵便局が一つずつで、内心生活面の不安があった。が、島からの眺めや独特の景観を持った集落、自然環境は嫌なものが一つもないくらい美しく、人間らしく生きる上で素晴らしい土地だと思った。

■たこ漁師さんと漁へ
滞在し始めて少しずつ島の人々と言葉を交わすようになった。これは、たこ漁に連れて行ってもらった時の写真。

　滞在し始めて1週間程から島の人々と言葉を交わすようになり、徐々にだが受け入れてもらえ始めた。漁師町なのでその日に釣った魚やたこを分けてもらったり、手作りの野菜や味噌などをいただいたり、食事に招いていただいたりした。私の制作する場所には、代わる代わる誰かが遊びに来ては世間話をしたりしながら、作品の進行を眺めていたり思い思いに感想を述べていった。話し好きの島人とのおしゃべりも、私にとってそれら全てが取材となり絵描く題材になっていった。制作の一部始終を目撃し少しずつ完成していく作品を見ていくうちに分かるとか分からないではなく、祭の準備をしているような楽しいものだという感覚になっていったようであった。

　男木島自体はアートがなくても十分に美しいし豊かだ。しかし年々人口が減っていく。漁業以外主な産業がない島からは、雇用がないため学校を卒業すると若者は離れていく。島へ戻りたくても漁師にならない限り戻れない。2010年度をもって唯一あった中学校も最後の3人の生徒が卒業するため休校となる（廃校ではない）。

　今回の瀬戸内国際芸術祭がきっかけで、アートを通じて訪れた人々に男木島の魅力を感じてほしい。新たに移り住みたいと考える人も現れるかもしれない。アートが観光産業、交流産業として

第1章　観光まちづくりの風を感じる　87

成立する可能性もある。直島は実際15年以上かけて過疎高齢化の島から脱却した。第二の直島となるチャンスはどの島にもあるだろう。

3 アートの力

　アートの意味の一つに、私は「別の見方を持てるようになる」という面があると思っている。決して答えは1つではなくあらゆる見方や考え方から、あらゆる可能性を探求する哲学だ。自分にとって大切なモノやコトをより深く追求し研究しさえすれば違った道が開かれるだろう。

■男木島　路地壁画プロジェクト wallalley
集落中の建物外壁を生かし、杉板等の木材に描いた。

　資本主義的志向では、より多くの儲けを出すことが良しとされてしまいがちだ。しかし、それは幸福な人生を送ることとは関係がない。おいしい料理ときれいな自然や空気、そして家族が健康なら十分幸せだ。これらが満たされているにもかかわらず、瀬戸内はもとより日本中の地方では過疎と高齢化が加速度的に進行している。便利さだけではない地方の魅力、住みやすさ、人と人とのコミュニケーション。なくしてしまうにはあまりにもったいない文化。そこにアートの力でもって気づかされることがきっとあるはずだ。

男木島　路地壁画プロジェクト wallalley
　島の集落の坂を登り、路地を曲がると随所に壁画が現れるサイトスペシフィックなインスタレーション。集落中の建物外壁を生かし、杉板等の木材に描いた壁画を展示。壁画を島の景色の一部にする試みだ。
瀬戸内国際芸術祭ホームページ
http://setouchi-artfest.jp/

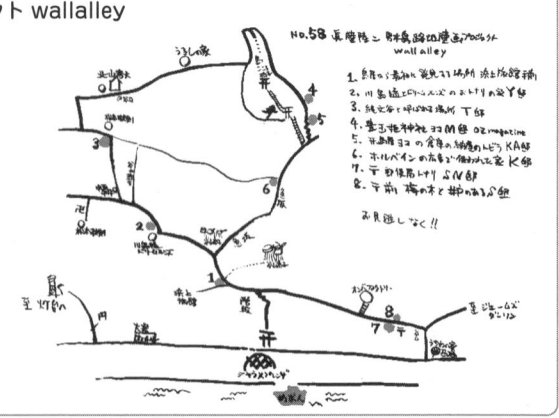

4　ボランティアスタッフへの思い

　今回の瀬戸内国際芸術祭では「こえび隊」というかわいい愛称で呼ばれるボランティアスタッフが多数関わっており、その登録数は学生からお年寄りまでで、最終的に2600人（全国から登録があるが、香川県民が4割弱を占めた）を超えた。制作補助、運営、ガイドなどが主な活動内容。こえび隊の活躍なしにこの芸術祭は成立しなかった。

　地方からの参加者には宿泊施設はあるものの、手弁当。芸術祭前に何度も繰り返された説明会の交通費も自己負担。地元で共に芸術祭を成功させたいという気持ちを感じずにはいられない。大掃除から荷物の運搬など、かなりの重労働だが、そのほとんどが若い女性である。しかし、2600人中実際活動しているのは芸術祭運営に約700人、制作補助を加えると800人程度で、その人数では不足だと聞いた。

　個人的な見解だが、有償ボランティアというスタイルを取れないか。運営補助スタッフという役割にできないか。ボランティアに頼らざるを得ないことは承知している。だが、そんな都合のいい話は長くは続かない。そもそも雇用の少ない地域での事業だからこそ、地元に還元する方法を考えるべきではないか。そんな考えから、私は1回だけの1名のみの援助を申し出るにとどまった。

　開催前試算された経済効果は50億円で、当初30万人と見込んでいた来場者数の3倍、93万8000人となった。経済効果も3倍近くになるだろう。最もお金が掛かるのは人件費だが、最もケチってはならないのも人件費だろう。芸術祭の効果を将来につなげるために大切なのは「人」である。芸術祭から雇用を生み出す仕組みを考えられないか、経費配分が適切にされているのか、次回の芸術祭に向けて振返りを期待している。

5　人間が人間らしく生きるために、アートと美術館の役割

　明治より前、日本には生活とアートは共存していた。いや、正確に言えばアートや芸術という言葉自体明治時代以降のもので、生活を楽しむ「飾る」という思いから、書画、掛け軸などを掛け、花を生け、正月や節句、祭、季節ごとの何かがあった。生活

の中にアートが存在していたのだ。そもそも美術館など、つい最近まで日本にはなかった。神社やお寺がその代わりを担っていた。その一方で、大名や藩主などが所有していた襖絵や障壁画などは一般の目に触れることはなく、限られた人のためのアートであった。

ヨーロッパであっても、産業革命以前は個人の自由の表現というようなアートは存在しない。教会か貴族、大商人などからの発注で制作され、一般の人がダヴィンチのモナリザやボティチェリの絵画を目にするチャンスはほとんどなかった。美術館はそういった一部の特権的な人物の独占からアートを救い出し、美術館に行けば誰もが優れた芸術作品に出会うことができるようになった。そういった運命や理由があって美術館は作られた。

■瀬戸内海の島々
瀬戸内国際芸術祭の舞台は瀬戸内海の島々。芸術祭の作品は、外へ飛び出し、周りの自然と関係性を持った。

美術館を否定するわけではないが、美術館の中に美術作品が入ってしまうと、美術に関心のない人にとっては、ますます美術との関係が遠くなってしまう。私はもっと美術、アートは日常の生活の中に存在してほしいと願っている。現代において芸術の形式もどんどん変化する中で、以前のような金ぴかの額縁に入った絵画だけが絵画とは呼べない今の時代に（いつの時代も）ふさわしいアートの在り方を模索するのがアーティストなのであり、結果的に美術館の外に飛び出すアーティストが出てきているのだ。私もそうだ。外へ飛び出し、周りの環境（自然、都市景観）と関係性を持った作品は、アートに関心のある人も、ない人も、アートについて自覚することがなくても、そういった人々の日常の中で存在し続ける。人間が人間らしく生きるためにアートは存在するのだから。

1 - 4　まとめ（事例10・11）

> 地域とアートが融合。
> アートの力を改めて知る。

1　アートの力

　アートと観光と聞くと思い出すことがある。15年ほど前、西日本のある地域を訪れたときのことだ。まちづくりに定評のある町長の指導のもと、地域内に点在する近代芸術作品がその地域の魅力となっており、新しいタイプの観光振興の先進地としても知られていた。手軽に周遊しようと定期観光バスを利用したのだが、バスガイドはその芸術を「何やら意味不明なもの。町の人も迷惑がっているらしい」と、車内の笑いを誘う紹介をした。地域の担当者から胸を張って紹介された取組みが、地域には必ずしも受け入れられるわけではなかったのだ。昭和50年代半ばから「文化」をテーマに進められたこの地域のまちづくりは先見の明があり、「もの」だけでなく「心」を豊かにする事業として、現在も評価は高く、地域の魅力となっていることは事実だが、バスガイドの言葉に、アートをテーマにした観光振興の難しさを見ることができた。

　「越後妻有アートトリエンナーレ」と「松本クラフト推進協会」などの小さなアートイベント、そして「瀬戸内国際芸術祭2010」から浮き彫りになったのがアートの力だ。そして、この力は、アートの作り手たちと、作り手たちとともにアートを受け入れる地域の鷹揚さで、さらに発揮される。男木島の眞壁さんの作品のうち、当初イベント閉幕後撤去される予定だったものも含めて1か所[※1]を除いて、残されることとなった。眞壁さんの言葉によると「作品を前に楽しそうな観光客を見たから」だそうだ。「越後妻有アートトリエンナーレ」のように、常設展示がどんどん増えると、芸術祭の

※1　住む人がいない1軒を除く全てが残されることとなった。

開催がない期間も、アートの力が生き続けていく。

冒頭で紹介した定期観光バスガイドの件の地域は、その地域で学生たちによるアートイベントが開催され、文化のまちづくりの火を守る動きが出てきている。せっかくのアートを生かさない手はない。修正はいつでもできるのだ。

2　瀬戸内国際芸術祭2010訪問記

私も残暑の中にぎわう「瀬戸内国際芸術祭2010」を訪れた。以下は、そこで私が体感したアートの力を感想を交えながらまとめたものである。

ひるまない人出

「瀬戸内国際芸術祭2010」は、香川県の高松港と瀬戸内の7つの島を舞台に、7月19日から10月31日まで開催された。

移動手段は船が頼りという特殊な会場設定がどう影響するのか、来場者が多過ぎれば船に乗り切れないし、移動手段の心配から敬遠されれば来場者は少なくなるし、少なくなれば、「瀬戸内海の魅力を世界に発信し、島々に活力を取り戻す」という目的が遠ざかる[※2]。ある意味で興味深く捉えていた。2日間乗り放題の「芸術祭フリー乗船券」や船の増便、乗船整理券等、手を尽くされる中、それでも来場者が船に乗れず積み残されるといった事態も引き起こしながらも、人出はひるむことはなかった。アートの力を改めて知らしめたのである。

最終的には93万8000人、目標の3倍を超える来場者を記録した。

若者を地域へと導くヒントが

瀬戸内国際芸術祭では、何よりも楽しそうに作品を見て回る若い人たちの多さに驚かされた。そして、今どきの感じの若者たちは、ガイドブックとデジイチ（デジタルカメラ一眼レフ）が必須アイテムのようだ。「越後妻有アートトリエンナーレ」でも同様だった。近年の課題である「若者の観光離

※2　2010年5月29日付　四国新聞　人によっては杞憂あるいは冗談だと受け取りそうだが、その口ぶりや表情は真剣だった。瀬戸内国際芸術祭の事務局が、こんなことを明かしていた。「最大の心配は、お客さんが来すぎること」

れ」を感じさせない場面であった。自分の楽しさのためにお金を掛けて、観光客として、ボランティアとして、集まってくる若者。移動の船代、入場料、会場までの旅費、経費がかなり必要なはずだが、若者を観光、旅に連れ出すには、何よりテーマ設定が重要なことを痛感した。アートはそのテーマとなり得る。

🍃若者効果か？笑顔のおじさん、おばさん、おじいさん、おばあさん

　直島の人気作品である「はいしゃ」（大竹伸朗）へ行くには、作品の集まる本村地区から若干歩くことになる。緩やかなカーブを描く登り坂の向こうにあるはずの作品はなかなか見えてこないが、「すごお〜い」というはしゃぐ声が聞こえてきて、作品に近づいたことが分かる。さびたブリキの看板、トタンの波板、広告主の名前入りの古い洗面鏡、工具類で飾られた外観を前にはしゃぐ若い女性たち。そして、彼女たちに気軽に声を掛け、写真を撮ってあげているおじさん。「はい、そこに立って」とベストポジションに誘導しシャッターを押す。そして、すぐに画像を確認して「ほれ。いい写真でしょ」と満足げで、とにかく元気だった。「瀬戸内国際芸術祭2010」の感想を伝える個人のブログをのぞいてみても、このおじさんらしい写真がアップロードされている。どうやら頻繁に出没しているようだ。同じ本村地区で、おばさんが無料で冷たいお茶を振る舞ってくれた。暑い中うれしい限りだ。

　7つの島の中で2番目に大きい豊島（香川県土庄町）は、島内無料バスが巡回していたが、バス停からは足が頼りで、曲がりくねった道が続く集落では時に迷子になる。そん

■家プロジェクト「はいしゃ」（大竹伸朗　日本）
直島の家プロジェクトの一つ。もとは歯医者さんの建物。歯科医院兼住居だった建物が作品になっている。
（写真：渡邊修）

な迷子の若者グループに声を掛け道案内するのはおじいさん。飲食施設の少ない中で名物「タコ飯」を「おいしい〜よお」と声を掛け売るおばあさん。アートに引き寄せられた若者たちが、高齢化が進む島の人たちに元気をあげているように思えた。

■直島本村地区での光景
おばさま方の冷茶サービスが、暑い中、とてもうれしかった。道案内もしてくれた。

● 混むのも楽しい

観光地での不満によく挙げられるのが「混んでいる」だが、瀬戸内国際芸術祭では、若干違っていた。「混雑のため船に乗れない場合もあります」との情報が出される中、男木島・女木島行きのフェリーに乗船しようと3人目に並んだが、振り向くとあっという間に長蛇の列となった。島から島への移動の船は全てこんな感じだ。待ち受ける作品への期待を話しながら待つ時間は、さほど長くは感じない。

定員数の大きいフェリーは、混んでいてもそんなにぎっしり感はないが、小型の高速船になると変わってくる。直島、豊島、犬島間の高速船は旅客定員が最大の船で80名。ぎりぎりぎゅうぎゅうで乗り込み、立ったままで向かう。高速で進む船は波を起こす。デッキ上の乗客は、容赦なく海水をかぶることになるが、その状況もまた楽しみながら、船全体に一体感が広がる。

島内の移動のバスも同様。降車のバス停を間違えてボタンを押した人が、混んだ車内の後ろから「すみません。今のは間違いで〜す」。車内が和む。

小さな島々を巡るイベントであることを承知して来ている来場者。アートが、人々に、混むことを楽しむゆとりを与えているようだ。

■ぎっしり満杯の高速船
同じ場所へ向かうという一体感と、待ち受ける楽しみへの期待感が船内に広がる。

1-5 時を越えて常に新鮮
―歴史は観光まちづくりの原点―

事例12 福島商工会議所青年部（福島市）
勇猛果敢に他県、大企業とタイアップにつなげた心意気

　各地の商工会議所・商工会で、観光を核とした取組みが進められている。福島商工会議所では、20代から40代の若手企業経営者が集まる青年部が、大手ゲームメーカーの㈱コーエー（現㈱コーエーテクモゲームス）※1とのタイアップに成功し、ＮＨＫニュースで取り上げられるなど、注目を集めた。当時の担当理事の長澤洋輔★さんに歴史という観光に普遍的な素材をゲームに結びつけた意外な展開を紹介していただく。

1　福島商工会議所青年部とは

　会員約120名の福島商工会議所青年部では、地域での人脈作りや、経営、商売の勉強をはじめ、自社だけではできない挑戦的、かつ、革新的な取組みを念頭に、新しい価値、地域ブランドの創造を目標に活動を進めている。

　最近では「ふくしま屋台村　こらんしょ横町」の設立や、大手コンビニエンスストアチェーンのファミリーマートと提携した商品開発など、地域ブランドと商いを結び付け、全国に向けて情報発信している。「ふくしま屋台村　こらんしょ横町」は、中心市街地に新しい魅力を作り出そうと2005（平成17）年に始めた地産地消にこだわる屋台村で、イベントを数多く開催しているのが特徴だ。また、ファミリーマートとは、青年部が設立当初からＰＲしてきた吾妻の雪うさぎ※2を活用した商品化の取組みで、2005

★　事例12執筆　長澤　洋輔（福島商工会議所青年部　戦国同好会担当理事（当時））

※1　㈱コーエーテクモゲームスは2010（平成22）年４月、㈱コーエーとテクモ㈱が合併して発足した。本項は、2010年４月前後にまたがる内容であるので、紛らわしさを避けるため「コーエー」とした。

※2　桃の花が咲く頃、福島市の西方にそびえる吾妻小富士にうさぎの雪形が姿を現す。

年に吾妻の雪うさぎのパンなどが東北地区限定で販売された。このように、地方の中小零細企業１社ではできないことも、集団で組織的に行うことで、リスクや経験不足を補完し合い、そして、行政が二の足を踏むような事業に積極的に取り組むのが、青年部の信条だ。

２　歴女向け観光マップ

　観光マップ作成を企画した頃は、「戦国ＢＡＳＡＲＡ」[※3]とのタイアップが好評な宮城県白石市、ＮＨＫ大河ドラマ「天地人」（2009年）で活況を呈してきた山形県米沢市といった、福島市から１時間圏内の２つの自治体が、歴史とアニメ、ドラマを組み合わせたＰＲで観光客誘致や、シティーセールスに成功していた。特に白石市は、若い女性の観光客を中心に、一時的な現象ではなく安定的に観光客が訪れていた。片倉小十郎の一本杉がある傑山寺を我々青年部が立ち寄った際、強く印象づけられたことがある。それは、寺の芳名帳に関西や関東を中心に毎日のように女性来訪者があることが記されていたことだ。芳名帳には、「やっと会えました」「小十郎さま〜☆」「また会いにきます」といった文言が並び、寺に来る目的が片倉小十郎に会うことなのだと気付かされた。風景や建物を見ることが第一の目的ではなく、人、しかも現存しない人に会いに来ているのであれば、福島市でもできることだと考えた。片倉小十郎は、「戦国ＢＡＳＡＲＡ」というテレビゲームの中で、女性に人気のある声優やキャラクター設定したことで全国的な人気となった。ゲームや小説、テレビなど無限にある媒体を活用して、郷土史に埋没している人たちに脚光を浴びさせられないか、模索が始まった。

　考えついた媒体の中で、予算面で行政の支援を受けやすい観光マップと、ホームページの作成を選択した。マップのターゲットは、旅の企画を積極的に主導する立場にある女性と子供とし、町や寺社を歩いてもらい、そして、目立ってもらうことでさらに効果が上がると考えた。女性に向けては占い・恋愛・美容、子供に

※3　戦国ＢＡＳＡＲＡは、㈱カプコンから発売されているアクションゲーム。プレーヤーは実在した有名武将となり、合戦に勝利しながら領土を広げていく。2009年にテレビアニメ化された。

向けては漫画・イラストといったコンテンツが有効なアプローチになるだろうと、市内の郷土史の専門家のアドバイスも得ながら、これらのコンテンツを組み合わせた、戦国武将や史跡の巡礼マップとすることとした。従来の観光マップのように、文字による説明や写真、イラストを組み合わせただけでは特徴がない、青年部らしさを前面に押し出したいと、同人誌で女性に人気があるイラストレーターに武将イラストをお願いすることにした。さらに、寺社や史跡についての解説を青年部で創作することにした。イラストと新しい解説はかなりのチャレンジで、内心、寺社の方、歴史好きな方から批判を受けることも覚悟していたが、思いのほか好評でほっとした。マップは「旅するふくしま戦国まち歩きマップ」と名付けられ、完成した。そして、新聞各社のほか、「戦国浪漫南奥羽戦国記」と名付けたホームページ※4を通じてPRしたことから、多数のメディアに取り上げていただいた。㈱JTBの事業部の方からは1億円の広告効果があったとの言葉もいただき、全国へ福島市の本気の狼煙をあげることができた。

■第一弾旅するふくしま戦国まち歩きマップ（抜粋）
マップのターゲットは、女性と子供。同人誌で女性に人気のイラストレーターに武将イラストを依頼した。

3 伊達政宗と上杉の歴史を福島に取り戻せプロジェクト

　福島市と隣接する伊達市、米沢市は、伊達家が長きにわたり治めていたが、豊臣秀吉の奥州仕置により、蒲生領、後に上杉領となる。上杉領時には松川合戦という上杉軍と伊達軍が激突する戦いが起こった。しかし、江戸期になると上杉藩から幕府領となり最終的には、小さい藩か諸藩の飛び地領となった。この断絶のた

※4　www.sengoku-roman.com/

め、福島・伊達には伊達家・上杉家の歴史を口頭なり記録等で引き継ぐ人が途絶え、現在の福島・伊達市民に上杉や伊達の歴史に思いをはせる方が少なくなってしまった。

しかし、NHK大河ドラマ「独眼竜政宗」(1987（昭和62）年)では、伊達家の激闘の歴史は福島県が舞台であり、同じく大河ドラマ「天地人」のクライマックスの舞台も福島県。この歴史は、仙台・米沢だけのものではない。福島・伊達には、現在は廃れてしまっているが伊達家・上杉家の史跡が多数残っている。福島県も戦国の中心地であったことを声高に伝えたかった。

■福島城址
福島には、現在は廃れてしまったが伊達家・上杉家の史跡が多数残っている。福島県も戦国の中心地であったことを伝えたかった。

そしてまた、城を持つ多くの地域の人々が誇りに思う「うちには城がある！」という誇りが、福島・伊達市民にはない。戊辰戦争の敗北により、明治政府によって破壊され、城とよばれる遺構が全くなくなってしまったからだ。福島・伊達が諸藩の飛び地領で、もともとまとまりがなかったとはいえ、城下町という気概なり、誇りというものを失ってしまったように思われる。明治以降「うちには城がある！」という意識の連続性が途切れてしまい、現在に至る。城や城跡があるという環境で育った子供は、自分の都市を、全国PRするときも自信を持って情報発信できたはずである。街の中心地に城跡がある鶴岡市など、まさにそういった環境であり、藤沢周平氏をはじめ多数の文化人を輩出している。そういった城持ちの都市の気概も取り戻したかった。

そういったこともあり、福島・伊達は、戦国史を生かしての観光振興の分野において、ある意味未開の地だ。その意味では、何か新しいことを始めるときに邪魔になる、伝統、歴史、経験というしがらみがない。勇猛果敢に全国にPRに打って出て、討死したとしても失うものがないため批判されることもなく、当たればすごくラッキー。歴史への協力者・理解者が少ないので、引っ

張っていく側の負担は大きいが、スタートがゼロである分、成果は大きい。

　青年部の一連のプロジェクトは、コーエーや山形県置賜総合支庁、白石市、伊達市、大手ネットメディア、漫画家の日丸屋秀和さんらの目に止まり、少しずつ露出が増えた。全国へ向けてだけではなく、地元への良い効果も出てきた。大人でも、子供でも、地域の中に、郷土史への誇り、アイデンティティも出てきた。福島・伊達はもちろん、仙台、米沢、さらに首都圏に住む人たちの価値観をくすぐり、刺激、挑発することで、ローカルナショナリズムを活性化させることができると思う。狭くても地域の伝統を磨き、差異を生み出し、観光地を生み出す原動力になるものと信じている。会津若松市長が、戊辰戦争で敵同士だったことを理由に山口市長との握手を拒んだというようなことも、より会津若松市の魅力を高めているように感じられ、伊達市長には、伊達政宗の装いで仙台市に殴りこみをしていただきたいと思っている。

4　コーエーとのタイアップ

　観光とは、地域の歴史や伝統がオリジナルでよそと違うからこそ、人が集まると考えてきた。福島市民に福島には何があるの？と聞くと、大抵「花見山（桜の名所）」という答えが返ってくる。この花見山が有名になる前までは、「温泉か果物」、「何もない」という回答しか市民からは出なかったというのが、隠しもしない市民としての実状だ。首都圏の方から言わせれば、「自然」という答えもあるが、地元の人には当たり前すぎて何が魅力か分からない。普通にあることを自慢するという意識は定着しづらい。

　そこで、この場所にしかなくて全国に自慢できるものをいろいろ調べていくと、「猫御前」という人物にたどり着いた。青年部のプロジェクトの始まりは彼女が出発点。猫御前という言葉から、響き、フレーズ、想像、妄想と、猫という身近な生き物ということもあって、聞いたほうも話したほうもいろいろなことを考え付くことができる。

　猫御前は飯坂温泉という福島市の温泉地出身で、伊達政宗の側室になった女性だ。飯坂の人たちと、猫御前の湯、猫御前の入浴した美人の湯などを作れないかなど、盛り上がった。大河ドラマ

「独眼竜政宗」で女優の秋吉久美子さんが猫御前を演じていたので、30代以上には比較的認知度が高かったが、10代から20代には全く認知度がなかった。

　この猫御前を、地元でも、全国でも有名にする方法はないかと考えた時、思いついたのが、コーエーとタイアップできないかということ。白石市とゲームメーカーカプコンとのタイアップからヒントを得た。直接本社に電話を掛けて担当者の方と話をすることができ、お会いすることになった。ちょうど第一弾の観光マップ「旅するふくしま戦国まち歩きマップ」が完成し報道されたところで、記事を目にした宮城県企画部情報産業振興室から問い合わせがあり、他県の方に興味を持ってもらえるならと、山形県にも声を掛けてみた。送ったメールに、山形県置賜総合支庁観光振興室から、「何かやりましょう」という前向きな返事をいただけた。勢いそのままでコーエーを訪問し、広報の方と、製作中だった「信長の野望」シリーズの新作「天道」のプロデューサーとお会いし、福島と山形の戦国武将の資料を渡したが、その模様はNHKの朝の全国ニュースにも取り上げられて、ニュースを見た他の自治体の方々からも同様の問い合わせがコーエーに来たそうだ。宮城県からの電話が、山形県との連携を呼び、コーエーへとつながった。電話1本、メール1本から、宮城・福島・山形3県の自治体や関係団体が連携する奥羽戦国観光連携会議としての活動に展開し、「戦国無双3」※5のコラボレーショ

■猫御前イラスト
猫御前という言葉からは、聞いたほうも話したほうもいろいろなことを考え付くことができる。

■第二弾戦国浪漫南奥羽戦国記（抜粋）
南東北3県の伊達政宗などの戦国武将と猫御前の足跡を訪ねる。開運スポットについての解説がある。

※5　コーエー開発の人気ゲームソフト「戦国無双」シリーズ。「信長の野望」「三國志」シリーズをはじめ、戦国武将などが主人公のゲームで、「戦国無双3」には直江兼続、上杉謙信、伊達政宗などが登場している。

ンによる観光ポスターとつながっていった。

5　最後に

　地方の観光の根本を支えるのは、そこに住む人。幼稚園、小学校、中学校、高校のうちから地域に伝わる伝説や歴史を、絵本、漫画などで教育していくことが地域の魅力を作っていくと、今回の取組みで確信した。一番多感な子供の頃に、考えた、思った、知ったということが自慢や誇りにつながれば、一生涯付いてまわる。ゲームや小説、漫画の登場人物に、地元の戦国武将が登場する。それが自分の小学校や中学校の学区にいた武将、よく自分の出身中学や高校の芸能人やスポーツ選手が話題になるのと同様に、自慢できる。それが、戦国武将の固有名であれば、それだけで福島の1つのPRになる。話した人は観光大使。その時に、誰か1人でも「あぁ！猫御前ね」「知ってる。知ってる」となるとさらに、知らない方へのPR、興味を持つきっかけになるに違いない。その共通語を作るためにゲーム、印刷物、ホームページ、インターネットメディアを活用したわけで、媒体は無限にある。担当者の感覚、趣味、好み次第、観光振興という仕事は、好きや趣味を仕事にできる、とても楽しいものだ。

　プロジェクトは、山形県置賜総合支庁の協力なくしては進まなかったし、話を持ちかけた時「OK」と言っていただけた山形県の柔軟さと行動力、決断力は、ボランティア集団である当青年部が事業を進めていくうえで大きな支えとなった。隣県からの大きな力だ。

　その土地にしかないものを探すのは難しいが、その土地にしかいない人を探すのは難しくない。例えば、同じりんごはあっても、同じ人は別の地域にはいない。その人をどのようにプロデュースしていくかは担当の方の好みでよいのだと思う。青年部としては、今後従来どおりでいくか、新しい何かに作り上げてい

■「戦国無双3」とのコラボレーションポスター

「戦国無双3」に登場する直江兼続と伊達政宗のキャラクターを採用。背景は福島県会津若松市の鶴ヶ城。

『戦国無双3』(C) 2009 TECMO KOEI CO., LTD. All rights reserved.

■地元小中学生向け第三弾マップ（抜粋）
地域のお城を詳しく紹介するほか、戦国武将について調べる自由学習を提案している。

くか、その方法や可能性は無限だ。そして、その可能性を追求していくことは、何より楽しいことだ。

問合せ先　福島商工会議所青年部
☎024-536-5511

＜当地のイチオシ・スポット＞

■宝積寺
伊達政宗の祖父　伊達晴宗の墓

伊達晴宗の久保姫への略奪愛の逸話と2人が子だくさんだったので「待ち人きたる」「子宝に恵まれる」と女性参詣者が多く訪れる。伊達政宗が祖父の墓前に贈った臥龍梅の話が伝わる梅の木は3月が見頃。周辺は、戦国武将 本庄繁長の墓所（長楽寺）や、福島城址があり戦国スポット。寺の前のプリンパン（光月堂）は福島っこ定番の名物パン。所福島県福島市舟場町3-16 無料・参詣自由

■片倉のナシの木

例年2年に一度、数千個のナシの花（5月頃）とナシの実（10月頃）をつける大木。片倉小十郎館跡の近くにあり、伊達政宗の右腕であった片倉小十郎のお手植えと言われている。2009年が大当たりだったため、2010年は春先の天候不順もあり、ほとんど花をつけなかった。多数の実をつけるので、辺り一面落下したナシの実で、足の踏み場もない状態になる。所福島県二本松市上長折片倉 料無料・見学自由 問二本松市観光課
☎0243-23-1111　URL www.city.nihonmatsu.lg.jp/

■梁川八幡宮

伊達政宗が初陣祈願を行い、その戦いで相馬氏に勝利した。昔から武運長久の神様として、八幡様と地元から敬愛を受けている。政宗が初陣祈願をしたことから、初勝利や初受験など"初"ものの成功を祈願する参拝者が絶えない。
所福島県伊達市梁川町八幡堂庭7 料無料・参拝自由 問伊達市産業部商工観光課　☎024-577-3175
URL www.city.date.fukushima.jp/

1-5 まとめ（事例12）

> 歴女がもたらした新しい観光。
> 明るく元気に歴史を楽しむ。

1 数字が語る「歴史・文化観光」志向

地域の歴史が大きな観光資源であることは言うまでもない。(財)日本交通公社が毎年行っている「旅行者動向調査」の「行ってみたい旅行タイプ」で「歴史・文化観光」が上位にランクされている（図表13）。年齢別に見ても、特に2009（平成21）年は、全体での順位は低いが、年齢を問わず、女性が「歴史・文化観光」に行ってみたいと思っていることが分かる。この傾向は男性にも言え、2005年、2007年と比較して、「歴史・文化観光」を希望する割合が増えている。

図表13 行ってみたい旅行タイプ「歴史・文化観光」

男性	2005年 順位	割合(%)	2007年 順位	割合(%)	2009年 順位	割合(%)
20代	4位	42.3	4位	28.6	2位	42.9
30代	6位	34.9	6位	29.9	6位	39.1
40代	5位	37.8	4位	32.1	5位	37.7
50代	4位	37.1	3位	37.9	2位	46.9
60代	3位	43.6	3位	39.3	2位	49.8
70代	2位	40.9	2位	41.0	2位	46.6

女性	順位	割合(%)	順位	割合(%)	順位	割合(%)
20代	6位	43.6	4位	43.5	7位	49.5
30代	9位	37.7	7位	33.6	6位	43.6
40代	6位	35.6	6位	30.7	5位	44.3
50代	4位	39.4	4位	35.8	1位	53.9
60代	3位	46.5	3位	41.3	2位	49.5
70代	2位	41.7	4位	35.3	3位	43.8

▨は40%を超える場合
旅行者動向2010 ((財)日本交通公社) から作成

2 歴女の登場

発行されている歴史雑誌を調べてみると、創刊50年を越えるものに混じって、この3年ほどの間に創刊された雑誌が目立つ。歴史ブームは、これまで何度も訪れた。例えば、新たな遺跡等の発見の都度訪れる古代史ブーム、和辻哲郎の「古寺巡礼」や五木寛之の「百寺巡礼」に関わる神社仏閣ブーム、また、最近の昭和レトロブームにまつわる近代史ブームと、様々だ。幅広い特集が人気の歴史雑誌の老舗「歴史読本」のテーマからここ3年の傾向を見てみると、武士が活躍した、戦国時代、江戸時代、城に関する特集が多いことが分

図表14　主な歴史雑誌

	名　　称	発　　行	創　　刊	備　　考
月刊	歴史読本	新人物往来社	1956年5月	『特集人物読本』創刊時
月刊	歴史街道	ＰＨＰ研究所	1988年4月	
隔月刊	歴史群像	学研マーケティング	1992年5月	
週刊	歴史のミステリー	デアゴスティーニ・ジャパン	2008年1月	第101号で完結
季刊	歴史通	ワック	2009年3月	
隔月刊	歴史スペシャル	世界文化社	2010年1月	2010年11月発売号で休刊
週刊	戦国武将データファイル	デアゴスティーニ・ジャパン	2010年5月	
月刊	歴史人	ベストセラーズ	2010年9月	
季刊	歴史魂	アスキー・メディアワークス	2010年12月	

各社ＨＰから作成

かる。

　最近は、特に若い層に歴史が受け入れられている。ＮＨＫの大河ドラマでイケメン俳優（「龍馬伝」の福山雅治（坂本龍馬）、「天地人」の妻夫木聡（直江兼続））が出演したり、「城好き！」を公言するお笑い芸人（田村淳（ロンドンブーツ１号２号））のうんちく話が番組になったりと、歴史を見つめる視線がこれまでと変わってきたようだ。「信長の野望」シリーズ（現㈱コーエーテクモゲームス）といった日本の戦国時代をテーマとした歴史シミュレーションゲームで遊んだ子供たちにとって、戦国武将は身近なヒーローなのかもしれない。そして、近年歴史好きの女性を指す「歴女」という言葉が生まれた。2009年にはユーキャン新語・流行語大賞に選ばれた「歴女」は、嗜好(しこう)の多様な女性たちを消費へと結び付ける１つのキーワードともなった。

図表15　「歴史読本」特集のテーマ別数（2008年1月～2010年11月号）

戦国時代	5
古代	5
江戸時代	4
天皇家関連	4
明治・大正	4
奈良時代	1
城	3
古寺・神社	3
生活・風習	3
昭和	1
海軍	1
中国	1

歴史読本（新人物往来社）から作成

3　歴女＝乙女市場

　歴女に関して、「ＡＥＲＡ」（2010年7月28日号）に興味深い記事が掲載された。男性が中心だったオタクの現場に女性が進入しているということは知られているが、暗いイメージのあるオタク女子というものはもう古いのだという論調の記

図表16　最近注目の旅行スタイル（武将観光・武将巡礼）　2009年

	認知と経験		今後の参加意欲	
	行ったことがある	知っているが行ったことはない	ぜひ行ってみたい	行ってみたい
20代	3.3 (%)	35.1 (%)	16.2 (%)	27.1 (%)
30代	3.9	34.3	13.5	31.5
40代	6.7	35.2	13.6	35.0
50代	5.9	32.9	12.7	33.3
60代	9.4	34.5	8.1	39.4
70代	15.5	35.4	11.8	43.8

旅行者動向2010（㈶日本交通公社）から作成

事だ。記事では、最近のオタク女子は、明るく元気なオタク女子＝乙女市場を形成していると述べている。オタク女子の初期に登場した「腐女子」を例に、男性同士の恋愛に興味を持つ自分たちを「腐った」と、つまり自嘲的に表現してきたように、これまでのオタク女子には自嘲的な面があった。しかし、そのような面は薄れ、明るさが前面に出ている。男性が活躍した戦国時代や幕末に萌えている女子たちである歴女も、乙女市場の一例だと解説している。

　先に紹介した㈶日本交通公社の「旅行者動向調査」の2009年では、最近注目の７つの旅行スタイルに関しても尋ねており、そこに「武将観光・武将巡礼」が取り上げられている。その結果は図表16のとおりで、年齢問わず、３分の１が「武将観光・武将巡礼」に行ってみたいと回答しており、20代で「ぜひ行ってみたい」と答える割合が高い。歴史資源は、高齢者向けとのイメージが強いが、最近は違った動きが出てきている。

4　歴女とゲーム

　今回紹介していただいた福島商工会議所青年部の取組み例は、この歴女とゲームという「オタク」なものをうまく使ったのが特徴だ。女性に人気の歴史ゲームに登場するキャラクターゆかりの寺を訪れ、芳名帳にびっくりしたとある。「小十郎さま〜☆」と寺の芳名帳に☆マークがあるのだから、その驚きぶりは想像を超えるものだったのだろう。芳名帳を見

た青年部の面々を突き動かしたのは、歴女のパワーだった。そして、ゲームに耽る自分たちの子供らを「怒る！」のでなく「活用しよう」という思いに至ったことは、異業種が交流する商工会議所からの柔らかな発想だと言える。

5　歴女で観光振興

　2011年のＮＨＫ大河ドラマ「江〜姫たちの戦国〜」の舞台となる滋賀県では、これまでの大河ドラマ放送の場合と同様に、放送される前に観光客誘致につなげる活動が始められている[※1]。滋賀県の取組みは、ここに歴女ブームを生かした「近江路・歴女ブロガー旅紀行」なる企画で、放送前の秋、トラベルサイトや自身のサイトやブログサイトを持つブロガーにモニター旅行に参加してもらった。そして、その旅行の感想、レポートをそれぞれのブログに掲載してもらおうというもので、264人（男56人、女208人）の応募者という反響だった。結果、50人（男11人、女39人）が選ばれ、ブログは日々更新されていて、若い世代をうまく取り込んだと言える。関連キャラクターも明るく元気な歴女を意識したかわいいモノが作成されている。

■ＮＨＫ大河ドラマ「江〜姫たちの戦国〜」関連の観光ポスター
浅井三姉妹の故郷をアピール。明るく元気な歴女を意識したかわいい関連キャラクターがポスターにも登場している。

※1　「大河ドラマ『江〜姫たちの戦国〜』滋賀県推進協議会」が2010年2月設立された。

1-6　活動の場を広げる観光ボランティア活動

事例13　山形の達人（山形県）
　　　　観光ボランティアガイドで着地型旅行の商品化

　観光ボランティアガイド活動が活発な山形県。2009（平成21）年度からの取組み「山形の達人育成研修事業」で、県内に山形の達人が誕生した。山形の達人となったのは、県内各地で活躍しているベテランと呼ばれる観光ボランティアガイドの皆さんで、今後の活動にさらに意欲を見せている。この事業の狙いや今後の可能性を、事業を進めた山形県観光振興課をはじめ、山形の達人の方からのお話を交え、紹介する。

1　観光ボランティアガイド先進県・山形

　観光ボランティアガイド活動が各地で活発である。消費者の観光志向の変化を受けて、ガイドブック等に載らないような地域の歴史、文化を紹介してくれる観光ボランティアガイドは、地域の観光資源としても認識されるようになってきた。1997年1月に施行された観光立国推進基本法に基づき策定された「観光立国推進基本計画」（同年6月閣議決定）では、2006年に約3万1000人の観光ボランティアガイドの数を、5年後の2011年には、5割増しの4万7000人を目標としている。この数字は、㈳日本観光協会が毎年行っている調査[※1]によるものが使われていて、同調査によると、2010年には、全国で1623の組織、ガイドの総数は4万1500人との結果が出ており、着実に増えていることが分かる。

　さて、その㈳日本観光協会の調査で、観光ボランティアガイドの組織が一番多いのはどこかというと、山形県である。2010年には、79の組織があり、ガイドの総数も1733人で全国第3位である。1996年度に始まった観光ボランティアガイドの全国大会の参

※1　この調査は、㈳日本観光協会が毎年各ボランティアガイド組織宛に調査票を送付するとともに、各都道府県観光主幹課、観光協会（連盟）の協力を受け、新たに活動を開始した組織や、これまで一覧から漏れていた組織等も拾い上げるようにされている。この調査は1994年から実施されていて、同様の調査が他にないことからも、多くのレポート等で参考にされている。

加者の常連であり、事例報告等もこなす観光ボランティアガイドの先駆者として知られている。

　山形県では、1997年のねんりんピック山形大会を前に、㈶山形県長寿社会推進機構の要請で、おしょうしなガイド※2（1995年発足）をはじめ、県内各地でシルバー観光ガイドが生まれ、ねんりんピック山形大会後も活動が続けられた。そして、1999年度から山形県と㈳山形県観光協会（現㈳山形県観光物産協会）との協働で、各種観光ボランティアガイド普及事業が実施された。事業は、①観光ボランティアガイド普及事業、②観光ボランティアガイド組織立上げ支援事業、③観光ボランティアガイドネットワーク作りの3本立てで、並行して②の支援事業をバックアップする取組みとして観光ガイドアドバイザー派遣事業も実施された。これら事業は、ガイドによる地域のイメージアップや交流促進と地域に誇りを持つことによる地域活性化という2つの観点で実施されたものだ。各地の観光ボランティアガイド活動がそれぞれに持つ課題を共通する3つの事業にまとめて推進してきたことが、今も熱心に続けられる県内の観光ボランティアガイド活動につながっている。

■「地域紹介・観光ボランティアガイド全国大会（渋川伊香保）」
全国から観光ボランティアガイドに関わる方々が700名参加した（2010年11月）。前年度の奈良大会は開催から初めて1000名を超える参加者であった。

2　山形の達人

　1999年度からの山形県の観光ボランティアガイド普及事業は、新たなガイドの養成を主眼としたもので、消費者の観光形態や志向の変化に対応することが目的だった。近年、その観光ボランティアガイドに新たな役割が生まれている。それは、観光ボランティアガイドそのものが観光資源であるという考えである。2009年度に山形県が㈳山形県観光物産協会と協働で新たに始めた山形の達人育成研修事業は、活躍回数が多く高度な知識、接客スキル

※2　「おしょうしな」は米沢の方言で「ありがとう」の意味。

のあるガイドを対象としたレベルアップ研修で、㈳山形県観光物産協会が山形の達人として認定、「旅行代理店等に広くＰＲ」することを目的としている。また、講座の運営は、観光分野での人材育成に実績のある山形観光アカデミー※3が担当した。

　初年度は天童市の会場に14名、2年目は鶴岡市の会場に11名が、各地の観光ボランティアガイド組織から推薦を受けて参加した。受講者は、経験豊富なガイドとして観光パンフレット、旅行雑誌、旅行パンフレット等に度々登場する各地の達人である。この研修に講師として関わった筆者は、開講準備の段階で山形県の担当者観光振興課柏倉麻里さんから「山形観光の顔となる達人の研修。県内全体に視野を広げてもらいたい」と、山形の達人に対する強い期待を聞いた。柏倉さんと相談し、講座内容は、①接遇案内のスキルアップ、②実地研修（ガイドを受ける）、③案内コース作りと模擬案内の3本立てとし、特に③の案内コース作りに「自分たちの地域と隣の地域を結ぶ広域な案内コース」という課題を設定することになった。この課題には、自地域以外に視野を広げることはもちろんだが、各地の達人たちが協働する場面作りにつなげることも狙った。地域のガイドから、地域と地域を結ぶコーディネーター的な役割を期待したのだ。

　受講後の感想には、「視野を大きくして、正に『山形の達人』の認識を新たにした」「山形のスケールの大きさを共有できる場面を、意図的に設定してくださったのが良かった」「テリトリーの外にも目を向ける点、大いに勉強になった」とあり、研修の狙いは達成できたと言えよう。また、「他の地域の方との交流会」や「いろんな形で皆さんとお会いできる機会」を望む声もあり、地域と地域を結ぶコーディネーター的な役割についても、必要性を感じてもらえたようだ。

3　「山形の達人」の活躍1

　初年度の修了者、つまり第1期山形の達人である、最上町観光

※3　企業での研修等を統括した総合的な研修機関として、おもてなしによる県全体のイメージアップ、経営者から従業員までの研修等により業界全体の発展を図ることを目的として、観光関係者による自主的な研修機関であることが特色である。山形県職業訓練認定校の指定を受けている。現在の会員数は68企業・団体。

協会事務局の小林守さんは、松尾芭蕉と芭蕉が旅した「おくのほそ道」を極めた一人だ。また、観光まちづくりにも目を向け、達人研修以前からも「おくのほそ道」をテーマに周辺市町村との連携にこだわってきた。2010年の10月には「おくのほそ道」に絡め、最上町前森高原から赤倉温泉までを馬で巡る35キロメートルの「おくのほそ道馬旅ツーリズムモニターツアー」を最上町の旅行会社㈱トラベル東北※4と企画実施した。東北有数の馬の産地だった最上町の「乗馬親善大使」を名乗る小林さんは、以前から道中に点在する観光資源を結び付ける活動を行ってきた。さらに、個性のある山形らしい旅行商品の造成につなげたいとして、着地型旅行である地域体験プログラム「着旅」に力を入れる旅行会社㈱トラベル東北とのパートナーシップで実現に結び付けた。

そして、小林さんは2010年度に山形県で開催された芭蕉を題材

■2010年度やまがた観光キャンペーンパンフレット
「おくのほそ道馬旅ツーリズムモニターツアー」のほか、「山形の達人小林守と行く封人の家と山刀伐峠」もツアーとして行われた。

※4　最上町の旅行会社。アメリカカンザス州出身の山口スティーブさんが2007年に会社を譲り受けて代表取締役となった。奥様の実家の建設業を継いでいた山口さんは、最上町、山形の地域資源に魅せられ転身した。www.traveltohoku.co.jp/

としたシンポジウムのパネラー、旅行商品企画とガイド役、そして山形県観光ガイド育成研修（山形県主催）では講師として、山形の達人を実践している。山形の達人であることは、小林さんのこれまでと今後の取組みを力強くサポートする。

4 「山形の達人」の活躍2

　1597年（慶長2）年創業の歴史ある米沢市の酒造会社小嶋総本店が運営する「東光の酒蔵」は、古い酒蔵を原形を保ちながら復元し、昔ながらの酒造りの様子を伝える酒造資料館だ。酒蔵の営業を担当し、館内の案内も務める宮崎市朗さんは、山形の達人第2期生である。米沢市観光物産協会会長でもある小嶋総本店社長小嶋彌左衛門氏の観光まちづくりへの思いに共鳴し、「東光の酒蔵」へ押しかけるように移って1年半。ほぼ毎日、館内の案内を続けている。NHK大河ドラマ「天地人」の放送がきっかけで、米沢のまち歩きから、直江兼続公ゆかりの地である新潟までも案内するようになってきた。

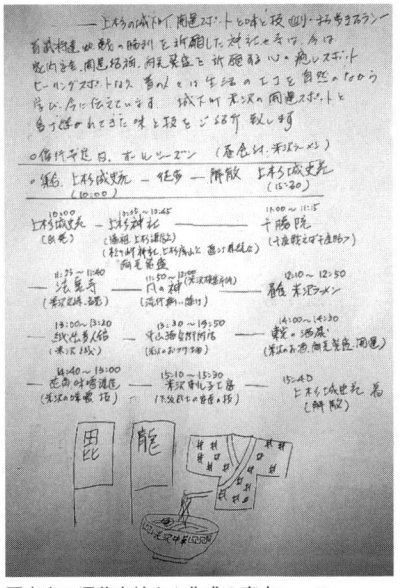

■東光の酒蔵宮崎さん作成の案内コース
コースのタイトルは「上杉の城下町開運スポットと味と技巡り・まち歩きプラン」。

　そんな時に受けた山形の達人研修は、宮崎さんの活動をさらに広げることになった。鶴岡での研修会で知り合った鶴岡市観光ガイドのもとへ米沢の取引先のお客様をお連れし、案内を受けた。また、宮崎さん自身も鶴岡について勉強し、米沢の歴史と結び付ける案内もしてみた。研修で視野を広げる重要性を学んだからだと言う。また、旅行会社に山形の達人だと伝えると旅行会社は大変興味を持ってくれるとのことで、「旅行代理店等に広くPRし、山形の魅力を伝える付加価値を」という目的にもつながっている。宮崎さんは、県内の山形の達人を結んで山形を回るコースを相互に作っていけないかと考えている。それと、自分が山形の達人であることを広くPRしてほしいと続けた。確かに、自ら「達

5　誇りと自信

　山形の達人研修は3年間の実施が予定されていて、これまでの修了者は一様に山形の達人と認証されることに誇りを感じ、今後の活動への自信となったとアンケートに記している。観光ボランティアガイドは、地域ごとに成り立ちや活動内容に特色がある。観光ボランティアガイド活動を集約していくには配慮すべきことは多いが、活動への自信と誇りとなる山形の達人にガイド活動の新たな可能性を見ることができる。

山形観光アカデミー主催の観光ガイドのスキルアップを目的とした研修会において、観光ボランティアガイド果樹王国ひがしね案内人の会から2名が「山形の達人」に認定されました。今後は、「山形の達人」と巡る着地型ツアーも企画しておりますので、どうぞご期待ください。

井澤　静

　私は、山形の生まれた東根には特に自分の生まれた東根には誇りを持っています。当然、山形弁の達人でもあり、オーストリア政府観光局募集の旅行に行った時、自己紹介での私のズウズウ弁に、なぜか歓声があがった程、人気がありました。現在、車での旅過ごし気づかない様な「良いところ探し」に凝っています。

相原　晋一

　山形には、みちのく東北の風土に育まれた豊かな「自然」、先人が遺してくれたすてきな人達の「生活」そして、四季の「空気」があります。そんな山形を訪れた方々がほっとするような観光ガイドに取り組んでいきたいです。

山形の達人に認定されました!!

■「山形の達人」認定の紹介記事
果樹王国ひがしね観光情報『たぁんとさくらんぼ』37号 ㈳東根市観光物産協会）より。
山形の達人と着地型旅行に生かしていきたいとのこと。

1-6 まとめ（事例13）

> 観光ボランティアガイド活動の今後。
> 観光まちづくりへと針路を向ける。

1 多種多様なガイド組織

　観光ボランティアガイド活動はその発足のきっかけから2つに分けることができる。1つは地域の歴史文化を学ぶ講座の受講生が学んだ知識を役立てるため始めたもの、もう1つは行政等（観光協会等も含む）が観光ボランティアガイドを育成することを目的とした講座等から始められたものである。

　前者は自主的ではあるが、観光振興を直接の目的とはしていない。後者は、観光振興を直接の目的としているが、行政等が主導して観光ボランティアガイド組織を設立したものと、受講生たちが自主的に組織したものがある。言い換えれば、行政主導的・観光振興目的、自主的・観光振興目的となる。また、地域のシルバーセンターに源を持つ活動もあり、これはシルバーセンターの取組みの一つで、高齢者の社会参加の場面として高齢者の豊かな経験知識を発揮するために始められたものである。これは、高齢者の社会参加が主たる目的であるので、後者の中で、行政主導型・観光以外目的となろう。

図表17　観光ボランティアガイド活動の多様性

きっかけ	組織作り	目　的
社会教育・生涯学習	自主的	教養の向上
ボランティアガイド養成講座	自主的	観光振興
	行政主導型	観光振興
（シルバーガイド養成）	行政主導型	高齢者の社会参加
市民活動・市民参加	自主的	まちづくり

2 市民運動からの観光ボランティアガイド

　また、最近では、行政主導の講座等を経ず、自分たちの地域の良さを知りたい知らせたい、地域の自然・景観を守りたいという思いによる市民活動的に関わるものが出現、これらは自主的・まちづくり目的といったこととなる。

こういった動きは、昭和40年代半ば以降の社会活動、生涯教育から始まり、それに続く高齢者の社会参加、余暇時間の増大といった社会の動きと関わり合っている。また、同年代は各地で観光振興への取組みが進められた時期でもある。

　これまで観光の分野で見るものがないと言われていた地域も、消費者の観光志向の多様化に伴い、その地域独自の自然や食、暮らし、景観を観光資源として捉えるようになってきた。よく似た境遇の地域が隣り合う中で、自分たちの地域が素通りされないように、観光客の滞在時間を増やす工夫がなされた。その一つが観光ボランティアガイドであり、各地で養成講座が開かれ、市民参加、市民運動に関心のある人たちにとって、身近な題材である観光に興味を持ち参加し、観光ボランティアガイド活動へとつながっていく。

　一方で、昭和40年代半ばの公害問題から自分たちの暮らしを守ることを目的に始まった市民活動（住民運動）は、その後豊かな地域づくりへと活動が広がりを見せる。昭和60年代半ばに入り、市民参加・協働のまちづくりが進められるようになってきた。観光の分野においても、空き店舗を活用した観光案内所の運営や、地元産品を生かした特産品の開発といった、まちづくりに関わる動きが出てくる。観光振興の視点で、滞在メニューの一つとして観光ボランティアガイドが始められるようになった。

3　ＮＰＯと観光ボランティアガイド

　1995（平成7）年は、阪神・淡路大震災に見舞われた年。数多くのボランティアが被災地で活動したことから、この年はボランティア元年と名付けられた。活発化するボランティア活動に呼応して、ＮＰＯ[※1]が注目されるようになる。1998年には特定非営利活動促進法（ＮＰＯ法）が施行

■あいの風の活動の舞台　男鹿半島
「あいの風」とは北よりの風「アエの風」のこと。男鹿半島の夏場に吹き、さわやかで心地良い風。

114　第Ⅰ部　観光まちづくりの今を知る！

され、法人化するＮＰＯ＝特定非営利活動法人（ＮＰＯ法人）の数は、2010年3月末現在で4万団体を超えている。

観光ボランティアガイド組織もＮＰＯ法人となるものが増えてきた。秋田県男鹿半島で活動する観光ボランティアガイド組織「あいの風」は、なまはげをテーマに活動する2つの会と合同して、2000年にＮＰＯ法人なまはげエリア創造委員会を立ち上げた。発足時に代表（理事長）を務めた佐藤ミチヨさんは「あいの風」の代表であり、当時「行政のお手伝いで終わりたくなく、ガイド活動だけでなくまちづくりへと活動の幅を広げたい」と話してくれた。観光客に自分の地域の良さを知ってもらうことで、地域づくりに役立ちたいという使命感が生まれている。

図表18　ＮＰＯ法人化された観光ボランティアガイド都道府県別組織数

北海道	5
宮城県	2
秋田県	1
群馬県	1
埼玉県	1
千葉県	4
神奈川県	4
新潟県	2
石川県	2
福井県	1
長野県	1
岐阜県	1
静岡県	2
京都府	2
大阪府	2
兵庫県	3
和歌山県	1
山口県	1
高知県	1
福岡県	1
佐賀県	2
熊本県	2
大分県	1
鹿児島県	4
沖縄県	4
計	51

平成21年1月現在
2009年度版地域紹介・観光ボランティアガイド組織一覧（㈳日本観光協会）から作成

※1　ＮＰＯとは、Non Profit Organization の略で、利益（Profit）のない（non）組織（Organization）の、NonProfit 部分が強調され、利益を上げてはいけないと誤解されることがあるが、利益の分配をしないことが正しい理解で、収益を目的とする事業を行うが、その収益は、組織の目的達成のため、組織運営、継続のために用いられる。法人化することで、社会的信用が高まり、団体として契約できたり、公共事業に参加する要件を満たしたりと、活動の幅は広がる。なお、法人化しなくてもＮＰＯはＮＰＯである。

第1章　観光まちづくりの風を感じる　*115*

1 - 7 「ビジット・ジャパン」情報発信に力を入れて
―インバウンド誘致―

事例14 横浜観光コンベンション・ビューロー（横浜市）
中国人観光客の受入れについて"攻めと守り"

　2010（平成22）年秋、新聞もテレビもAPEC[※1]一色だった。前年末から始まったAPEC関連会議の締めくくりとなる首脳会議等の会場となったのが、秋深い横浜。国際コンベンション都市として世界に向けてその存在を発信できた。横浜で、インバウンド誘致を束ねるのが㈶横浜観光コンベンション・ビューロー。羽田空港の国際化、中国観光客のビザ緩和とインバウンドの追い風が吹く中、横浜における中国人観光客受け入れの展望を経営部担当部長の岡崎三奈★さんに紹介いただく。

1　来訪者数の推移とその背景

　街のにぎわいを測る指標の一つは、「人の数」である。東京に隣接する大都市・横浜が、来訪者でどれくらいにぎわっているのかを示すものは、毎年暦年で集計している「観光入込客数」になる。

　2009年は、5428万人。横浜港開港150周年という節目でもあり、対前年で1175万人の増加になっているが、このうち150周年関連での来訪者は1052万人。それを除けば、入込客数としては4376万人で、対前年比で123万人の増加となる。

図表19　横浜への来訪者数：観光入込客数

2009年実績＝5,428万人

◇調査対象
・調査期間　平成21年1月1日から12月31日
・対象箇所数　244か所
　観光施設93、観光交通機関16、観光イベント22、宿泊施設100
　開国博Y150、開港150周年記念イベント12

対象年	総　数	観光施設合計	宿泊施設合計
平成21年	54,280,941 ［うち開港150関連 10,522,657］	38,850,179	4,907,486
平成20年	42,532,170	37,398,138	5,134,032
平成19年	41,071,588	36,385,798	4,685,790
平成18年	39,955,991	35,385,318	4,570,673

★　事例14執筆　岡崎　三奈（財団法人横浜観光コンベンション・ビューロー　経営部担当部長）
※1　APEC（Asia Pacific Economic Cooperation アジア太平洋経済協力）

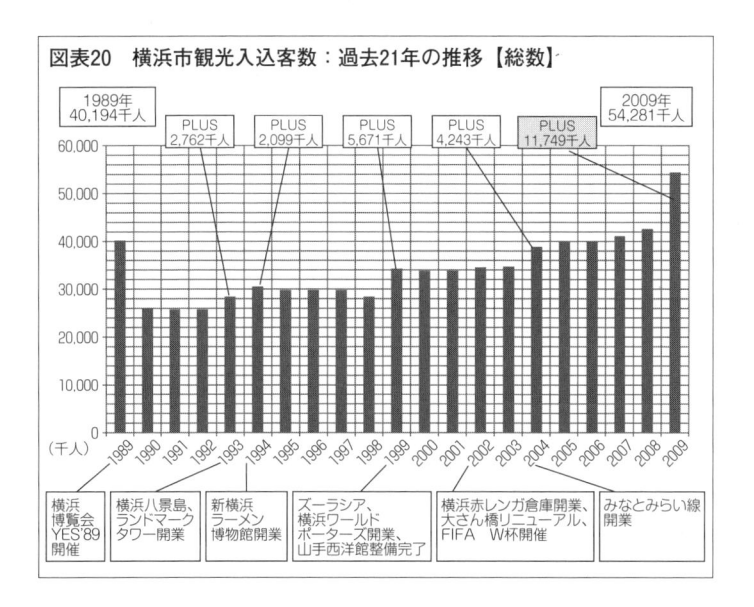

図表20　横浜市観光入込客数：過去21年の推移【総数】

1989年 40,194千人
PLUS 2,762千人
PLUS 2,099千人
PLUS 5,671千人
PLUS 4,243千人
PLUS 11,749千人
2009年 54,281千人

- 横浜博覧会YES'89開催
- 横浜八景島、ランドマークタワー開業
- 新横浜ラーメン博物館開業
- ズーラシア、横浜ワールドポーターズ開業、山手西洋館整備完了
- 横浜赤レンガ倉庫開業、大さん橋リニューアル、FIFA W杯開催
- みなとみらい線開業

　2007年から2008年が、146万人の増加だったことを勘案すれば、国内他都市同様、横浜もリーマンショック後の経済状況の影響を少なからず受けたと言える。

　余談ではあるが、150周年の取組みについて、特に幹となるべき「Y150」は失敗だったと言い切る向きもある。確かに催事企画としての熟度の低さは否めないが、横浜という都市全体で見た場合、「150周年」をキーワードにして、横浜が注目を集め、人を集め、市民もその意義を共有した1年だったことは事実である。

　開港150周年より以前、最も入込客数が多かったのは横浜博覧会 YES'89が開催された1989年。博覧会ブームの真っただ中、4000万人の来訪者でにぎわったが、これは2009年同様常態ではない値なので、実際には翌年の2600万人を基準に、横浜の観光入込客数の推移を見てみよう。

　その1990年から2008年までの間に、対前年の伸びが顕著な年が4回あった。横浜八景島シーパラダイスと横浜ランドマークタワーが開業した1993年、新横浜ラーメン博物館開業の1994年、よこはま動物園ズーラシア、横浜ワールドポーターズが開業し、山手の西洋館群が一般公開用に整備された1999年、そしてみなとみらい線が開業した2004年である。

第1章　観光まちづくりの風を感じる　*117*

人を引きつけるには何かしらの誘因力があるわけだが、このように施設の開業や交通機関の新設など、言わば「集客装置」がうまく働いたわけである。もちろん、集客装置があっても、「機能」しなければ効果は出せない。装置の影響を相殺するくらいの大きなマイナスが生じることもあるのだ。

　2002年がその好例だ。日韓共催の2002FIFAワールドカップの年であり、それに照準を合わせ、横浜赤レンガ倉庫が開業、大さん橋国際客船ターミナルがリニューアルされ、十分な「集客装置」が整備されたが、対前年の増加は75万人止まり。バブル崩壊の遅い余波で、旧来の観光施設がいくつか閉業したためだった。

2　宿泊客数の推移

　宿泊客数の推移から見てみる。1989年は約2000万人、2009年は約5000万人で宿泊人数では、約2.5倍となっているが、横浜の課題の一つは、宿泊率の低さで、初めて10パーセントを超えた1992年以降、横ばいが続いている。

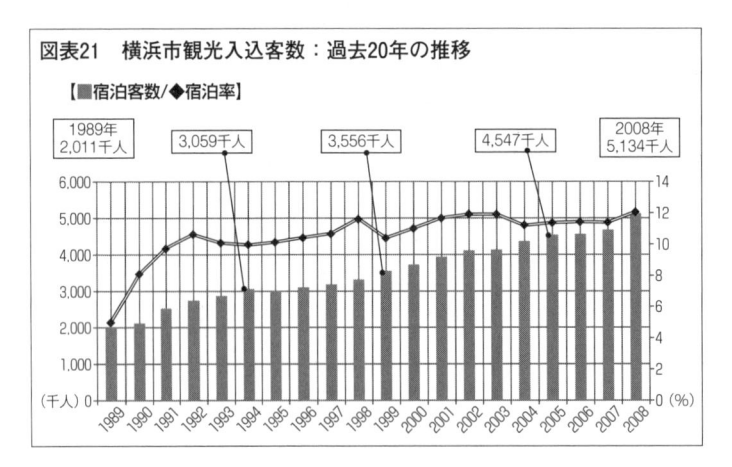

図表21　横浜市観光入込客数：過去20年の推移
【■宿泊客数/◆宿泊率】
1989年 2,011千人　3,059千人　3,556千人　4,547千人　2008年 5,134千人

　2003年以降はビジネスホテルの建設が相次ぎ、収容能力の増加と連動して微増傾向にある。収容人数が2万人を超えた2008年には12パーセントに達したが、2009年は10パーセントを割り込んだ。150周年関連での来訪者を除いても11パーセントに留まっている。国内主要観光地を見ると、例えば、京都、神戸の30パーセント、福岡、仙台で28パーセント、名古屋が14パーセントなどで、これらと比べ横浜の低さは厳然としている。

横浜にとっての課題である宿泊を伴う来訪者の獲得として、横浜での宿泊を組み込んだ旅行商品造成の働きかけや遠隔地からの修学旅行の誘致など、国内マーケットでの宿泊客増加のための取組みも強化しているが、効率的に宿泊を誘発できるのは、やはり海外からの来訪者の獲得である。

3　外国人来訪者数の動き

　横浜への外国人来訪者の数は、現時点では、残念ながら独自に集計したデータはなく、JNTO（日本政府観光局）発表の訪日外客数調査をベースにしている。過去9か年で見ると、2002年から2006年までは、都市・観光地別順位で10位前後だったが、2007年以降連続して18位、2010年は22位、訪問率においても8パーセント前後が継続している。訪問率から推計する来訪者数では、訪日外客数が落ち込んだ2009年を除き、ほぼ70万人前後を維持している。

　国別では、観光目的の場合、横浜を多く訪れているのは台湾と韓国だが、いずれも2006年を境に減少傾向にある。若年層の憧れを満足できるというニーズに合うイメージを持つ街として、台湾・韓国からも人気のディスティネーションであるため、台湾では雑誌や新聞、韓国はウェブサイトを情報源にして、多くの個人客も来ているが、それらを通じた情報発信が十分であるとは言い難いのが現状である。一度来てくれた人を確実なリピーターにするためには、常に新しい魅力を打ち出し、情報を提供し続けていかなくてはならない。

　数字の面から見ると、2005年以降、中国からの来訪者数の増加が著しい。もちろん横浜と言えば中華街があり、親族友人訪問で来ている中国人は、観光・商用を問わず一定のボリュームがあるが、観光目的の比率も増加している結果である。

図表22　横浜への来訪者数：外国人来訪者

外国人来訪者数　訪日外国人数からの推計値

対象年	訪日外国人来訪者数(千人)	横浜への推計来訪者数 訪問率(%)	横浜への推計来訪者数 訪問者数(千人)	ランク：上位30位中
2010	8,611	7.6	654.5	22位
2009	6,790	8.3	563.5	18位
2008	8,351	8.2	684.8	18位
2007	8,347	8.1	676.1	18位
2006	7,334	9.7	711.4	9位
2005	6,728	10	672.8	7位
2004	6,138	8.1	497.2	11位
2003	5,212	8.6	448.2	7位
2002	5,239	7.9	413.9	8位

注：JNTO訪日外客実態調査・訪問地調査からの推計

図表23　横浜への外国人来訪者：国・地域別推移

横浜への来訪者数：外国人来訪者数の推移

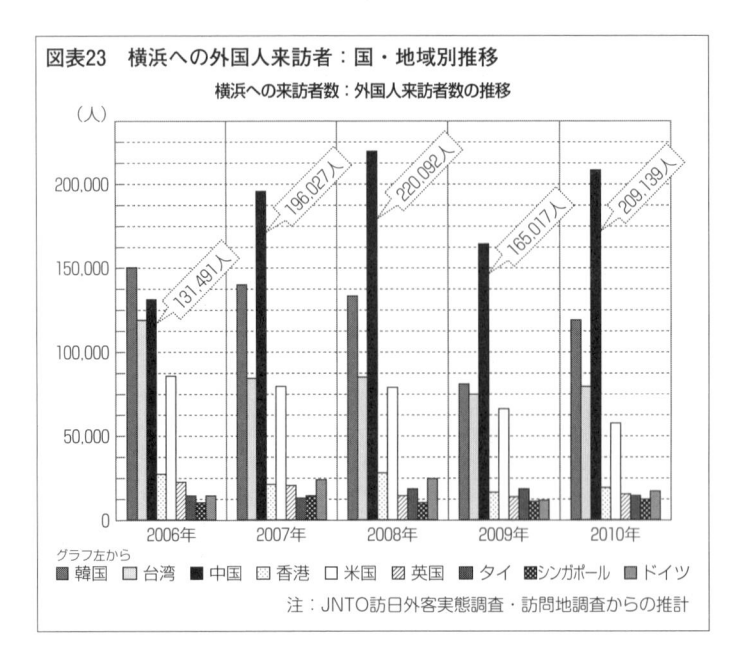

131,491人　196,027人　220,092人　165,017人　209,139人

グラフ左から
■韓国　□台湾　■中国　□香港　□米国　■英国　■タイ　▨シンガポール　□ドイツ

注：JNTO訪日外客実態調査・訪問地調査からの推計

　国際交流人口を増やすため、横浜がターゲットとすべきは、街の成り立ちから関わりが深いというだけでなく、発地側でも人が外に出る環境が整備されてきている現在、やはり、積極的に攻めていくマーケットとして中国の優先度は高い。

4　アジアインバウンド元年

　上海万博日本産業館への出展、羽田空港の国際化、日本APECリーダーズウィークの開催、香港や上海発のアジアクルーズ船の増加…、2010年は、アジアと横浜のつながりが例年以上に強化された年とも言える。この機会を逃すまじ！ということで、横浜では、2010年を「アジアインバウンド元年」と位置付けた。

　先に触れたとおり、横浜ではこれまでにも、台湾、韓国を中心に、その他の国も含め東アジア諸国への誘客活動を展開してきてはいる。では、なぜ今更「元年」なのか？

　遅ればせではあるが、そのマーケットを攻めていくために、ブレない柱を持って戦略的なアプローチを始めたのが2010年から、ということだ。行政あるいはその関連組織として、前例踏襲で漫然と同じことをするのではなく、マーケットのニーズを把握し、分析し、横浜が持っているもので売り込めるものを見極め、トラ

イする。トライ＆エラーは当然で、1つのやり方が奏功しないなら手法を切り替える、あるいはマーケットを変えるといったことを、PDCAサイクルに基づき時間を区切り、取り組む、その本気の表明である。

図表24　2010年；アジアインバウンド元年
◇横浜を取り巻く状況

5月～10月	上海万博開催　⇒日本産業館への出展(横浜ウィーク開催)
7月	中国人個人観光ビザ発給の拡大
10月	羽田空港　再拡張・再国際化
11月	日本APEC リーダーズウィーク横浜開催

アジアと横浜が《つながる》年
⇩
国際交流人口増加に向けた基盤づくり

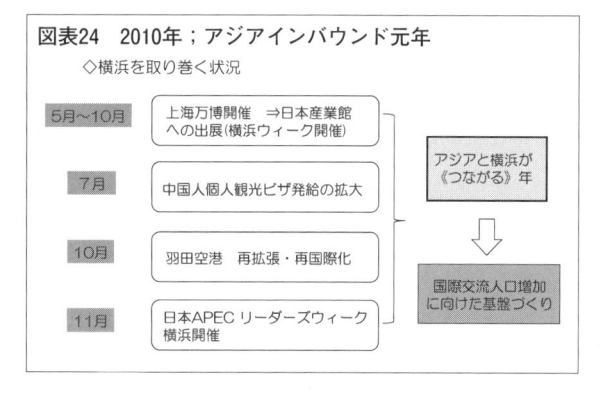

5　具体的取組み

　誰が取り組むのか？　横浜の事業者と共に、である。アジアインバウンドへの取組みを強化する2010年4月、横浜では財団の賛助会員で「アジアインバウンド部会」を立ち上げ、コンベンション・ビューローが展開する事業への積極的な参画や、民間事業者ならではの視点から事業提案してもらう場を整えた。

　部会メンバーは約60社。会合も、ほぼ毎月開催し積極的な情報共有を図っている。2010年11月の幕張でのトラベルマートには、コンベンション・ビューローとは別個に、部会として3ブース出展するなど自発的、意欲的に活動している。今後は、メンバーのニーズに合わせたテーマでワーキングでの活動も期待されている。

　アジアインバウンド元年、中国向けの具体的な取組みは、言わば「攻め」と「守り」に大別される。

　「攻め」の取組みとしては、まず営業の基本となる中国での人的ネットワーク構築のため、2010年7月4日から21日の3週間にわたり、広州、深圳、北京、天津、上海、南京、長沙、杭州の8都市で、旅行会社55社（うち1社は

■中国本土セールス
2010年7月の中国本土セールスでの旅行会社との意見交換・表敬訪問の様子

第1章　観光まちづくりの風を感じる　*121*

MICE専門会社)、メディア2社を訪問し、横浜の認知度向上を基本とした情報提供に努めた。

　旅行業界では、インセンティブツアーや教育旅行を専門に取り扱う会社や部署の設立が進んでいる。今後、これらの旅行は成長分野として、日本をディスティネーションにするケースも増加していくと期待される。

　エリアによる特性以上に会社ごとの取組みに差はあったが、横浜にとって重要なパートナーを見極めるために必要な情報を収集することができた。今後は、季節の最新情報を主要コンテンツとするメールマガジン等を活用し、継続したフォローアップを目指している。

　12月中旬には上海において、富裕層を中心としたFIT[※2]向けに、中国女性層に人気の「美・化粧」をテーマに、横浜市内に本社を置くその分野では有名な企業と連携して、魅力的なコンテンツで横浜に行ってみたいと思わせるためのプロモーションを実施。「○○○なら横浜」と、明確な企画商品に仕立てることで横浜の認知度を高め、旅行会社やメディアでの取上げを目指す。

　また、基本となる情報発信は、横浜観光コンベンション・ビューローウェブサイトの簡体字ページのコンテンツ拡充だけでなく、中国本土にサーバーを保有する中国人向けの日本情報ポータルサイト「JAPAN在線」と連携し、夜景やショッピングなどのコンテンツで横浜の魅力を伝えている。

　「守り」としての受入れ環境整備対策では、現地セールスで入手することのできた、FITやグループ、さらにはインセンティブツアーなどの客体ごと異なるニーズに合わせた対応の整備に注力している。

　急増している中国人来訪者の、来日目的の上位にあるショッピング。銀座や秋葉原など、中国人のショッピングパラダイス化している街があるが、買い物がしやすい環境を整備することでも、彼らを引き付けることはできる。その対策として、横浜市内の主要観光エリアの、銀聯カード取扱店情報を掲載した「横浜買物導游図」を作成し、中国本土でも配布。現在、横浜では約300店舗

※2　FITとは、Forean Independent Travelの略で、ホテルや航空機等を自分で手配する個人旅行者。

の取扱いだが、三井住友VISAカード側では、2011年内までに400店舗を目指している。

インバウンド戦略において横浜が利用すべきは、海外からのアクセスポイントとしての港。国際空港が近くにあることに加え、一度に大きなボリュームで入ってくる外国人来訪者に対して、どれだけ横浜の街に滞留させるか、来訪者満足度を高めるための工夫が必要となる。

■日中教育旅行交流
日中教育旅行交流で、2010年8月杭州の小学生約120名を受け入れ、市内の児童合唱団と交流した。

中国人の余暇に使える時間とお金の増加に連動し、福岡あるいは神戸を目的地とする場合よりも、長く高額なクルーズ商品が販売され始めている。2010年5月には、約7万トン、1700人乗りの大型アジアクルーズ船が来港した。半数程度は中国本土からの乗船客であることから、市内大学と連携し中国語を中心とした語学サポートボ

■FMC活動風景
下船した外国人を迎える語学サポートボランティアFMC（Ferris Mobile Concierge）のスタッフ。

ランティアを動員し、ホスピタリティ溢れる横浜を印象付けた。この外国客船入港時の語学サポートボランティアは、2010年は試行措置であったが、今後は連携先を増やしシステム化を目指していきたい。

6　これからの展望

繰り返しになるが、人口減少社会が到来し、社会移動率の増加といった時代において、横浜は、「選ばれる都市」にならなければならないとの自負を強く持っている。そのための国際交流人口増加への取組みが、インバウンドである。

中国マーケットに対するアプローチ、つまり、マーケットを把握し、ニーズに合わせた攻め方をし、攻めの成果に対応する守りを整える。このアプローチは、どのマーケットに対しても変わら

ない。2010年はまず中国。2011年から3か年をめどに力を注ぎ、効果が出なければ別の策を講じる。

横浜としては、このような戦略的な取組みを、中国をきっかけにアジアすべてのマーケットに広げていければ本望である。

問合せ先　財団法人　横浜観光コンベンション・ビューロー
☎045-221-2111

事例15　野沢温泉（長野県野沢温泉村）
民間の力でインバウンド誘客

野沢温泉インバウンド協議会は、野沢温泉の16軒の宿泊施設等を会員として、外国人客の誘客活動に取り組む民間団体である。会長の森晃★さんは、野沢温泉の老舗旅館「旅館さかや」の経営に携わるとともに、アルペンスキーの競技大会運営、選手強化育成に関わっている。スキーと温泉という野沢温泉の2つの魅力を、インバウンド誘客に生かした活動について紹介していただく。

1　はじめに　なぜインバウンドか

野沢温泉インバウンド協議会は、16軒の旅館・ペンション・民宿とスキー場を経営する㈱野沢温泉とスキースクール[※1]が会員で、野沢温泉へのインバウンド誘客に取り組んでいる。このインバウンドという言葉を聞くようになったのはいつからだろうか？20年ほど前にアメリカの大学を卒業した私でも当時は記憶がまったくない。その耳慣れない単語を最近よく使うようになったわけで、2006（平成18）年度（06―07シーズン）に延べ1000人泊にも満たなかったオーストラリアからの観光客が、その3年後2009年度（09―10シーズン）には6000人泊を超えるようになった。田舎にあっても、観光立国を目指す誘致政策が野沢温泉に良い結果をもたらしたのである。その経緯を野沢温泉インバウンド協議会の取組みを中心にお伝えする。

日本の観光地、各地で、インバウンド誘客に取り組む意識は

★　事例15執筆　森　晃（野沢温泉インバウンド協議会　会長）
※1　野沢温泉スキースクール　www.nozawaski.com/school/

年々高まっている。その背景には、以下の2点が大きく関わっていると考えられる。

(1) 国を中心とした観光行政が規制緩和と支援事業に積極的に取り組んだこと

2003年の小泉元首相による施政方針で「2010年に訪日外国人旅行者を倍増の1000万人に」が数値目標に掲げられ、ビジット・ジャパン・キャンペーン（ＶＪＣ）を開始した。地方運輸局によるインバウンド誘客支援事業予算が増額された。

■野沢温泉スキー場
コース・ゲレンデの数は36。大正時代に始まり、数多くのオリンピック代表選手がここで育った歴史あるスキー場。

(2) 日本国内の旅行需要の冷え込み

2005年度の国内観光旅行の国民1人当たりの宿泊数は2.89泊、2009年度は2.31泊となっている。これに単純に1億2000万人（人口）を掛けると2005年度は3億4680万人、2009年度は2億7720万人。4年間で約7000万人（20パーセント）の観光客を失った計算となり、地方の観光地は青息吐息で、その穴埋めをインバウンド誘客に求めているという側面もある。

2　野沢温泉インバウンド協議会の運営

野沢温泉インバウンド協議会は、国土交通省北陸信越運輸局ＶＪＣ地方連携事業である「長野―新潟スノーリゾートアライアンス」（以下ＳＲＡ）というプロモーション事業に参加し、インバウンド誘客を行っている。長野―新潟ＳＲＡは、㈳信州・長野県観光協会が事務局となり、長野県の白馬八方、志賀高原、野沢温泉、新潟県の妙高高原の4エリアが協力してプロモーション活動を進めている。年間各エリア150万円の負担金と、長野県・新潟県・ＪＲ東日本からの負担金、そしてＶＪＣ地方連携事業費を合わせて約2000万円の予算が我々の活動費である。各エリアにより負担金拠出の方法は異なるが、野沢温泉では全て会員（16軒の宿泊施設とスキー場、スキースクール）からの会費で賄っており、自治体からの金銭的な補助は受けていない。野沢温泉には大小合

わせて280軒ほどの宿泊施設があるので、自治体や観光協会からの補助を受けると平等性等の問題があり、スムーズな活動のために会員からの会費のみで運営している。

3　主要ターゲット地域はオーストラリア

　ここでは前述の「長野―新潟ＳＲＡ」の活動を中心に、野沢温泉の関わりも合わせて説明する。2007年に活動を開始した「長野―新潟ＳＲＡ」の主要ターゲット地域はオーストラリアで、活動が軌道に乗った現在では「英語圏」というくくりでプロモーションを行っている（なぜ英語圏かについては後述）。

　その活動内容は大きく分けて以下の３点である。

　Ａ）　現地プロモーション事業
　Ｂ）　現地旅行エージェント等セールス事業
　Ｃ）　旅行エージェント・マスコミ等招へい事業

　Ａ）　現地プロモーション事業
　　①　「スノー・トラベル・エキスポ」への出展
　　　　オーストラリアで行われる冬に特化した旅行博に出展し、お客様へ直接アプローチを行う。
　　会場：ブリスベン　出展団体数　約30　来場者数　約3000人
　　会場：シドニー　　出展団体数　約40　来場者数　約8000人
　　会場：メルボルン　出展団体数　約30　来場者数　約3500人
　　　アライアンス総合パンフレット及び各エリアパンフレットの配布、プロモーションビデオ（ＤＶＤ）上映、アンケート抽選会　アンケートに答えていただいた方に抽選でオリジナルグッズ等のプレゼントを行った。

■にぎわいを見せるブース
お客様に直接アプローチでき、大きな手応えを感じた。

② JNTO（日本政府観光局）セミナーへの参加

日本政府観光局シドニー事務所が現地旅行会社を招いて開催する日本への旅行セミナーに参加して、日本へのスキー旅行の認識を高めてもらう。野沢温泉の認知度のアップを図る。

会場：シドニー　オーストラリア側参加者　約130名

会場：パース（西オーストラリア州2010より）　オーストラリア側参加者　約40名

B）　現地旅行エージェント等セールス事業

年2〜3回の現地セールスを実施している。旅行エージェントだけではなく、現地スポーツ店等を訪問してパンフレット等の設置をお願いしている。

C）　旅行エージェント・マスコミ等招へい事業

オーストラリアを中心に、アジア・欧米の英語圏をターゲットにした招へい事業を展開している。

隣接する4つのスキーリゾート合同のプロモーションである「長野―新潟ＳＲＡ」は、全国各地で行われているＶＪＣ地方連携事業の中でも、顕著に成果が表れている事例として評価されている。野沢温泉単独では不可能なプロモーション活動をスタートすることができた。

■旅行セミナーやセールスの様子
パウダースノーの魅力を大いにPRした。

4　野沢温泉ならではの取組み

次に、「長野―新潟ＳＲＡ」の活動を契機に動き出した野沢温泉の取組みについて紹介する。

日本政府観光局シドニー事務所によるとオーストラリアのスキー人口は約8～10万人程度と言われており、2007年度（07—08シーズン）には、そのうち約3万人が日本へのスキー旅行を経験したというデータがある。平均で約6泊をリゾートで過ごすとすると、約18万人泊が日本のスキーリゾートに滞在することになる。この中で先行する北海道・ニセコ地区は、リゾート内に多くの外国人（オーストラリア・香港・シンガポール等）所有のホテル・コンドミニアムが立ち並び、バーやレストランを含めて日本情緒を感じられる場所が乏しいと言える。

　そこから日本へのスキー旅行に慣れ、新たな日本の魅力を探求する好奇心にあふれた観光客を我々野沢温泉に呼び込む方法としては、日本ならではの魅力を全面に押し出したプロモーションが必要である。野沢温泉は、古くから温泉地・湯治場として栄えてきた日本有数の温泉街で、海外からの宿泊客を魅了する日本情緒・温泉情緒の演出は得意分野である。さらなる魅力を創出するために、長野県からの補助による「いで湯とスキーの郷　活性化協議会」では、温泉情緒創出プロジェクトと銘打った施策で情緒あふれる景観づくりや案内看板の設置の議論を進めている。短所を挙げたらきりがないが、長所である温泉街の魅力を整備することが集客への力となると考えている。

5　なぜ「英語圏」か

　次に我々のターゲットについて説明する。国土交通省、観光庁が進めるインバウンド事業は、ビザ発給条件の緩和等の状況から中国をメインターゲットとした施策が中心となっている。しかし、我々野沢温泉インバウンド協議会のターゲットは「英語圏」とした。中国からの観光客はビザ取得の仕組みから現状では団体旅行が主流である。野沢温泉の交通事情、宿の規模等の面から、団体の宿泊客には集客上ネックとなる点が多く、対応しきれないのが現状である。初めての海外旅行、初めて来日する人が、いきなりスキー・温泉リゾートを選ぶとは考えにくいということもある。今後は、中国人のビザの取得方法や旅行形態が変わる時に備えて、野沢温泉観光協会やスキー場運営会社と連携しながら将来の誘客に備えていく方向である。

我々は「英語圏」をターゲットとしているが、それは英語を母国語としている国の方々を指しているのでなく、英語で対応できる観光客を受け入れるという意味で英語圏という言葉を使っている。観光客を迎える村民も英語が得意なわけではない状況で、さらなる他の外国語に対応することが難しいのが理由である。2010年にはオーストラリア・英国・シンガポールで行った現地営業の範囲を、今後は少しずつ拡大し、より広く野沢温泉を浸透させたいと考えている。

6　最後に

　野沢温泉は「スキーの村」として多くのスキー選手を輩出し続け、ヨーロッパのスキーリゾートと姉妹村提携（オーストリア・サンクトアントン村）を結ぶなど、日本のスキー文化の中心として存在してきた。国内外の数多くのスキーリゾートに滞在した経験のある多数の仲間たちは、欧米のスーパーリゾートに滞在するたびに、野沢温泉が世界に通じるリゾートの仲間入りする日を思い描いてきたと思う。今、野沢温泉は、アジア・オセアニア地区を中心に世界中の多くのスキーヤー・スノーボーダーに認知されつつある。訪れる観光客から発せられる「想像していたとおりの日本の村だ！」「まるでおとぎの国に来ているみたいだ！」こんな言葉を聞くたびに、日本にしかない日本のスキー文化を発信し、もっともっと多くの国の多くの人たちに訪れていただきたいと思うばかりだ。我々があこがれた世界のスキーリゾートと同じように、世界各地のスキーヤー・スノーボーダーに選ばれる「雪の聖地」でありたいと思う。

■野沢温泉スキー場光景
「雪の聖地」を目指して

事例16 中国人観光客の消費志向
　　　割引クーポンで中国人観光客を囲い込み

　㈱ユニスリー・システムの主要事業は、ＩＴを活用したサービスによる企業サポートである。その一環として、上海、北京などで、若者を中心に大変人気のあるクーポンサービスＶＥＬＯと連携し、クーポンを活用して中国からの誘客に結び付ける事業を進めている。中国人観光客の消費志向に対応した取組みを㈱ユニスリー・システムの竹澤保★さんに紹介していただく。

1　ＶＥＬＯクーポンとは

　ＶＥＬＯは、中国上海の維鵬信息技術※1（上海）有限公司（ＣＥＯ張毅斌）が、2007（平成19）年四半期から上海で開始した会員向けの割引クーポンサービスである。2010年9月には、上海を始め北京、南京、蘇州、無錫、天津、杭州の7都市でサービスを展開し、2011年2月の時点で約545万人の会員を持つ急成長中のサービスで、特に若者に人気のクーポンとして知られている。

　このサービスを利用するには、「ＶＥＬＯカード」というＩＣタグが埋め込まれたメンバーカードを購入して、会員になる必要がある。会員登録の手続きは、ＶＥＬＯのウェブサイト、各地にあるＶＥＬＯ体験センター、又はコンビニエンスストアでＶＥＬＯカードを購入し、カードの登録番号を携帯電話のショートメッセージで送信すれば会員登録が完了する。クーポンを入手するには、ＶＥＬＯのウェブサイトで欲しいクーポンを選んで、プリンターで印刷する方法と、クーポン端末を利用してクーポンの発券をする方

■ＶＥＬＯカード
若者向けのデザインで、携帯ストラップとしても使える。

★　事例16執筆　竹澤　保（株式会社ユニスリー・システム　技術部）
※1　信息技術は Information Technology の意味。

法がある。このクーポン端末は、中国国内のサービス提供都市の各地下鉄主要駅や商業地域に約3000台設置されており、会員はＶＥＬＯカードを端末のセンサーにかざすことで認証され、端末の操作ができる。

　2010年2月から日本の大手家電量販店がＶＥＬＯのサービスを利用し、中国のＶＥＬＯ会員向けにクーポンの発行を開始した。その後、百貨店、ファーマシー、空港免税店などがＶＥＬＯの加盟店となっている。これらの店舗の割引サービスを利用するには、訪日前に目当てのクーポンを事前に入手することが必要で、ＶＥＬＯのサービスは、訪日前に中国人旅行客の囲い込みができる仕組みとなっている。

■ＶＥＬＯクーポン
クーポンで割引サービスを受けたり、粗品のプレゼントをもらうことができる。

　ＶＥＬＯは、更なる会員数の増加を目指し、サービス展開拠点の拡大、クーポン端末の増設及び種類の多様化、新たなアプリケーションの提供を計画している。

2　中国人の消費者志向

　観光を目的とした中国人旅行客の多くは、宿泊費・食費を低く抑えた格安のパッケージツアーで来日するが、ショッピングではお金を惜しみなく使う傾向にある。観光庁が発表した「訪日外国人消費動向調査」（2010年度第1回調査）では、中国人旅行客の「お土産代」は飛び抜けており、訪日外国人客全体の1人当たりの平均が4万8046円に対して、中国人観光客は10万1229円に上っている。

　電化製品や化粧品のまとめ買いをする、中国人旅行客の旺盛な購買意欲はよく知られるところだが、どのような消費

■クーポン端末と発券されたクーポン
ＶＥＬＯカードをかざせば端末機の操作ができる。中国国内には約3000台が設置されている。

第1章　観光まちづくりの風を感じる　*131*

者志向を持っているのであろうか？

- 「日本製」

　日本ブランドは品質が高く、安全面でも信頼されており、日本製であることにこだわりがある。また、海外ブランドであっても、日本国内で流通している製品であれば、粗悪な偽物ではないという信頼がある。

- 「新製品・限定品」

　面子や見栄を重視する国民性から、「新製品」や「限定品」は中国に持ち帰ってから周囲へ自慢するのに絶好のネタとなる。

■クーポン端末を利用する人々
楽しそうにクーポンを発券する若者たち。上海などの都市でよく見られる光景。

- 「まとめ買い」

　同様に、「贈り物文化」があり、家族や知人へのお土産用として商品のまとめ買いをするケースが見られる。

- 「商品チェック」

　中国では一般的に購入後の返品が難しいこともあり、商品をチェックするために新品の入った箱を開けたがる習性がある。これに関しては、店舗側も商習慣の違いを考慮した柔軟な対応が必要となってくる。

- 「銀聯カード」

　中国から出国する時の現金の持ち出しは、2万元、又は5000米ドルまでが許可無しで持ち出せる上限となっている。その点で銀聯カードは、銀行口座の残高全てを買い物に使えるため、現金を持ち歩く必要もないので、銀聯カードの利用が増加している。日本で銀聯カードが利用可能な店舗数は2010年7月時点で約2万店、対応ATM（現金自動預払機）は約6万台となっている。

- 「効率的なショッピング」

　パッケージツアーでの買い物に充てられた時間は通常1.5～2時間と限られている。この少ない時間で効率的な買い物をするために、訪日前に入念な下調べを行ってくる傾向にある。

中国向けのコンサルティングを業務とするＳＢＩチャイナブランディング㈱の中国人旅行客への日本でのショッピングに関するアンケートでは、約70パーセントが「バーゲンの実施」や「割引券の配布」を望んでおり、ＶＥＬＯはこのニーズにベストマッチのサービスである。

3　導入例と効果

　ＶＥＬＯのサービスを利用している大手家電量販店Ｂ社は、ＶＥＬＯ会員に対するネームバリューを上げるために、サービス開始時に次のことを行っている。

(1)　ＶＥＬＯ会員向けのウェブサイトに店舗紹介のスペシャルページを掲載し、主なメーカーの最新機器はもとより、豊富な品揃えと安く購入できることをアピール

(2)　上海と北京に設置されたクーポン端末のうち、特に人の多く集まる場所を数十箇所選んで、企業名とロゴの印刷された広告パネルをクーポン端末に掲示

　これにより、Ｂ社が開設している中国語ウェブサイトのアクセス数が、サービスの利用開始から2か月で約40倍に増加したとのことである。

　Ｂ社が提供するＶＥＬＯ会員向けのクーポンサービスは、買い物の際にクーポンとパスポートの提示で、現金決済の場合13パーセント引き、銀聯カード支払の場合は12パーセント引きとしている。このクーポンは、1か月当たり平均7000枚発行されており、クーポンを使用した中国人旅行客の売上額は、6か月で約10倍になっている。

　他加盟店のクーポンのサービス内容は、やはり割引が主であるが、店舗によってはクーポンと引き換えに粗品のプレゼントなどもある。

4　今後の課題

　2010年7月の個人観光ビザの要件緩和により、これまでの10倍の約1600万世帯が対象になると言われている。ＶＥＬＯの会員は20〜30代を中心に構成されており、サラリーマンやＯＬなどは、今後個人旅行の顧客として期待される層であり、日本国内の消費を牽引する潜在顧客と言える。中国のメディアによると、中国人

の日本の個人旅行市場の規模は、2009年の2倍以上に成長する見通しとの報道もある。

　個人観光旅行の増加によって旅行嗜好の多様化が進み、ショッピングを含めた東京―大阪間の「ゴールデンルート」以外に、自然景観観光や温泉などを目的とした旅行が増えつつある。現在ＶＥＬＯのサービスは、東京、大阪を中心に小売業を主な対象として展開しているが、今後は中国人旅行客の誘致活動を行っている観光地や温泉地の観光協会などと連携して、近隣の宿泊施設、土産物屋商店街、物産センターなどへのサービス展開を図っていきたいと考えている。

問合せ先　株式会社　ユニスリー・システム
☎03-6420-3492

1 - 7 まとめ（事例14～16）

> 「観光は平和へのパスポート」の気持ち新たに

1　中国からのインバウンド　期待膨らむ

　2010（平成22）年の7月1日からの中国人個人観光客のビザ発給条件緩和を前に、5月、6月には、各地で中国からの誘客策が順調に進められていることが、新聞、テレビ等で報じられた。熱の入った取組みが、明るいトーンで好意的に紹介されていた。

　ビザ緩和の内容は、年収25万元（約340万円）以上を1つの条件として2009年7月に始められた個人ビザ発行が、1年後には、勤務先が官公庁や大企業などで年収6万元（約80万円）以上か、クレジットカードのゴールドカードを持っているという条件に緩和された。さらに申請受付公館が3公館から7公館（中国本土における全公館）に、取扱旅行会社も48社から290社に拡大され、旺盛な購買欲で知られる中国人観光客の動向から目を離せない状況となった。

　2010年までに訪日外国人旅行者を1000万人にするという国の目標は、2008年までは順調に進んできたが、リーマンショックといった世界同時不況の影響で、実現は厳しいものとなっている。その中で、経済発展を遂げる中国からの観光客は増加の一途をたどっており、訪日観光客数獲得のターゲットとして注目されるようになった。

　㈶横浜観光コンベンション・ビューローは、2010年を「アジアインバウンド元年」として中国マー

図表25　訪日外客数の推移

年	総数（千人）	中国（千人）	中国の割合
1999	4,438	290	6.53%
2000	4,757	350	7.36%
2001	4,772	390	8.17%
2002	5,239	450	8.59%
2003	5,212	450	8.63%
2004	6,138	620	10.10%
2005	6,728	650	9.66%
2006	7,334	810	11.04%
2007	8,347	940	11.26%
2008	8,351	1,000	11.97%
2009	6,790	1,010	14.87%
2010	8,611	1,412	16.40%

JNTO（日本政府観光局）から作成

ケットに対して、「攻め」と「守り」で対応するとしている。特に横浜は、羽田空港の国際化（羽田空港の新滑走路と新国際線ターミナルが同年10月21日供用開始）もあり、中国人観光客受入れ準備に力を入れてきた。

2　中国人観光客の特徴

今回のビザ緩和以前の収入条件（年収25万元以上）では、中国人観光客の大幅増とはならなかった。それについて人民網※1日本語版（2010年5月28日）では、「富裕層の人数は少ない上に、富裕層の人々はこうした条件下で日本旅行をして

図表26　訪日中国人旅行客の消費動向の特徴（2010年4～6月）

〈観光・レジャー目的の1泊当たりの旅行中支出〉

目　的	全　体	中　国	香　港（参考）
全体	8,501円	9,556円	19,094円
観光・レジャー	13,226円	18,387円 （2位）	18,754円 （1位）

主な来訪目的として、観光・レジャー、親族・知人訪問、ハネムーン、学校関連の旅行、イベント、留学、業務（インセンティブツアー、展示会・見本市、国際会議、研修、商談等その他ビジネス）、その他から選択させている。

〈消費額（旅行中支出）〉

	全　体	中　国	韓　国（参考）
日本における旅行消費単価 （旅行中支出）：a　1人当たり	104,263円	136,870円	77,111円
訪日外客数JNTO速報値：b	2,188,395人	367,844人	570,583人
訪日外客消費額（旅行中支出）：a×b	2,282億円	503億円 （1位）	440億円 （2位）

〈買い物場所〉

	全　体	中　国
空港の免税店	57.5%	75.0%
百貨店・デパート	54.5%	68.6%
スーパーショッピングセンター	56.9%	63.3%
家電量販店（秋葉原）	16.1%	40.0%

訪日外国人消費動向調査　平成22年度第1四半期（観光庁）から筆者が作成

※1　人民網は、中国共産党中央委員会の機関紙「人民日報」を発行する人民日報社のニュースサイトで、日本語版と日本版の2つのサイトがある。http://j.peopledaily.com.cn/

人に富裕層と見られたり、富を見せびらかすことになって、後々不必要な面倒に巻き込まれるのを嫌がったと見られる」と解説している。今回の新しい収入等の条件では、これまでの10倍の1600万世帯が対象となるとのことで、人民網が指摘していた富を見せびらかすような特別な層と見られる心配はなくなったわけである。

　中国からの訪日客の特徴は消費動向にある。観光庁による訪日外国人消費動向調査（平成22年度第1四半期）によると、中国からの訪日客は、特に「観光・レジャー」目的で訪れた場合の1泊当たりの旅行中消費は、全体での平均額の約2倍で、特に秋葉原の家電量販店で買い物をする割合が高いことが大きな特徴であることが分かった。そういう点で、家電量販店と連携した㈱ユニスリー・システムの取組みは的を射ていると言える。

3　オーストラリアからのスキー客　ニセコから全国へ

　「北海道ニセコのスキー場がオーストラリア村に」と新聞、雑誌等で紹介されて10年ほどが経過し、その間、テレビでも積極的に取り上げられた。日本のスキー場の雪質が世界レベルであることは、2度の冬季オリンピック開催（1972年札幌、1998年長野）により世界に印象付けられている。ニセコでは観光カリスマに選ばれているロス・フィンドレーさんが活躍しているが、フィンドレーさんが、ＮＡＣ（ニセコアドベンチャーセンター）を設立したのが1995年である。ＮＡＣは日本人向けの夏のアウトドアが中心であり、ニセコの冬をオーストラリアにアピールしたわけではない。南半球のオーストラリアとはスキーシーズンが冬夏逆転すること、日本との時差が小さいことを考えると、日本のパウダースノーをもっと早くオーストラリアへ発信できたかもしれない。遅れて発信した分、オーストラリアスキー客の勢いは強く、短い期間でオーストラリア村と表現されるほどになったのである。ニセコで起きたことは北海道の他のスキー場にも波及し、北海道全体の外国人観光客数を押し上げた。

　そして、オーストラリアからのスキー客誘致の取組みは本

州のスキー場へも広がりを見せた。その1つが野沢温泉の取組みで、英語圏をターゲットとして進められてきた。海外でスキーを楽しむ層は、旅行慣れした欧米からの観光客であると捉え、英語で対応できる地域を、まずはターゲットとしたわけだ。長野県は外国人宿泊者数調査結果によると、2009年はオーストラリアが台湾に次いで2位の宿泊者数となっていて、オーストラリアの月別の宿泊状況は12～2月のスキーシーズンが8割以上であり、スキー人気は根強い。

図表27　オーストラリア観光客の月別宿泊状況（長野県）

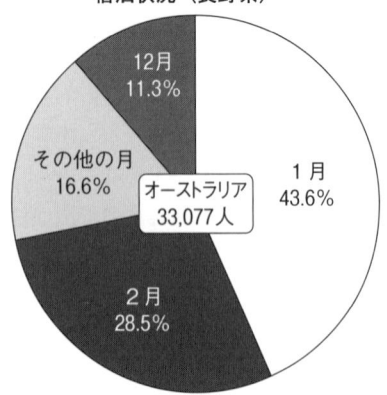

- 1月　43.6%
- 2月　28.5%
- その他の月　16.6%
- 12月　11.3%
- オーストラリア　33,077人

長野県（観光部）プレスリリース（平成22年）

　野沢温泉では地元会員による野沢温泉インバウンド協議会を組織し、国土交通省北陸信越運輸局ＶＪＣ地方連携事業の「長野―新潟スノーリゾートアライアンス」というプロモーション事業に参加して、インバウンド誘客を行ってきた。インバウンドの重要さは分かっていても、1つの地域では、資金面、経験面でもできないことを、ＶＪＣ事業として取り組んだ好例となるだろう。

4　「観光は平和へのパスポート」の気持ち新たに

　再び中国人観光客の動向に話を戻す。ビザ発給条件の緩和の結果、2010年7月1日から23日までで発行件数が5836件と、前年7月比5.6倍に増えたとの観光庁からの発表もあり、しばらくはこのハイテンションな状況が続くことに注目が集まった。だが、同年9月に発生した尖閣諸島沖での衝突事件の影響で、陰りが出てきてしまったのだ。「観光は平和へのパスポート」[※2]という言葉にあるように、政治的な思惑が観光に陰を落とすことは許せないことだ。今後も予断を許さな

※2　1967年は国連による「国際観光年」で、「観光は平和へのパスポート（Tourism, Passport to Peace）」をスローガンに活動が展開された。

い状況だが、少しずつ落ち着きを取り戻していくことを期待し、波がある外交に惑わされず、訪れた外国人客を温かくもてなすことで、「観光は平和へのパスポート」を実践していくことが、両国の観光の現場に強く望まれる。JNTO（日本政府観光局）の発表によると、2010年の中国からの外客数は、10月以降減少基調が続いたが、結果として2009年を40万人強上回り、141万2000人と過去最高となった。

第2章 観光まちづくりの風を検証する

第1章では、地域の観光まちづくりの今を知ることからスタートし、各地での観光まちづくりの風を感じた。本章では、第1章の事例を基に、地域の観光まちづくりの風が吹いていく方角をみようと思う。ここでは、今後の観光まちづくりの指針として、①柔軟な組織運営、②戦略と参加、③観光魅力の掘り起こしを示す。そして、この3つの指針について幾つかのキーワードを提示し、具体的に述べていく。

2-1 柔軟な組織運営
―縦（世代）にも横（業種や分野）にも幅広く―

1 世代をつなぐ仕組み作り

世代交代は、いろいろな分野の課題である。観光まちづくりにおいても同様だが、その昔と違い、60歳、70歳を超える高齢者と呼ばれる人たちが元気な今、世代交代ではなく、各世代が同時に活躍できる「世代をつなぐ」活動が大事と言える。幅広い世代が手を携えて動くことが特徴の由布院温泉では、観光協会の世代交代を段階的に「仕掛け」ていった。その仕組みをまとめると図表28になる。それまでも協働で事業展開してきた観光協会と旅館組合

図表28　由布院の世代をつなぐプロセス

ゆふいん観光行動会議 観光協会と旅館組合共同組織		
2001年	世話人会 先輩格担当	事業委員会 次世代担当
2003年	若手参画 （30歳代、40歳代）	← 世話人会へ	「この指止まれ」方式 意欲がある人が自主的に集まる
2005年	若手参画 （30歳代、40歳代）	← 世話人会又は理事会へ	
2007年	40歳代が代表世話人 （観光協会会長）に		

で「ゆふいん観光行動会議」を2001（平成13）年に組織し、観光協会と旅館組合両方の若手中心の事業委員会メンバーが、その先輩格となる世話人会へ参画する道筋を意図的に作るという手法である。世話人会に参画した若者が世話人会や理事会の代表に選出されて、その代表が観光協会会長も兼ねているので、結果、観光協会の会長も若手に変わる。2007年に観光協会会長になったのは、桑野和泉さん（溝口薫平さんの娘さん）で、桑野さんが会長になる以前、実にさらりと「たまたま仕事が観光ということ。自然体に進んでいきたい」と言われたことを思い出す。世代交代も自然な流れの中でのことなのだろう。

　黒川温泉も、黒川温泉全体を横断する組織である観光旅館協同組合理事に2名の青年部メンバーが名を連ねている。その1人、企画・広報部部長でもある青年部メンバー志賀さんは、地域外のPRイベントで黒川温泉宣伝隊の先頭に立ち、青年部パワーを発揮している。

　外からの人材が世代をつなぐ例も多い。絵金蔵の2名の常勤職員である、蔵長の横田さん、副蔵長の福原さんは地域外の人で、安心院町グリーンツーリズム研究会事務局長の植田さんも安心院出身ではない。どちらも積極的に外に人材を求めたわけではないが、地域の魅力に引かれてやってきた。地域に腰を据えることを決心するには支えが必要で、絵金蔵は孫を見守るおじいちゃん、おばあちゃんのボランティアスタッフがその力となっていて、安心院町では、農家の皆さんは植田さんのことを自分たちの娘のように思っている。高齢化が進む地域にいつの間にか若い世代が入り込み、世代を超えて支え合っているのである。

　そして、何よりも経済的なことが重要となる、絵金蔵の場合は、指定管理者となることで収入を確保し、2名を雇い入れることができた。安心院町グリーンツーリズム研究会もNPO法人と

■黒川温泉を青年部がPR
パンフレットの配布、入浴剤の販売等を行うほか、黒川温泉で利用できる南小国町のプレミアム商品券も販売した。

して持続的な運営を図るとともに、㈱安心院長期休暇研究連合会を設立し、事務所を確保している。人件費の確保は大きな課題である。

2　幅広い業種で　誰がつなぐかが重要

　ここ数年、商工会議所が観光まちづくりに熱心だ。全国514の商工会議所を会員とする日本商工会議所は、ここ数年、毎年国に対する「観光振興施策に関する要望」を決議し、観光振興への強い意欲を見せている。各地の商工会議所が「その地区内における商工業の総合的な発展を図り、兼ねて社会一般の福祉増進に資する」という目的のために、観光は重要な視点となっている。観光に直接関係のない業界、業種の方々が地域ぐるみで、観光まちづくりに取り組み、地域全体の活性化につなげようとしている。

　福島商工会議所青年部の歴史を活用した観光まちづくりの取組みも、観光に直接関係のない、また、業種の枠を越えた仲間たちによるものだ。お寺の芳名帳に「小十郎さま～☆」などと見つけた時の新鮮な驚きや、同人誌のイラストレーターを起用するという発想の柔軟さ、大手ゲームメーカー本社に直接電話をかけた行動力など、観光まちづくりの現場にいるとついつい忘れがちなことを教えてくれたのは、異業種の視点だ。

　京都フラワーツーリズムの「花なび」は、「京都の花の時期をきちんと伝えたい」という思いから、ハイアットリージェンシー京都とMKタクシーを高木さんがつなげ、始まったものだ。ホテルとタクシー会社、どちらも観光に関連して出会うことは多かったが、すぐには新たな動きへとはつながらなかった。共有する課題に共通項は多いが、どれから手を付けるか、誰と手をつなぐかが難しい。そんな中、きっかけを高木さんが作った。京都でネットワーク関係の会社経営に携わり、いろいろな業種の方と話相手となっていた高木さんは、「花の旬の情報」でホテルとタクシー会社を結び付けた。「花の旬の情報」は両者にとって何よりもありがたかった。

■京都フラワーツーリズムの「花なび」タクシー
中井タクシーの車は「花なび」タクシーであり、「花なび」をPRしながら、京都市内を走り回る。

京都フラワーツーリズムは、その後協議会として、行政、観光協会、旅行会社、宿泊業、タクシーといった観光の主要メンバーに加え、ソフトバンクモバイル㈱、オリンパス㈱といった、ＩＣＴ、画像に関係する大手企業から、京都で旅行会社向けの情報発信に取り組む地元企業、そして大学が参画し、活動の幅を広げている。

　中国で若者に人気のクーポンサービスを、観光客誘致に結び付けた㈱ユニスリー・システムも、これまで観光には縁遠かった企業だ。今回は、首都圏、大型量販店中心の取組みだが、ノウハウを生かして、日本の各地へと中国からの観光客が訪れるような仕掛けを作り出してもらいたい。

3　全員か一部か　行動力と浸透力

　野沢温泉のインバウンド事業の主体は、野沢温泉インバウンド協議会で、ＶＪＣ地方連携事業の「長野―新潟ＳＲＡ」に参加して進め、柔軟な組織運営の好例となるものである。野沢温泉インバウンド協議会は、自治体からの金銭的な補助を受けていないことが大きな特徴であり、その背景には、野沢温泉の観光まちづくりの歴史との関わりがあると言えよう。野沢温泉村は、湯治客中心の温泉にスキー場を組み入れることで、「温泉とスキー」の観光まちづくりを進めてきた。その中心が、1923（大正12）年創立の野沢温泉スキー倶楽部で、「身ノ鍛練及当温泉ノ発達ヲ図ル」を目的として23名の村民で立ち上げたものだ。「温泉とスキー」の観光まちづくりを長らく牽引してきた野沢温泉スキー倶楽部は、現在㈱野沢温泉と野沢温泉スキースクール[※1]に引き継がれていて、この両者は「長野―新潟ＳＲＡ」の会員として、今も野沢温泉の力となっている。自治体からの金銭的な補助は受けずに、「民間の手で」が、野沢温泉の伝統でもある。

　そして、野沢温泉インバウンド協議会は280軒の宿泊施設のうち16軒の参加で進められている。これは、由布院温泉でいうところの「この指とまれ方式」である。いつも全員参加とすると様々な支障が出ることも多いが、その効果は一部の宿泊施設だけでな

※1　野沢温泉スキースクール　www.nozawaski.com/school/

く、例えば、オーストラリアからのスキー客が温泉街のあちこちを楽しむというように、地域全体に及んでいる。そのことを参加しない宿泊施設も忘れず、別の取組みで地域全体に返していく。目標である世界各地のスキーヤー・スノーボーダーに選ばれる「雪の聖地」こそ、まさに地域全体の目標なのだ。

　「この指とまれ方式」は京都フラワーツーリズムにも見ることができる。京都フラワーツーリズムへの参加団体、企業は実に多彩であるが、決してオール京都ではない、宿泊施設も携帯電話会社も旅行会社も、全てを網羅しているわけでない。ということは、例えば携帯電話会社が違えばそのサービスは利用できないというように、京都を訪れる全ての観光客にメリットがあるということにはならない。しかし、オール京都では発揮できない個性的な取組みで、その存在自体が京都の一つの観光魅力となっている。

　㈱ティー・ゲートの工場景観ツアーでは、工場景観の観光活用に取り組む研究者、『工場萌え』著者、「水上経験」作りに取り組む建築家等をつないだのが㈱ティー・ゲートの冨澤さんである。既にコミュニティが形成されているサブカルチャーの分野では、個性的なメンバーの結集が進めやすい。結果、工場景観ツアーはこだわりの強い工場萌え愛好家もうならすことができた。

　三島市のオール三島の取組みも同様で、スケッチツアー、写真ツアー、ガイドツアー、みしまコロッケ、それぞれに得意な個人や団体が集まって三島を売り出し、それぞれが横につながり、オール三島となっている。また、三島市では、一般の店舗が「まちかど案内所」として、観光パンフレットの配布や道案内など、8店舗で観光客への情報提供を行っている。その8店舗の顔ぶれは面白く、土産品屋、飲食店だけでなく、観光客には関係なさそうなカメラ屋、メガネ屋さんが参加している。カメラ屋さんでは旬の撮影スポットの案内、メガネ屋さんでは商店街の情報発信をしていて、「まちかど案内所」は、店舗側の発案で始められたとのことである。

■三島市のまちかど案内所
8つの店舗が「まちかど案内所」として、観光パンフレットの配布や道案内などを行っている。

横浜観光コンベンション・ビューローのアジアインバウンド部会は、約60社のメンバーが、2010年5月の発足以来12月までに7回の会合を開催し、様々な課題を共有している。コンベンション・ビューローというくくりではなく、部会として新たな活動が定着した。コンベンション・ビューロー側も、メンバー側も必要とされる事業に柔軟に取り組んでいる。

4　広域連携　意識ときっかけ

「観光客に行政の区分は関係ない」とは、広域観光の必要性を訴えるときに昔から使われてきた言葉だ。それでも、有名な観光地のある市町村は、その隣の観光客が訪れない市町村に自分から手を出すことは難しいのかもしれない。「隣の市のイベントに協力しても、うちにはメリットがない」とは、ある名だたる観光地の会議で聞いた話。何かきっかけがあれば、そんな意識も変わるのかもしれない。

新幹線の駅がある三島市は、首都圏から100キロメートル圏内で富士箱根伊豆の玄関口である。三島市は、その良さを生かし、近隣市町との連携を進めようとしている。第三種旅行業者である三島市観光協会は、募集型企画旅行の業務範囲である営業所のある市町村と隣接する市町村を組み合わせれば、多彩な旅行商品造成も可能となる。三島市は、玄関口としての役割を実践しているのである。

新たなスタートから1年のハウステンボスも、地元佐世保市をはじめ、長崎県全域との連携に力を入れている。テーマパークは、食事も宿泊も遊びも施設内で完結できるが、それだけでは、地域との結び付きは脆弱となる。そこでリニューアルに当たって始められたフリーゾーンには定期路線バスが乗り入れ、佐世保駅など市の中心部から直接アクセスできるようになった。これは、ハウステンボス側からすれば、来場者を外へ誘導する（逃がす）ことになるが、西海国立公園九十九島の美しい自然や、武雄・嬉野、雲仙といった温泉地、三川内や有田といった焼き物の里、そして西九州全域と連携して、相乗効果を生み出そうとしている。

加賀市では、東京圏での「越前・加賀」のブランド力から、県境を越えて福井県と結ぶ「北國宗教街道"祈りの道（仮称）"」と

いうルート化を考えている。北陸新幹線の金沢以西延伸へとつなげるために加賀・越前間の交流促進との戦略でもある。

　福島商工会議所青年部の広域連携の例であるが、その始まりが青年部らしい勢いを感じるものである。「旅するふくしま戦国まち歩きマップ」に問い合わせを受けたのが宮城県からで、その問い合わせで思い付いて声を掛けた相手が山形県なのである（◉P.95）。山形県置賜総合支庁観光振興室と福島商工会議所青年部の県境を越えた連携は、そんなことから始まった。そんな動きがマスコミの目にとまり、NHKの朝の全国ニュースにも取り上げられ、さらに全国に広がりを見せそうな勢いだ。「広域連携が初めにありき」ではなく、何のための広域連携か、目的が明確になれば、賛同する地域も増えていくということを、この取組みが示している。

2-2 戦略と参加
—目標は高く、敷居（きっかけ）は低く—

1　ブランド戦略　地域らしさを失わないために

　「加賀」と聞くと、福井県の芦原温泉から石川県の能登半島にいたる一帯を思い浮かべる方が多いだろう。「北陸＝加賀」なのかもしれない。その加賀市では、人間国宝作家を輩出する山中漆器及び九谷焼に注目し、加賀市のブランド力を高めるブランド戦略をとっている。人間国宝＝「高級感」のイメージを崩さないようにしつつ、九谷焼と山中漆器のコラボレーションによるザ・ジャパニーズウォッチのように、新しさもアピールしている。「伝統工芸等担い手育成事業助成金」制度で、若手作家の活動を支援し、次期人間国宝誕生へとつなげる思いを感じる。

　由布院温泉は、これまで培ってきた「上質感」を大切にしたブランド戦略をとり続けている。外部資本店舗による目立った落ち着かない雰囲気を是正し、由布院温泉らしさを守るための「由布院デザインシステム」の確立、そしてこの「由布院デザインシステム」を各事業所でも活用し、観光協会でも生活雑貨を土産品として開発した。これら商品は、由布院の「由」を生かしたロゴがおしゃれで、商品名「由布院プラス」は商標登録されている。

　安心院町グリーンツーリズム研究会では「安心感」を訴えている。例えば、お米づくりの1年間を体験する「マイ米物語」は、多世代が参加するイベントであり、1つのブランド戦略だ。そこでは、食の「安心感」はもとより、出会いがあり、結婚し安心院に住むといった何組かのカップルも出ているとのこと、人のつながりにも「安心感」がある。

　黒川温泉は名前そのものがブランド戦略の中心だ。20年ほど前までは無名とも言える温

■加賀市の The Japanese Watch
「身につける日本の伝統工芸品」がコンセプト。九谷焼と山中漆器の作家が作り上げた。

泉地の名前が全国に知れ渡ると、黒川温泉とは言えないものが勝手に名乗り始めた。2006（平成18）年に地域団体商標制度（地域ブランド）による登録も、名前（ブランド）を守るためだった。そして、黒川温泉の言葉が持つイメージを大切にするため、植樹活動等の環境整備には今も力を入れている。

　ブランド戦略では、商品化がすぐに連想されるが、商品化がもたらす地域イメージの向上、維持が何よりも大切だ。加賀市のザ・ジャパニーズウォッチには、商品としてだけでなく、ザ・ジャパニーズウォッチの持つ「高級感」が加賀の地域イメージであることを、地域内にも地域外にも定着させる役割がある。それがブランド戦略であり、ザ・ジャパニーズウォッチに合致した「加賀」らしい観光まちづくりが期待される。

2　歩みを止めない　地域の小中学生に目を向けて

　由布院温泉では、まちづくりの源である本多静六博士の講演録の子供向けの冊子や、由布院デザインシステムと自然観察の専門家が作成に関わった「由布院生きもの図鑑」が、地域の小・中学生に配布されている。三島市では、ガイドの会との協働の旅育事業によって、子供たちに地域の魅力を知ってもらう機会を作っている。

　「住んでよし」を親の世代から引き継ぎ、観光まちづくりを継承していく子供たちへの取組みを忘れてはならない。地域に住み続ける、あるいは、いつか帰ってきてもらいたい。地域への思いを持ち続けてほしい。三島市では、旅育の指導者として地域を知り尽くしている市民を起用することも人材育成として捉えている。指導する、されるでなく、共に観光まちづくりの仲間となることが、先に述べた世代をつなぐことにもつながる。また、三島市が2006年に実施した「景観計画」策定のための「三島市景観アンケート調査」では、市内の中学生をも対象とした。中学校

■由布院温泉の「由布院生きもの図鑑」
由布院の子供たちと由布院を訪れる子供たちのための「由布院生きもの図鑑」は、由布院デザインシステムと地域内外の自然観察の専門家とのコラボレーションによるもの。

の協力を得て行ったこともあり、回収率は95パーセントとなっていて、中学生に市民としての自覚を持ってもらうことができただろう。

　また、瀬戸内国際芸術祭でにぎわった直島で見つけたのが、直島小学校、中学校の児童生徒が考えた直島のキャッチフレーズが並ぶポスターだ。子供たちにも良い機会になっただろうが、大人たちが島の良さを子供たちから教えられたのではないかと想像する。自分の子供や孫が考えたキャッチフレーズがポスターになる、直島のことをこんなに好きなのだと、知ることはうれしいことに違いない。また、瀬戸内国際芸術祭で眞壁さんの作品の舞台となった男木島の中学校の正門前には、生徒による男木島の案内が掲示されていた。2011年3月で休校となったが、再び男木島に子供が増えて中学校から明るい声が聞こえてくることを願いたい。

3　イベントは観光まちづくりの舞台　経過を大切に

　2000年から2001年、21世紀を迎えるミレニアムイベントが各地で行われ、イベントブームだった。その頃、ある著名なイベントプロデューサーが「1日で1万人呼ぶイベントは簡単、100日間毎日100人来てもらうのが大変」と言っていた。人気アイドルを呼べば1万人は集まるというのだ。人を集める手段と思われていたイベントだが、観光まちづくりにおいては由布院温泉の数多く

■直島のポスター　　　　　（直島町立直島小学校提供）
直島小学校の児童たちが考えた観光キャッチフレーズが並ぶ。小さめの文字が直島の背景に合っている。

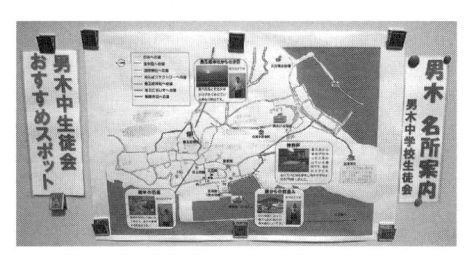

■男木島中学校正門に掲示された男木島案内
中学生らしい文章がほほえましい。つい、足を止めて見入ってしまう。

のイベントがそうであるように、地域の様々な人に観光まちづくりに興味を持ってもらい、参加してもらうことが目的となっている。

　絵金蔵の取組みでは、伝統的な地元のお祭りに合わせて絵金の芝居絵屏風を並べ、ビールを飲み、うなぎつかみをするなど、一昔前の宮司さんなら怒り出すようなことを市民発案でやってのけた。難しいことにはなかなか近づかないが、楽しそうなら寄っていく。絵金蔵では、町の有志たちの地歌舞伎の上演というような伝統に目を向けつつも、主婦中心のグループと若い学生たちが連携してのフリーマーケットなどと、いろいろな世代、層がそれぞれに得意な方法で絵金をさらに身近なものにしていった。そういった気軽な参加が、地域ぐるみでの絵金蔵運営委員会につながっていった。

　三島市では、延べ400回以上、延べ6000人近くが参加した意見交換会を繰り返し、観光まちづくりを進めてきたことも、イベント的な要素がある。何度も顔を合わせ意見を交換することで、信頼感が生まれ、まちづくりを推し進める力となった。

　黒川温泉の感謝祭は、青年部が観光客に感謝するとともに、自分たち自身が互いに感謝し合う祭りとも言える。感謝祭の実行部隊が楽しむことで観光客にも楽しんでもらう。「もてなしてよし、もてなされてよし」、10分刻みのプログラムをノリでこなしていく。イベントは、観光まちづくりの舞台そのものである。

4　おじいちゃん、おばあちゃんと孫　暖かな視線

　2010年秋から放映されたNHKの連続テレビ小説「てっぱん」も、厳しいおばあちゃん（富司純子）と明るい孫（瀧本美織）のふれあいが人気で、視聴率も高かった。2010年に大ヒットした植村花菜が歌う「トイレの神様」[※1]も、おばあちゃんから孫へと伝える人生訓となっている。市民を観光まちづくりに巻き込む視点として「おじいちゃん、おばあちゃんと孫」の優しい関係が大切なのではないかと思う。絵金蔵の蔵長、副蔵長を支える地域のおばあちゃん、遅くまで仕事をする福原さんに温かな声を掛ける。

※1　小説や絵本、テレビドラマにも広がっていった。

お互いに心が和む瞬間だろう。由布院温泉の三世代をつなぐ組織運営では、幅広い年齢層が自ら楽しみイベントをこなしている。瀬戸内国際芸術祭で若い観光客に積極的に道案内する、声を掛けるおじいちゃんというように、自然な人間関係が心地良い。

　観光まちづくりに欠かせない市民参加のターゲットとなるのは、子供の独立や定年によって自分の時間ができた中高年だろう。しかし、企業人等としての高い経験を観光まちづくりに生かすことには、中高年のプライドのようなものがそれを許さないというのが正直な心情かもしれない。ようやく縦社会の人間関係から卒業したのだから、しばらくはのんびりしたいというように。だが、観光まちづくりに取り組む若手たちを応援しようと思うと、気持ちが変わってくるのではないか。孫には優しく、入社早々の社員に若い頃の自分を重ねる。活動に参加するというのでなく、活動を助けるという優しい視線が自然な人間関係につながる。

　三島市では、駅前の清掃をする里親ボランティアが活躍している。「できる時間にできる範囲で」ということで里親を募集したところ、想定よりも多くの方から申込みがあった。煩わしい人間関係を避けたいのかもしれないし、自分の都合で参加できるのが気軽で良かったのかもしれない。ここにも、おじいちゃん、おばあちゃんと孫の関係のような自然な関係を求めているように感じる。そう言っても、顔を合わせる時間がある里親同士、実際に清掃活動が始まると交流が生まれ、里親の会の活動も進行しているとのこと。市民は、市民参加のきっかけを待っているのだ。

■三島駅前を清掃する里親さん（写真中央）
「できる時間にできる範囲で」と募集したところ、想定よりも多くの方から申込みがあった。無理しないのがちょうどよい。

第2章　観光まちづくりの風を検証する　*151*

2-3 観光魅力の掘り起こし
—普段の暮らしから特別の趣味まで—

1 着地型旅行 テーマ性の強さを生かす

　2007（平成19）年の第三種旅行業者に関する制度改正は、着地側での旅行商品造成を後押しすることとなった。この改正は、地域の観光資源を熟知した中小旅行業者が地元を中心とした企画旅行の造成・募集を行いやすくするための改正であり、ニューツーリズム促進とも根幹を同じくするものである。

　三島市では三島市観光協会が、2010年に第三種旅行業を取得して取組みを進めている。第三種旅行業について簡単に説明する。2007年5月以降、一定の条件のもと、第三種旅行業者が企画旅行の造成・実施ができるようになった。企画旅行とは、いわゆるパッケージツアーで、旅行会社があらかじめ旅行計画を作成する旅行のこと。一定の条件とは、催行区域の限定※1、旅行料金の当日払い※2の2つである。観光庁の資料によると、2009年度で全旅行業者の6割を超える約6000業者が第三種旅行業者である。営業保証金や基準資産額などの財産要件がより低く設定されてい

図表29　旅行業登録制度の概要

		登録行政庁（申請先）	業務範囲				登録要件		
			企画旅行			手配旅行	営業保証金（弁済業務保証金分担金）	基準資産	旅行業務取扱管理者の選任
			募集型		受注型				
			海外	国内					
旅行業者	第一種	観光庁長官	○	○	○	○	7000万（1,400万）	3000万	必要
	第二種	主たる営業所の所在地を管轄する都道府県知事	×	○	○	○	1,100万（220万）	700万	必要
	第三種	主たる営業所の所在地を管轄する都道府県知事	×	△（一定の条件で）	○	○	300万（60万）	300万	必要

観光庁HP旅行業法の説明資料を基に作成

※1　営業所が存する市町村及びこれに隣接する市町村の区域及び観光庁長官が定める区域
※2　20パーセント以内の申込金を除いて、旅行開始日より前の旅行代金の収受は不可

る第三種旅行業者に関して、消費者保護の視点を盛り込んだ規制緩和だ。そして、地域の観光資源を熟知した地元の中小旅行業者を活用して着地側視点の旅行商品の造成促進を狙っている。

これまで第一種、第二種の旅行業者頼みだった旅行商品の造成を、地域側は地元の第三種旅行業者に期待することになる。さらに、地域の観光協会等自ら、第三種旅行業登録する例もある。会員の大多数が第二種、第三種旅行業者である全国旅行業協会[※3]会員一覧から、観光協会等を抜き出したものが図表30である。2005年以前に観光協会等で全国旅行業協会会員だった業者が10社ほどだったのだから、各地で着地型旅行造成に積極的に関わろうとしていることが分かる。

新しいタイプの旅行会社として注目されるのは㈱ティー・ゲートで、インターネットを通じて旅行商品の販売を行っていて、旅行会社の営業所に普通あるカウンターがない。本書で取

図表30　2006年以降旅行業登録を行った観光協会等一覧（社団法人全国旅行業協会会員）[※4]

登録年	都道府県	名　　称
2006年	栃木県	NPO法人　鬼怒川・川治温泉観光協会
	高知県	㈶高知県観光コンベンション協会
2007年	群馬県	㈳群馬県観光国際協会
	新潟県	㈳佐渡観光協会
	茨城県	㈳茨城県観光物産協会　いばらきツアーオフィス
	福井県	㈳敦賀観光協会
	佐賀県	㈳唐津観光協会
	長崎県	㈳平戸観光協会　平戸観光交流センター
	長野県	（一般社団）千曲市観光協会
2008年	福島県	NPO法人　土湯温泉観光まちづくり協議会
	新潟県	㈶新潟観光コンベンション協会
	秋田県	㈳横手市観光協会
	大分県	㈳日田市観光協会
	沖縄県	㈳那覇市観光協会
	愛媛県	NPO法人　佐田岬ツーリズム協会
	岡山県	㈳おかやま観光コンベンション協会
	新潟県	NPO法人　六日町観光協会
	山形県	㈳山形県観光物産協会
	大分県	㈳ツーリズムおおいた
2009年	熊本県	㈳天草宝島観光協会
	大分県	NPO法人　竹田市観光ツーリズム協会
	神奈川県	㈶箱根町観光協会　箱根町観光交流センター
	山梨県	㈳やまなし観光推進機構
	東京都	（一般社団）東京諸島観光連盟
	福島県	（一般社団）福島市観光物産協会
	北海道	㈳旭川観光協会
	東京都	（一般社団）町田市観光コンベンション協会
	長野県	㈶ながの観光コンベンションビューロー
	福岡県	㈳福岡県観光連盟
	長崎県	NPO法人　西海市観光協会
	長崎県	㈶佐世保観光コンベンション協会
2010年	山口県	㈳山口県観光連盟
	宮崎県	（一般社団）高千穂町観光協会
	静岡県	（一社）三島市観光協会
	茨城県	㈳笠間観光協会
	北海道	㈳美瑛町観光協会
	福島県	（一社）只見町観光まちづくり協会
	福井県	㈳福井県観光連盟　ツアー291
	福島県	㈳猪苗代観光協会
	和歌山県	（一社）田辺市熊野ツーリズムビューロー
	青森県	㈳八戸観光コンベンション協会
	長野県	（一社）小谷村観光連盟

㈳全国旅行業協会（ANTA）HP（会員一覧）より作成

[※3]　旅行業者の登録要件である営業保証金の供託は、日本旅行業協会、全国旅行業協会のいずれかの会員となり、その額の5分の1の弁済業務保証金分担金の納付することでその要件を満たすことができる。新規第三種旅行業者は、2つの旅行業協会のうち会費設定が低い全国旅行業協会の会員と想定することができる。

り上げた工場景観クルーズは、工場萌えに着眼することで工場景観を観光資源としての評価を高めた。工場萌えとなるとテーマ性の強さゆえにターゲットは絞られるが購買欲は高く、大々的な広告を打たなくても、集客が可能となる。工場景観ツアーがウェブのみの販売で発売開始10日で定員に達し、追加分も即日完売という結果から分かるように、インターネットによる情報発信力を最大に発揮できた。冨澤さんの言葉を借りれば、「サブカルチャー的視点が地域主導の着型観光と高い親和性」となり、テーマ性の強さに比例する旺盛な参加欲、ここに着地型旅行商品の強みがある。地域の観光資源を多様なニーズに対応して一つひとつ掘り下げていくと、工場萌えに通ずる特別なテーマ性を見つけることができるのだ。

　また、着地型観光は観光ボランティアガイドの活動に新たな光を当てた。観光ボランティアガイドの養成に力が入れられ、数の拡大は進み、行政や観光協会もホームページ等を活用して観光ボランティアガイドの利用を呼びかける広報をし、活動の場を広げている。そして地元視点の案内はテーマ性を求める着地型観光に重なり、観光ボランティアガイドが旅行商品のキャッチコピーとなるようになって、ガイドのレベルアップが必要となる。山形の達人は、目の付けどころが先んじていたと言える。

2　若者を動かす！　旅行時期を考える

　若い層が旅行しなくなった。観光庁が若者旅行振興研究会を2010年7月に立ち上げた。この問題は、若者の海外旅行離れか

※4　2008年12月からの公益法人制度改革に伴い、主務官庁の許認可なしに、法の定める要件を満たせば一般社団法人を設立することができるようになった。（一般社団）と（一社）の表記は図表30のとおりとした。

図表31　年齢階層別出国率の推移

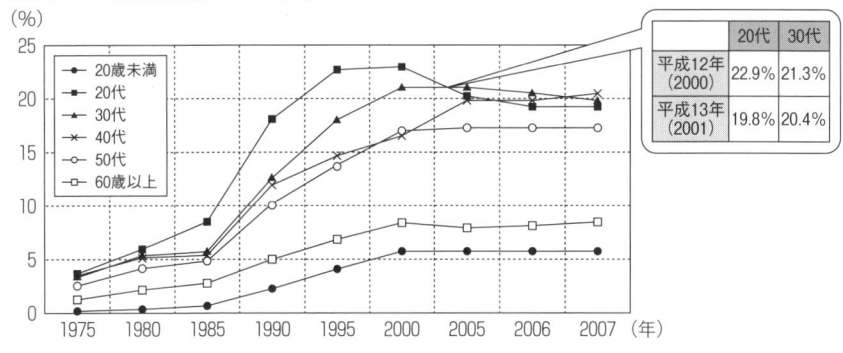

	20代	30代
平成12年(2000)	22.9%	21.3%
平成13年(2001)	19.8%	20.4%

観光庁第1回若者旅行振興研究会（2010年7月26日）資料を基に作成

ら始まったと記憶している。

「まあなんとかなるやろう」といかにも大阪人らしい言葉で始まる作家小田実のベストセラー「何でも見てやろう」は、かつては若者、特に大学生が海外旅行に出かけるきっかけとなった。長期間の海外旅行は、夏休み等の長い休みがある大学生ならではの特権だった。ところが、その様相が大きく変わってきている。前述研究会の第1回会合の資料によると、「年齢階層別に見ると、20代から30代前半の出国率に大きな落ち込みが見られる。20代について男女別に見ると、特に女性の落ち込みが顕著である」と、年齢階層別出国率（各年齢層人口に対する出国者の割合）※5を基にまとめられている。出入国管理統計と国勢調査で確認したところ、年齢階層別出国率でずっと1位だった20代を30代が追い抜いたのは、2001年で、若者の海外旅行離れが取り上げられた頃だ。国内宿泊旅行回数についても、年代を問わず逓減傾向にある中で、20代、30代の、2008年から2009年への落ち込みの大きさを取り上げ、海

■安心院グリーンツーリズム研究会のマイ米物語
農業・農村にあまり縁がない人でも気軽に参加できる。

※5　国土交通省が出入国管理統計、国勢調査（2000年）、人口推計（2007年）により作成

外旅行だけでなく、国内旅行にも、若者の旅行離れの傾向が出ているとしている。

そんな中、瀬戸内国際芸術祭で若者たちを引きつけるアートの力を見た。福島商工会議所の取組みでは歴女やゲームなど、若者に受け入れられそうな題材が中心となっている。また、安心院町グリーンツーリズム研究会では、農業・農村にあまり縁がない人でも気軽に参加できる体験イベントで、食に関心のある若い女性を取り込んでいる。

■瀬戸内国際芸術祭を楽しむ若者たち
近年の課題である「若者の観光離れ」を感じさせない場面であった。

若者の車離れ、お酒離れと、とにかくお金を使わない傾向にある若者層を、どのようにして旅行へと導くか、観光地が生き抜くために今一番必要なのかもしれない。読者の皆さんは、大学の夏休みが何月か御存じだろうか？　夏休みと聞くと7月・8月を思い起こすが、大学生の場合、幾つかの大学で調べてみると、7月末、あるいは8月初めから、9月半ばという学校が多い。ウィキペディア日本語版でも、「夏休み期間は大学ごとで異なるが、概ね7月下旬または8月上旬頃～10月上旬頃までであり、一般的に小学校・中学校・高等学校のそれよりも長めに設定されている」とある。ところが、例えば、夏休み向け旅行商品の実施期間は7月・8月のものがほどんどで、季候の良い9月に自由時間のある大学生を積極的に取り込もうとする動きが見えてこない。

就職に向けての活動が求められる3年生の9月までの2年半が、学生気分を謳歌できる期間。4年生になっても、なかなか就職が決まらない現状の中で、旅行を楽しみ、将来に向けて何かをつかんでもらいたいと願う。そのために、ぜひ、若者を動かす企画に地域は動き出してほしい。

3　フリー（無料）を見直す　にぎわいをつくる

　東京ディズニーランドと東京ディズニーシーを足した面積に匹敵する広大な敷地を前面にゆったりとした雰囲気を訴えてきたハウステンボス（開発総面積152ヘクタール）が、2010年のリニューアルで3分の1を入場料無しのフリーゾーンにした。2009年の話題となったクリス・アンダーソン[※6]の「フリー"〈無料〉からお金を生みだす新戦略"」のようだ。フリーゾーンを地元の身近な公園として親しんでもらい、他方でフリーゾーンで買い物や食事もしてもらうことを狙っている。にぎわい感のない観光地はどこか寂しく感じるもので、有料ゾーンに施設を集中させ、フリーゾーンに人を呼び込む、フリーからにぎわい感を作り出そうとしている。

　越後妻有アートトリエンナーレ、瀬戸内国際芸術祭の野外作品のうち、イベント終了後も残される常設作品も、黒川温泉の緑豊かな景観も、作り出すにはお金が掛かっているが、観光客にはフリーの楽しみとなる。直接お金のやりとりが生まれないところにお金を掛ける。その空間にいるだけ（つまりお金を直接払うわけではない）で楽しいと思わせることが、一定の場所で時間を過ごすことになり、結果何らかのお金を使い、お金では買えないにぎわい感を作り出す。

　三島市には、空き店舗を活用した「せせらぎ一服処」という無料案内所が2か所設けられている。ここでは、文字どおり湯茶で一服だけでなく、案内所のスタッフに旬の観光情報を尋ねることができる。夏には、川に入るビーチサンダルを貸し出しているという。また、先に紹介した三島市の「まちかど案内所」は違った意味でフリーである。既存の店舗の店先が観光案内所に活用されている、新たな施設整備の費用はかからない、つまりフリーである。店舗側も、観光客との会話を楽しみながら、売上げにつながることを期待している。

※6　アメリカのインターネット関連誌「ワイアード」編集長。「フリー〈無料〉からお金を生みだす新戦略」は、25か国で刊行。日本でもベストセラーとなった。

4 ボランティアとコミュニティビジネス やる気に応える

　ＮＰＯの活動が広がり、事業型ＮＰＯが増えてきている。安心院町グリーンツーリズム研究会や絵金蔵の取組みがその例である。地域の課題に対してサービスを提供し収入を得て活動を継続していくコミュニティビジネスの例でもある。コミュニティビジネスはＮＰＯだけでなく、様々な組織の下、各地で展開されている。

■瀬戸内国際芸術祭のボランティアこえび隊の活動予定ボード
高松港にある活動予定ボードで、自分の活動を確認して、各島等へ移動していく。

　しかし、瀬戸内国際芸術祭に参加したアーティスト眞壁さんが、無償ボランティア頼りのイベントについて、「有償ボランティアというスタイルを取れないか。運営補助スタッフという役割にできないか」、そして「雇用の少ない地域での事業だからこそ、地元に還元する方法を考えるべきではないか」との疑問を投げかけた。こえび隊（ボランティア）の１人、作品の説明スタッフによると、東京の大学生の彼女は１週間の参加で、高松市内の無料の宿泊施設（リネン代は必要）を利用している。島への移動費は出るが、食事代は自己負担、お金は掛かるのに「楽しくて仕方ない！」とにこにこしていた。若者に「楽しさ」や「経験」というお金で計れないものだけでなく、活動の成果への対価を支払うことでビジネスを学ぶ「機会」となる。お金がないと回らないことを知るだろう。絵金蔵では、有償のボランティアと無償ボランティアを組み合わせて、絵金蔵の組織をメンバーとして支えてもらっているとのこと。いろいろな方法が考えられるが、ボランティアの作業内容を整理して、事業化できるものから事業化し、コミュニティビジネスとして成立させることを期待したい。地域の雇用にも結び付き、地域を支える人材、とりわけ若者の人材育成にもつながる。

第Ⅱ部

わがまちの観光プランをつくろう！

　第Ⅰ部で、全国各地で人々がチエと工夫（カネでなく！）でもって観光まちづくりに挑戦しようとする姿を見てきた。こうした動きを踏まえ行政はいかに地域を活性化するのか。第Ⅱ部では、各自治体の観光プランの先例を検証しながら、今後の地域の観光プラン策定の意義と観光施策の方向性を示したい。

第3章 全国各地の観光プランを知る

　まず全国各地の観光プラン（観光振興計画、観光基本計画など）の実態を知るべく、その先例を幅広く取り上げてみる。情報は生（なま）がいいとの判断である。生の取組例を知り、学ぶことが今後の自治体での新しい観光振興策と、そのための計画づくりに間違いなく寄与すると考えるのである。

　ところで、これまで見てきた全国の観光まちづくりの事例から、私たちは今日の観光振興には幾つかのキーワードがあることに気付かされた。大くくりすれば、ブランド（地域ブランド）、イベント、地域ぐるみ、シティセールスの4つである。これらは各自治体の計画の中で、頻繁に使われているコンセプトでもある。そこで本章では、各観光プランをブランド型、イベント型、地域ぐるみ型、シティセールス型の4つに分類してアプローチすることにした。もちろんこれは相対的な評価での分類であって、いずれの自治体の観光プランも、一つの概念に集約されるものではなく、これら4つの概念をはじめ多くの指標を含んでいることは当然である。

　特にブランドとシティセールスとは、多くの自治体の場合、厳密に峻別（しゅんべつ）されていない。両者は一つの地域の中の、いわば「産品」と「販売」という関係にあり、表裏一体のものとして扱われる。だが本書では、各プランをその照射の度合いから、あえて「ブランド型」と「シティセールス型」に区別してみた。「都市ブランドとは良好な都市イメージのこと」とし、ブランドを「その地域の良好なイメージを表象する有形、無形のイメージ」（宇都宮市「都市ブランドとシティセールスに関する研究」2009年）と捉え、他方でシティセールスを「その市の魅力や特性を市の内外に積極的に発信していく行動」（厚木市「シティセールス推進指針」2010年）としたからである。あらかじめお断りしておく。

3-1 ブランドで勝負！

　さて、ここではブランド（地域ブランド）を軸にした観光振興の挑戦、すなわちブランド型と称することのできる観光プランの先例を紹介する。「餃子」の宇都宮市、北の大地とテレビドラマの富良野市、そして「海響」の今治市等である。

事例1 宇都宮市　「餃子」からさらなる飛翔を目指す

1　「餃子によるまちおこし」の展開

　さてまず、ブランド型の観光プランというべき例を見てみよう。最初に掲げるのは栃木県の宇都宮市である。人口約50万人の北関東最大の中核都市だ。鬼怒川、日光、あるいは那須塩原などの観光地に囲まれ、自然環境にも恵まれる。その一方で今一つ活気がなく、まちとしての個性が弱いとも言われる。しかし、宇都宮と言えば餃子、餃子と言えば宇都宮とのイメージが定着しているのは間違いない。既に2005（平成17）年に、餃子を目的とする入込客数が675万人、観光消費額が74億円となった（宇都宮市・同年推計）。大きな発信効果を持つ宇都宮餃子は、今や全国的なビッグネームと言ってよい。かつては「インパクトを与えるものが何もない」と嘆いていた宇都宮で、いかなる経緯でこのブランドに発展していったかを紹介しよう。

■餃子像　　　　　（宇都宮市提供）
ＪＲ宇都宮駅前に1994年に設置された。宇都宮名産の大谷石製である。

（1）　きっかけは「職員研修報告書」

　そもそもは1990年の、宇都宮市役所での中級職員研修での報告書がきっかけである。わずか12ページの簡単な報告書である。20年前の報告書であるが、役所のレポートとしては異色にも、自信を持ってこう記していた。
　「宇都宮の『餃子の１世帯当たりの支出金額が日本一』というデータから『宇都宮』という名前を全国に売り出す方法

を模索してきました。私たちが提言したこの手法を使えば、県内はもちろん、国内のたくさんの人が宇都宮に関心を持ち、中には実際に訪れるようになり、それが宇都宮の活性化につながることになると思います。」

　この報告書を受け、市は積極的に「餃子のまち」作りに動き出したのだ。その趣旨を関係各店に説明し、翌年には市内23店舗を載せた「餃子マップ」1万部を作成、配布した。もっとも、これで火がつくほど物語は単純ではない。実質的にこの餃子のまちおこしを市から受け継ぎ推進したのは、当の餃子店経営者の力であった。

(2)　実質的に推進した「宇都宮餃子会」

　1993年、38店舗が結集して「宇都宮餃子会」が発足する。しかもラッキーな展開が起きる。すなわち、テレビ東京がこのまちおこしの動きに着眼し、宇都宮餃子のPR番組が組まれたのである。次いで「餃子弁当」や「餃子の像」、あるいは「餃子マスコット」などのアイディアが出され、一気に全国ベースに乗っていった。

　そしてこの動きを一挙に経営的に定着させたのは業者のチエであった。宇都宮商工会議所がその実験事業としてアンテナショップ的な「来らっせ」をオープンする。1998年に中心市街地の空き店舗を利用し、観光コーナーと著名餃子店の味を1か所で楽しめる場を開いたのだ。これが成功した。その翌年には宇都宮餃子祭りも開催されるようになった。しかも2002年には池袋の東武デパート進出まで果たしている。そして今や、「宇都宮餃子会」の加盟店舗数は79（2011年現在）にまで拡大し、来訪者は、まずこの「来らっせ」で自分好みの餃子を見つけ、市内の本店巡りに行くというスタイルが出てきている。餃子祭りも最近ではMIYAJAZZ（ジャズ祭）と「宮の市」（商店街祭）と合同で開催されるようになり、2010年には12万5000人もの参加者を集めるほどとなった（「宇都宮餃子会」調べ）。

問合せ先　宇都宮餃子会
☎028-633-0634

2 「都市観光振興プラン」と「宇都宮ブランド戦略指針」

　しかし宇都宮市としては、当然ながら観光全体を全て餃子に委ねるわけにはいかない。そこで2004年、宇都宮市は観光の総合的な戦略としての「都市観光振興プラン」を策定することになる。

　まず市が重視したのは、情報発信力の強化である。餃子だけでなく幅広く消費者の志向や行動を把握し、効果的な観光施策を企画しなくてはならない。後手に回っていた観光振興のため、観光動態調査に着手する。次いで「まちなか観光」の創出をうたった。餃子店や屋台などのある中心市街地への集積化を進め、餃子横丁等の誘導支援を行うとし、市の観光の活性化の拠点を設けようとしたのだ。その上でさらに、「まちなか周辺」及び「広域観光」の推進へと広がりを持たせていったのである。

　しかし、こうした事業を進めるものの、宇都宮全体としての誘客は必ずしも十分とはならなかった。そこで宇都宮市は、2005～2006年度に「都市ブランドとシティセールスに関する調査研究」作業に取り組むのだ。そして2008年に「宇都宮市総合計画」も策定し、観光振興を含む広範囲の"ブランド力"のアップを市の重要な戦略として位置付けることとしたのである。この「ブランド」戦略（ブランディングとも称する）は宇都宮ブランドを作り、市のＰＲのためにそれを内外へ発信しようとするものだ。市役所の中に、「都市ブランド戦略室」も発足させた。宇都宮市長は2009年に出した「宇都宮ブランド戦略指針」の中でこう言っている。

■宇都宮市庁舎　　　　　（宇都宮市提供）
市の職員数は約3800人（2009年）である。宇都宮城址公園に隣接する。

　「宇都宮にあるよいところ、よいものをたくさん探し出し、住む人々が実感できる『理想のまち・故郷』として必要な事実をひとつひとつ形にしていきたい。餃子、大谷石、カクテル、ＪＡＺＺ[※1]に加えて、宇都宮と聞い

※1　ＪＡＺＺプレーヤーの渡辺貞夫氏が宇都宮出身

164　第Ⅱ部　わがまちの観光プランをつくろう！

て憧れをもって思い描いてもらえる『宇都宮らしさ』をしっかりつくっていくと同時に、全国の人々にしっかり伝えていきたいと考えています」。

　このブランド戦略の推進は、目標年次を2012年度として設定し、そしてその集中的な推進期間をそれまでの5年間とした。ブランディングの取組み軸を、宇都宮市は「宇都宮プライド」と名付け、そしてキャッチフレーズを「100年先も誇れるまちを、みんなで」としたのである。

　市役所の職員の発想から始まった伝説的な「餃子によるまちおこし」。その実績が、都市ブランド戦略による、市全体での新たな観光振興によるまちおこしにつなげられた例と言ってよい。

問合せ先　宇都宮市都市ブランド戦略室
☎028-632-2129

「餃子をめぐる宇都宮 vs 浜松バトル」

　宇都宮市は総務省の家計調査から餃子消費量日本一とされてきている。しかし、浜松餃子学会は2007年に浜松市の「餃子消費量日本一宣言」を行った。この餃子学会とは、2005年の新浜松市誕生記念イベント「浜松餃子 vs 宇都宮餃子」の盛り上がりを受け、有志で発足させた餃子によるまちおこし団体である。以来この2つの市のバトルは人気を呼び、現在では全国各地の餃子を集めた「Ｇ１餃王座決定戦」などのイベントとなって地域振興に寄与している。

事例2　富良野市（北海道）
「環境・感動・癒しの大地ふらの」を標榜

　ブランド型の観光プランで2つ目に挙げるべきは、富良野市である。この北海道の「へその町」は人口2万4000人で、その7割を山林が占める。「スケールの大きな自然が織りなす風景、咲き乱れる花々、パッチワークのように続く丘。北の国のやさしい原風景として、ありのままの自然が癒しの時間を与え、四季それぞれに大自然を満喫できる」と市の観光振興計画はうたう。しかし、その知名度を圧倒的なものとしたのは、まぎれもなくテレビドラマ「北の国から」（脚本倉本聰）だろう。観光入込数は年間200万人前後である。富良野のブランドは「北の国から」に演出

された広大な風景とそのストーリーに凝縮される。

しかし、富良野市としては、観光振興計画の策定に当たり「ふらのらしい農村観光都市の形成を目指して」という立場を取る。テレビドラマだけに依拠することを潔しとしないのだ。明治の開拓以来、農業こそ基幹産業であるとし、農業と観光との連携を、地産地消や食育の推進、農業体験等による都市との交流などに力点を置こうとする。まずはこの地に住む人々の、生活そのものを全ての基礎としようとの、行政としての基本的な気構えが示されるというものだ。もっと言えば、常に一過性となるテレビあるいは映画の持つ怖さを知っての戦略と言えるかもしれない。

■富良野の雪景色　　　　　　　　（富良野市提供）
テレビドラマ「北の国から」の舞台となった富良野は、雄大で厳しい大地である。

1　観光振興基本計画の特徴

そんな富良野市の観光振興計画は2008（平成20）年に策定された。2017年度までの10か年の計画である。目標として「環境・感動・癒しの大地ふらの」を標榜した。サブタイトルはこうだ。「—『過ごしたかった日常』がここにある—」と。そして10年後を見越して次の数値目標が設けられた（図表32）。例えば、「もう一度行きたい道内旅行先」としての1位を目指すとするなど、その堂々とした目標ぶりには全国でトップクラスの知名度を持つ市の気概がにじむと言える。

図表32

	2006年度	2017年度（目標）
①観光客の延べ宿泊数	583,000泊	700,000泊
②外国人観光客の延べ宿泊数	26,000泊	70,000泊
③宿泊客の消費単価	29,897円	40,000円
④もう一度行きたい道内旅行先	6位	1位

2　富良野の計画の具体的戦略

この観光振興計画は4本の柱で構成されている。「滞在型・通

年型観光の推進に向けて」「受入環境整備に向けて」「観光客の誘客に向けて」「持続可能な観光振興に向けて」の4つである。その中から印象的な幾つかの戦略を紹介する。

　1つ目の戦略は、季節偏差のない通年型の観光地づくりを進めるというものだ。富良野の自然やラベンダーを中心とした花の観光、農業体験や自然体験、演劇等の芸術文化、スキー等の冬季観光等をつなぎ合わせることで通年性を持たせようとする。

　2つ目はこの滞在型・通年型に関連し、「富良野グリーンライフ戦略」なる戦略を掲げ、グリーンツーリズム（農村体験）やエコツーリズム（自然環境体験）の推進を図るものだ。

　3つ目は北海道を代表するユニークな夏祭り「北海へそ祭り」や特産のワイン・ぶどうを生かしたイベントなどで魅力を発信しようという戦略である。北海道の真ん中にある利点をしたたかに生かそうとしていて親しみがわく。

　4つ目はドラマや演劇を中心とした文化観光を振興するとともに、森林を活用した学術、健康、癒しの観光をウリにしようとする。大自然を活用したスキー等のスポーツ観光、さらには合宿誘致や教育旅行の拡大も図るという戦略でもある。

　併せて「観光客への情報発信戦略」という呼込み戦略も採る。ポスター、パンフレットの充実も図られ、現に富良野の「ちょっくら旅」や「ガーデン街道」などの印刷物は、ドラマの映像さながらに美しく人気が高い。

　そして、何よりも特に指摘すべきは「富良野ブランドブラッシュアップ戦略」である。この戦略は遠大な山岳やラベンダーなどの花、「北の国から」のテレビドラマなどで作り上げられたブランドにストレートに着眼し、その磨き上げを図るものだ。言い換えれば、「北の国から」でのイメージ財産を引き続き守るとともに、その財産を活用した観光振興を行おうとするものである。

3　富良野のブランドを今後も発信

　富良野市の観光振興計画が策定されて2年以上経つ。しかし経済不況の影響もあり、必ずしも計画どおりにコトは運んでいない。だが、市は一貫して観光振興への力を緩めない。2010年には市で一番若い課長を商工観光課の責任者に就かせた。その川上勝

義課長はこう話す。

「平成20年度は観光客が188万人まで減少しました。世界的な景気後退による旅行の手控えなどが原因と思われます。しかし、宿泊延数は65万3000泊と過去最高の記録です。これはお客様の滞在が延びたということです。平成21年度はテレビドラマ『風のガーデン』の放映の効果により、上半期の観光入込は前年度対比で＋18.9パーセントという結果となりました。が、冬の富良野観光の要であるスキー旅行客の減少で冬季の入込みは減少となりました。今年（2010年）の冬からアジア人観光客が戻り始めているため戦略を立てて、引き続き富良野の魅力をきめ細かく発信していきます。」

観光振興計画と同様に、ブランドとしての「北の国から」等を大事にしつつ、幅広い目線での、行政としての配慮が垣間見えるというものである。

問合せ先　富良野市商工観光課
☎0167-39-2312

テレビドラマ「北の国から」

1981（昭和56）年から20年以上もの歳月をかけて製作され、放映されたフジテレビのドラマ。東京を離れ富良野に帰郷してきた一家の、厳しくも美しい大自然の中で暮らす姿を描く。田中邦衛の演じる黒板五郎と二人の兄妹の純（吉岡秀隆）、蛍（中嶋朋子）が主人公。脚本倉本聰。連続ドラマ終了後、8編がスペシャルドラマとして放映され、いずれも高い視聴率を得た。最終作「2002遺言」が放映された際の観光客は250万人に上ったと言われる。ロケに使われた丸太小屋や石の家などは現在保存され、訪れる観光客に喜ばれている。倉本聰はこの地に脚本家や俳優の養成私塾「富良野塾」を開設し、四半世紀にわたって活動していたが、2010年4月に閉塾となった。

事例3　今治市（愛媛県）
「海響都市のブランドを創る」が目標

1　観光計画づくりの背景

ブランド型の観光プランとして3つ目に紹介するのは、愛媛県の今治市である。瀬戸内海に面し、風光明媚、気候温暖のこの地

は、古くは村上水軍などの活躍の舞台となり、海を利用した経済産業の発展の歴史を持つ。人口約18万人。特に1999（平成11）年に尾道からの瀬戸内しまなみ海道が開通してからは、中国・四国の交流の拠点となった。

しかし近年、しまなみ海道の年間総交通量は約800～900万台であるにもかかわらず、今治市の観光スポットの入込客数は減少した。今治市は道後温泉（松山市）という全国的な観光地域に隣接する。それだけに四国の玄関口になっていながらも、通過点になってしまったのである。そんな中で今治市は観光振興計画を2009年に策定した。掲げた観光像は「海響都市観光のブランド＝いまばり」だ。通過観光から目的地としての観光のまちへ、近隣観光地と共存し独自の魅力を持つ観光のまちへといった視点を持って策定したのである。が、市の観光プラン策定委員会は、「まち中、山里、島しょの3つのエリアをどう連携させていくかを考えました。」とその調整の意図を語っている。これには2つの意味がある。一つは今治市の北には大三島など多くの島が配され、南には鈍川温泉などの山里が控え、中央には今治の市街地を抱え持つ。これら3地域をどう補完し合いながら生かすか腐心したというものだ。もう一つは今治市が、2005年に何と12もの市町村が合併したことに由来する。一挙に人口約18万人になった新しい今治市をいかに一体的に、総合的に活性化していくか。それを考えたというのである。

ともすればバラバラになりかねない広範な地域を何とか包摂し、全体的に底上げしようとする観光計画作りだったと言える。それだけに今治市が、この観光振興計画を策定するに当たって力を入れたのは、結集軸となる総合的なブランド作りであった。それが前記の「海響都市観光のブランド＝いまばり」という観光像なのである。もっとも、この「海響都市」というフレーズは、12

■瀬戸内しまなみ海道　　　　　　　（今治市提供）
1999年に全線開通。近年は年間800～900万台の車が通過する。

市町村合併後の2007年に策定された今治市総合計画の都市像として採用されたものである。来島海峡（くるしま）がまちの真ん中にあるとの意味合いと、この「海のまち」の産業・観光・生活を交流させ、活力を響き合わせて未来を拓（ひら）こうとの決意が込められているのだ。これを観光振興計画は、プランを貫く統一イメージとして踏襲した。

2　観光計画の5つの方向性

　今治市観光振興計画は、こうした背景を持つだけに、その目指す方向性とされた5つの柱は、いずれも「海響都市観光のブランド」を彷彿（ほうふつ）とさせる内容となっている。

　柱の1つ目は「いまばりの魅力」作りと称して、「いまばりから中四国」へ、「中四国からいまばり」への流れを創出するものだ。すなわち、まず「いまばりから中四国」への流れを創る。今治への観光客が中四国全体の観光地にも立ち寄るよう整備を進める一方、観光振興を通して中四国地域が相互に補完し合えるまちづくりを牽引しようとするのである。他方で「中四国からいまばりへ」の流れ作りにも努め、中四国の観光客が今治を通過観光地とせず、確実に立ち寄れるような整備を進めるのである。

　柱の2つ目は、「海の幸・山の幸の魅力」作りである。旅する人の楽しみは"食"であるとの視点に立つ。すなわち、市内あちこちで食を楽しめる店作りやまちづくりを進める。一方で加工・特産品の充実を目指し、新しい特産品を作り特色あるサービス作りに取り組む。さらに郷土料理を大切にしたり、食のコンテストや歴史文化と食の観光コース作り、食のコンベンションの誘致を進めるとするものだ。

　柱の3つ目は「交流と体験の魅力」作りであり、松山や中四国の広いつながりの中で魅力ある広域観光圏を作ろうとするものだ。近隣観光地との共存を図るものと言えようか。また、グリーンツーリズムやブルーツーリズム（漁村体験）を通じて、海や山の体験型観光の楽しみを味わえるようにする。造船や当地名産のタオルや瓦などの産業観光や島々の景観を生かしたイベントやコンベンションなども誘致しようとする。いずれも、海響都市としての多様性を生かそうとする工夫だ。

柱の4つ目は「海遊空間の魅力」作りである。海岸線が長く伸びる空間での磯遊び、スポーツ・レジャーなどの体験を重視する。そして、これらの観光スポットを活用し、「海響」のイメージを浸透させようとするものだ。

　ちなみに、最近ではNHKドラマ「坂の上の雲」の放映（2009〜2011年）もあり、芸予要塞などの戦跡ツアーも話題を呼んでいる。海戦史の舞台である今治ならではのことである。また、今治市は世界的建築家である丹下健三が瀬戸内の海を見ながら育った地である。今治市庁舎、今治市公会堂、市民会館など、丹下の手掛けた建築物が7つも存在している。これらは海遊空間としての今治の、格好の観光施設であり、市が最近大いに活用しようとしていることは興味を引く。

　5つ目の柱として、「おもてなしの魅力」作りが重視される。手厚いおもてなしこそがブランドを支えることになるとの方向性も、観光計画の施策の一つとされているのである。

問合せ先　今治市観光課　☎0898-36-1541

芸予要塞（戦跡ツアー）

　最近にわかに人気スポットとなった今治市小島の戦跡である。大島の下田水港から3.5キロメートルの沖合に浮かぶこの島は、人口わずか25人。しかし、ここには日露戦争の際にバルチック艦隊を迎え撃つために建造された日本軍の要塞跡が残されている。

　保存状態も良く、砲台や赤レンガ造りの発電所、兵舎がほとんど当時のままなのだ。ロシア艦隊の関門海峡突破に備えて、広島県の竹原市の大久野島と並んで建設された芸予要塞の一部である。バルチック艦隊は、結果的に対馬海峡に向かうが、明治の日本人の姿を知る上で多くの人の関心を呼んでいる。

■芸予要塞跡　（今治市提供）
周囲の散歩道には2500本のヤブツバキや1000本の桜が植えられ人気を呼ぶ。

事例4　熊本市・浜松市・柳川市（福岡県）

　「ブランドで勝負！」というテーマで3つの自治体の観光プランを見てみた。もちろんブランドで挑戦しようとする自治体はこれらにとどまらない。もう少し、ブランドを前面に出しているほかの観光プランを紹介しておきたい。

　その一つは、熊本市の2010（平成22）年策定の「観光振興計画」（湧々観光アクションプラン）だ。熊本市は言うまでもなく加藤清正が築いた名城「熊本城」を持つ。市のランドマークであり、「城の文化都市くまもと」は古くからこのまちのウリとなってきた。しかし、熊本市はもう一つのブランドを強調する。「熊本の水」である。阿蘇の山々を水源とする、日本最大の地下水都市であるこの地の構造を、市民たちは大いに誇りにしているのである。市民アンケートでも、熊本市民がＰＲしたい観光施設のトップが「熊本城」であり、ＰＲしたい観光資源のトップが「熊本の水」なのだ。ちなみに、熊本市は2006年に「くまもと水ブランド創造プラン」を、2008年に「熊本シティブランド戦略プラン」を策定している。

■熊本城
復元募金に寄附すると「一口城主」となり天守閣に名前が残る。既に16億円の寄附があったとされる（2010年）。

　次いで、静岡県浜松市である。人口約82万人。2007年度に政令指定都市となった。平成の大合併で高山市（岐阜県）に次ぐ全国で2番目に広い自治体となった市だ。その年に「浜松市観光ビジョン」を策定している。この浜松市にとって市のブランドは何か。それは2004年の「浜名

■浜松の凧揚げ祭　　　　　（浜松市提供）
遠州のからっ風に上がる凧。毎年5月3〜5日の連休に開催される。

湖花博」（正式には「しずおか国際園芸博覧会『パシフィックフローラ2004』」などの愛称）に象徴される「花」のイメージだ。現にそのイメージを継承して2009年には「浜名湖立体花博」（正式には「浜松モザイカルチャー世界博2009」）を開催しているのだ。そしてもう一つが「音楽」である。ヤマハ、カワイなどといった世界の楽器の生産地となっている。そこからポーランドのワルシャワと音楽文化友好都市となり、また、2009年には札幌市と音楽文化交流都市宣言を行っている。「花」と「音楽」。ぜいたくなブランドをこのまちは持っていると言うべきである。ただ、市の観光計画の中で、これらを明確にブランドとしての位置付けをしていないのは惜しまれる。

　その点、地域ブランドをはっきり観光計画で位置付けているのが九州は福岡県の柳川市である。2009年に策定された「柳川市観光振興計画」では、「水郷といやしのたたずまい」を基本コンセプトとしている。北原白秋の名声とともに、ゆったりとドンコ舟が往来する水郷の風景は、紛れもなく観光振興の顕著な資源となる柳川ブランドとなっているのである。

　このように全国各地のブランドを取り込んだ観光プランを見ていると、こうしたブランドの活用が、計画作りには大いに有効であることが分かるというものである。

3-2 イベントを軸に！

さて、次はイベント型プランの先例だ。ここではイベントを軸に観光プランを立てている、3つの自治体を追ってみる。式年遷宮を控える三重県伊勢市と新名所の東京スカイツリーを持つ東京都墨田区、それに平城遷都1300年祭を成功させた奈良県である。

事例5 伊勢市（三重県）
「日本人の心のふるさと伊勢」を基本理念に

1 2013（平成25）年の神宮式年遷宮が主軸

伊勢は我が国を代表する観光地である。古来から多くの日本人がこの地を訪れ、様々な人々の交流の中で「お伊勢参り」の独特の文化と風習を生んできている。特に江戸時代に幕府は庶民の自由な往来を禁止したが、伊勢参りだけはこれを許した。このことが伊勢人気を全国に高め、一生に一度はお伊勢参りをするものという意識を

■伊勢神宮（内宮）　　　（伊勢市提供）
式年遷宮では、正殿をはじめ、御垣内（みかきうち）の建物は全て建て替えられる。

生み、伊勢は往時から我が国の観光交流の壮大な回転軸となったと言われる。果たして、近年も毎年750万人前後の客が神宮（外宮、内宮）に参拝している。伊勢市の人口が13万人余りであるから、伊勢神宮は極めて特異な観光資源と言える。

その伊勢神宮では、20年ごとの大イベントとして式年遷宮行事があり、2013年に第62回目が予定されている。前回の1993年の遷宮には、840万人近い参拝者が訪れ、その余波は翌年にも及んだ。それだけに今、伊勢市は式年遷宮を格好の誘客チャンスとして、地元を挙げて観光振興の取組みを進めようとしているのだ。2008年策定の「伊勢市観光振興基本計画」は、まさにこうした視点に立ってまとめられたものである。したがって、計画の目標年次は2013年度、また目標観光客数も1000万人とされた。

2　伊勢市観光振興基本計画の概要

　では、その式年遷宮なるイベントを軸とした伊勢市の観光振興基本計画の内容を見ていこう。

　まず基本理念が掲げられる。それが、「日本人の心のふるさと伊勢」である。伊勢神宮とともに、自然を畏敬(いけい)し農作物の実りを喜ぶ日本人の一番の原初の心と形が、この地に受け継がれているとの誇りがある。そして、この基本理念の下で掲げられたのが次の7つの基本方針である。いずれもその根底には、一大行事である式年遷宮の存在が垣間(かいま)見える。

(1)　「伊勢の特性を生かした観光振興」

　　第1の基本方針は、神宮を核としたにぎわいの創出や、自然環境及び歴史文化資源の活用などを試みるとするものだ。式年遷宮を契機に、伊勢らしい「まちづくり」を進めるとともに、神宮や皇學館大学と連携して神宮関連施設の有効活用などを図る。あるいは二見(ふたみ)の夫婦岩の間や宇治橋の鳥居の真ん中から昇る日の出、参宮街道の町並みや古市の歌舞伎などの活用を図ろうとする。

(2)　「観光基盤の整備」

　　第2は、旅行動向・滞在時間などのニーズ把握を行い、ソフト・ハード面から伊勢志摩地域の観光拠点としての機能を強化しようとするものだ。例えば、伊勢市駅前（外宮参道）の観光案内機能を充実する一方、神宮林や伊勢独特の切妻(きりづま)・妻入(つまいり)の町並みを生かした景観形成を図る。中部国際空港や三遠南信からの旅客の受入口となる宇治山田港周辺の整備を進めるといったものである。

(3)　「効果的な情報発信と誘客戦略」

　　第3の基本方針は、観光資源やコンベンション情報の国内外への発信の取組みである。式年遷宮の戦略的な宣伝活動を図るもので、伊勢市観光協会ホームページの充実や観光パンフレットの作成、あるいは伊勢市ゆかりの人々のネットワークを生かしての観光大使・観光御師の制度がこれである。㈳伊勢志摩観光コンベンション機構と協働しての広域観光戦略の推進も重視する。

(4) 「国際観光の推進」

　第4は、外国人観光客など観光の国際化に向けた取組みである。ビジットジャパンキャンペーン（VJC）への参画で"OISE‒MAIRI"を積極的に世界に発信する。あるいは三重県外国人誘致促進協議会などと連携して、外国人観光客誘致キャンペーンに力を入れるとする。

(5) 「地域産業との連携」

　第5は、観光振興と地域産業との連携を強化し、来訪者の視点による伊勢ブランドの充実や多様なニーズに対応しようというものだ。地産地消の食事メニュー等での宿泊施設の充実や、地域ブランドの創出を目指す。伊勢の地域ブランドとして有名な「赤福餅」や「伊勢うどん」へのファンは多い。今後も地域ブランドとして人気を高めることが期待されるものである。

■伊勢の赤福本店
赤福餅は創業300年の歴史を持つ。本店建物も築130年余りである。

(6) 「広域連携の推進」

　第6は、広域圏域や国、県（三重県）と連携した積極的な誘致活動である。基本計画では県や隣接自治体だけでなく、歴史的つながりの強い京都、奈良、和歌山との連携にも着眼しようとしている。

(7) 「市民力を活用した観光戦略の推進」

　最後に第7で掲げる基本方針は、伊勢を愛する人々の心を大切にした市民力による観光戦略を展開しようとするものだ。具体的には市民と観光関係者、行政との連携による観光地作りの取組みである。その一つとして「伊勢観光活性化プロジェクト会議」なるものがある。後の第4章（◉P.211）で紹介するが、新しい観光まちづくりの仕組みとして注目されてよい。また「もてなしの心」を醸成する事業として、伊

勢の知識を習得する市民講座を開講し、小中学校での出前講座を開催するという提案も行っている。さらに「お伊勢さん観光ガイド」や「検定お伊勢さん」「お伊勢さん観光案内人」などを活用し、全国に情報発信するとしているのだ。

　それもこれも2013年の式年遷宮という大イベントを目標において、伊勢市の観光振興計画は、市民力の総出を呼び掛けていると言ってよいのである。

問合せ先　伊勢市観光企画課　☎0596-21-5565

事例6　墨田区（東京都）
スカイツリーを生かした国際観光都市づくり

　イベント型の第2は墨田区のプランである。東京の東部に位置し、隅田川と荒川に挟まれた人口約25万人のまち墨田区。隅田川の花火や両国国技館での大相撲あるいは葛飾北斎など、江戸以来の伝統文化が残されており、魅力的な観光資源に恵まれたまちでもある。菊竹清訓（きくたけきよのり）が設計した江戸東京博物館もある。

　しかし、その墨田区は、最新の技術とできごとによって熱気に包まれてきた。「東京スカイツリー」である。2011（平成23）年7月から地上デジタル放送に完全移行するが、そのための電波塔である。新タワーは634メートルという電波塔としては世界一の高さをもち、東京タワーの333メートルを大きくしのぐ。天に伸びる巨大樹の色は日本の伝統色の、わずかに青みがかった白（藍白（あいじろ）という）。この新タワーが誕生し、東京の新観光名所となったのだ。墨田区は、このタワー効果で来街者が年間2000万人を超えると予測し、また、経済効果は年間889億円になると見込んだ。まさに千載一遇のビッグイベントであり、建設過程そのものを観光資源とみなし、これを好機に観光振興の展開を

■東京スカイツリー
高さ634メートルはムサシ（武蔵）の国にちなんだとされる。建設中も多くの人が訪れている。

第3章　全国各地の観光プランを知る　177

図ろうとしたのだろう。当然である。

1 すぐに着手された観光振興プラン

新タワーの建設が墨田区内に決定されたのが2006年。墨田区はすぐさま観光振興プランの改訂に着手し、2008年に公表した。「墨田区観光振興プラン」であり、そこでは「新タワーを活かし、住んでよく、訪れてよい『国際観光都市すみだ』をつくる」と目標を掲げたのである。このプランのタイムスケジュールでは、新タワーの完成の2011年を軸にタワー完成までの4年間を前期計画期間とし、タワー完成後の4年間を後期計画期間とする8か年計画とする。これほどまでに計画の軸を一つに集中した観光プランは、全国的にも珍しい。

この「墨田区観光振興プラン」が掲げた基本理念は次の3つである。

(1) ビジターズ・インダストリーの創出
(2) 愛着と誇りの持てる、わが街すみだづくり
(3) 総力を挙げて取り組む観光まちづくり

特に注目したいのは「ビジターズ・インダストリーの創出」である。観光の経済波及効果に着眼するもので、飲食・宿泊・買い物といった観光関連産業だけでなく、移動に伴う運輸関連業、土産物などの製造業、イベント開催等といった事業分野まで、産業の活性化が期待されると掲げられたものだ。そもそも墨田区は「ものづくりの街すみだ」と言われてきた。そうしたこれまでの蓄積を生かしながら、新タワーを起爆剤として、来街者を幅広く地域経済の活性化に結びつける。観光の総合政策性に着眼した点でこのコンセプトは触発性あるものと言ってよい。

2 観光振興プランの5つのシンボル事業

「墨田区観光振興プラン」では、この基本理念に立った上で、先導的なプロジェクト展開を掲げた。前期計画（新タワー完成までの4年間）として「すぐにでもやれるものはすぐに着手する」という姿勢である。そのためにプランでは5つのシンボル事業を提唱している。

第1は、「すみだ観光プロモーション」という取組みだ。観光推進のために広報・伝達活動を重視するのである。映像ツールや

観光マップ、グッズなどの開発を進め、あるいはシティセールスを含めて国内外への観光キャンペーンを行うなど、新タワーのオープンに向けた観光プロモーションを様々に工夫する。例えば「世界一の高さを誇る新タワー・東京スカイツリー建設予定地見学と舟でめぐる、江戸なごりの本所深川モニターツアー」などとうたい上げて、ツアー企画を呼びかける等というものである。

　第2は「Hokusai Dori」（北斎通り）事業である。天才浮世絵師と言われる葛飾北斎の生まれた界隈は、北斎通りと名付けられている。この通りに、「すみだ北斎美術館」がタワー完成に合わせて建設される。「地域へ、世界へと発信する北斎の情報拠点となる美術館」として構想されているが、まちの新しいランドマークとなることは間違いない。しかも、北斎美術館を単独の施設とするのではなく、北斎通りそのものを江戸文化を楽しむシンボルストリートとしていこうとの含みもある。ちなみに、葛飾北斎を媒介にして、墨田区は長野県の小布施町と友好都市である。知っておいてよいだろう。

■すみだ北斎美術館シンボルロゴマーク
（墨田区提供）
美術館は地上4階、地下1階建てで2013年に完成する。北斎の富士をモチーフとした"山下白雨"の一部である稲妻をそのままロゴマークに使用している。

　第3は「タワービュー通り」と称する事業である。観光プランとしては「昼夜を問わず街歩きをしながらタワービューを楽しむことができる」ことを売込みに、新タワーエリアから放射状に延びる主要道路を「タワービュー通り」として歩行空間の整備等を進めるものだ。「全ての道はローマに通ず」ということわざもあるが、さしずめこのアイディアは「全ての道はスカイツリーに通ず」というべき演出を工夫する。

　第4の事業は「水都すみだ」の再生事業という展開である。かつて、墨田区が「水の都」と言われていたことに着目する。隅田川をはじめとする豊かな水辺空間に恵まれていたこの地を、タワー建設を機に再生していこうとの試みだ。タワーに隣接する北十間川での人道橋や吾妻橋の船着き場の整備を図るとともに、水

辺イベントの開催で浅草からの誘客も図ろうと目論んでいる。

　第5にシンボル事業として掲げられたのが、「iプロジェクト」である。iはInformationの意味だけでなく、「出会い」や「郷土愛」の街を目指す意味合いを込める。まちの交通要所に観光案内所を設けることや、お店にマップやパンフレットを置いてもらう「すみだ街あるき案内処」の拡充にも力を入れる。観光ガイドの育成も重視し、ガイド養成講座やすみだ観光検定などの実施も進めようとしているのだ。

　それほどに墨田の観光計画はスカイツリー一色の、徹底したイベント型の観光プランと言ってよいだろう。しかし、観光課の郡司剛英課長は新タワーの完成を控えた2011年の春に次のようにコメントしている。興味深い指摘と言えよう。

　「昨年（2010年）から建設中のスカイツリーを一目見ようと、全国からビックリするほど観光客が来ています。世の中が暗く停滞する中で、日々着実に成長していくスカイツリーの姿は明るい未来を示すようで、人々はこのツリーに元気をもらいに来るのです。私にはそう思えます。それにしても今後はこのタワーだけへの一点集中型の観光を変えていかねばなりません。地域全体へ経済波及効果が及ぶようにすることが必要となってくると考えています。」

問合せ先　墨田区観光課　☎03-5608-6500

江戸東京博物館

　墨田区横網町に所在する7階建ての博物館である。1993年に開館した。菊竹清訓（きくたけきよのり）設計。江戸から東京に至る首都の歴史文化を紹介するもので、年間約180万人の入場者を数えている。最近はミシュラン観光ガイドの2つ星の評価を得るなど、海外からの注目度も高い。常設展示室には、絵図、浮世絵などの資料や、日本橋や中村屋の縮尺複製が設置されている。江戸の庶民の日常生活から、明治維新、文明開化、東京大空襲などの展示もある。

| 事例7 | 奈良県
遷都1300年の歴史文化をまるごとに |

　イベント型プランの先例として欠かせないのが、奈良県の観光プランである。
　奈良に律令国家の新しい都である平城京が造られたのは710（和銅3）年のこと。やがて市が開かれ、和同開珎という貨幣も鋳造され、その繁栄ぶりは、「青丹吉（あをによし）寧楽（なら）のみやこは咲く花の薫（にほ）ふが如く今盛りなり」と詠われた。遣唐使も度々送られ、東大寺が建立され、奈良は天平文化が花開く国際色豊かなステージとなった。

■遷都1300年祭・大極殿　　　　（奈良県提供）
平城宮最大の宮殿であり、朱雀門の真北800メートルの地にそびえた。

　2010（平成22）年は、この奈良時代が始まってちょうど1300年に当たった。文字どおり千載一遇のこのチャンスに、奈良県は数多くの誘客事業に取り組んだ。その中心軸が平城遷都1300年祭である。「平城遷都1300年を機に、日本の歴史・文化が連綿と続いたことを"祝い、感謝する"とともに、"日本のはじまり奈良"を素材に、過去・現在・未来の日本を"考える"」とし、地域振興の一大イベントとして企画したのである。

1　ビッグイベント「1300年祭」の概要

　1300年祭の開催期間は2010年の1月から12月までの1年間であった。イベントの概要を大雑把に見てみよう。大きく2つの柱が設定されている。
　その1つ目の柱は、「平城宮跡」事業であり、平城宮跡を舞台にした展示と催事での集客を図るものだ。特別記念行事として大極殿正殿完成式典が4月に行われ、メインの遷都1300年記念式典は10月に開催された。これらのイベントを挟んで、春季に宮跡内各所を花と緑で飾る「花と緑のフェア」が開催され、夏季にライトアップや灯りのパフォーマンスなどの「光と灯りのフェア」、

秋季には大極殿前庭等でのコンサートや古代行事の再現といった「平城京フェア」が行われたのである。

2つ目の柱は、「巡る奈良」事業であり、イベント会場だけではなく奈良の各地への周遊、探訪による集客を図ろうとしたものだ。例えば「悠久の歴史との対話」と称して、国宝や重文の秘仏などが開帳される社寺を巡るルートを設定している。あるいは「歩っこリング」しようと、飛鳥、藤原、平城京の三都を巡るウォークやマラソンを実施した。また「心まで潤う自然浴」として、吉野などで花と自然を巡るルートの提供や、「奈良が伝えるアジアとの交流」として、遣唐使展や正倉院展等での歴史・文化を巡るルートなどが設定された。さらには「奈良を彩る年中行事の魅力」と称して、若草山焼き、東大寺二月堂のお水取り、唐招提寺の開山忌などの伝統行催事を巡るルートも設けられたのだ。

（◉P.253「歩く・なら」マップ）

百花繚乱とはこうした取組みだと言ってよいほど潤沢なメニューであった。

2 「21世紀の観光戦略」と「ポスト1300年祭観光振興計画」

さて、観光プランについてであるが、もちろん奈良県の観光プランはこの1300年祭に関するものだけではない。2005年に既に総合的な観光プランとしての「21世紀の観光戦略」を発表している。そこでは3つの戦略が提唱された。その戦略とは、「宿泊観光の推進」「外国人観光客の誘致」「新しい魅力の創出」の3つであった。

平城遷都1300年祭事業は、形式的にはこの観光プランに沿って設定されたものだ。しかし、1300年祭の集客想定数1000万人台というその規模の大きさから言って、従前の「21世紀の観光戦略」の枠を大きく越え、まさに別個の新観光プランと言うべきものとなったのである。1300年祭の総事業費は100億円程度で、集客数は1200〜1300万人と見込まれた。もっとも終わってみると、予想を上回る1740万人という集客数となった（事業協会調べ）。

平城遷都1300年事業は成功裏に終わった。そして、この成果を次につなごうと奈良県では、すぐさま「ポスト1300年観光振興プラン」という新たな観光プラン作りに着手した。1300年祭の勢い

をいかに継続させるかという視点から、間髪を入れずに新しい道筋の策定に入ったのである。

3 「1300年祭」の開催効果

平城遷都1300年祭は、集客数1740万人のビッグイベントであり、まさに県としても満身の力が入ったものだろう。しかしこのイベントに当初、水を差すようなハプニングが発生した。マスコット騒動である。主催者の㈳平城遷都1300年記念事業協会は、公式キャラクターとして「せんとくん」を発表した。仏都を象徴する若い童子に鹿の角を生やした絵柄である。しかし、このデザインは不快との反発があり、さらに地元デザイナー団体から「まんとくん」という独自のキャラクターも発表された。マントを着け、東大寺と鹿の角をかぶった「まんとくん」は、「千より万の方が多い」と紹介され人気を博するなど、主催者は一時頭を痛めることとなったものである。

しかし、終わってみればこうした騒動も追い風となり、せんとくんは1300年祭の開催中も大いに人気を呼んだものである。それらも含め、このイベントの開催効果を奈良県は下表のように発表した（2010年12月）。

	予 測 値	最 終 値
〈来場者数〉		約1,740万人
平城宮跡	250万人	363万人
県内各地	1,200〜1,300万人	約1,380万人
〈来場者消費額〉		967億円
平城宮跡	約116億円	447億円
県内各地	約422億円	520億円
せんとくんのメディア露出による広告換算額		62億8,169万円

こうした実績を見ると奈良県のプランは、近年の我が国でのイベントとして、2003年の名古屋市の「愛・地球博」に次ぐ、観光振興の成功例となったものと言ってよいだろう。

問合せ先　奈良県観光振興課
☎0742-27-8482

> 「愛・地球博」
> 　2005年に「自然の叡智(えいち)」をテーマに、「地球大交流」をコンセプトに愛知県で開催された博覧会。瀬戸市や長久手町、豊田市が会場となった。国内では大阪万博以来2回目の総合的な博覧会である。正式名称は2005年日本国際博覧会。120を超える国が参加した。期間は3月25日～9月25日までの6か月。総事業費は1900億円。入場者数は1500万人の予想のところ、2204万人に上った。その入場者数とグッズの販売等によって、約100億円の黒字を生んだと言われる。

事例8　出雲市（島根県）・横浜市・東京都

　イベントは観光振興を図る上で、極めて有用な資源である。イベントと言えば一般的にはお祭りや博覧会等を想定する。確かに札幌のYOSAKOIソーラン祭（6月）、山形の花笠まつり（8月）、徳島の阿波踊り（8月）、高知のよさこい祭り（8月）などはいずれも動員数は100万人前後となる。まさに観光イベントの最右翼である。しかし、大きな盛り上がりを作るという「祭り的なもの」という意味で、広く伊勢の式年遷宮行事や墨田のスカイツリー建設過程なども、この「イベント型」の観光プランの範疇(はんちゅう)に入れてよいだろう。

　さてそれだけに、伊勢と同様なイベント型の観光プランとしては、出雲市の観光プランも挙げておくことは必要である。2009（平成21）年に策定された「出雲市観光基本計画」では、

　　　『神話の夢舞台』
　　　　　　　世界を結ぶご縁都市、ご縁を大切にする出雲

をテーマとした。しかしその一番の含みは、2013年に予定されている出雲大社の「大遷宮」なのである。60年ぶりに行われる、本殿の改修工事のためご神体を遷(うつ)すこのイベントにこそ、起爆剤としての効用を期待している。

　それにしても、イベント型の観光プランには怖さもある。例えば、横浜市が2007年に改訂した「横浜市観光交流推進計画」である。その計画では3つの重点戦略が提示された。「羽田空港の国

際化による横浜ファンの増加」「開港150周年を契機とした横浜の魅力の向上」「国際コンベンションの拡大誘致」である。しかし、横浜開港Y150イベントは失敗する。企画では2009年の4月から9月の5か月会期のイベントで、事業費157億円、有料入場者数を500万人と予測した。しかし、結果は約4分の1の集客しかなかったのである。25億円の収入不足となり、中田宏市長も担当副市長も辞任する。加えて実施主体である協会（㈶横浜開港150周年協会）と旅行業者とが入場券購入代金の支払いをめぐり訴訟にまでなったのである。

■出雲大社　　　　　　　　　（島根県提供）
出雲の10月は神無月でなく神在月であり、全国から八百万の神々が集まるとされる。

　東京都も2007年に「東京都観光産業振興プラン」を策定している。このプランは「オリンピック招致を契機として東京の魅力の向上」「外国人旅行者誘致に向けた国際的な都市間競争」「観光で少子高齢社会を活性化」という柱に立ったものであった。しかし、立案の主軸である2016年開催の東京オリンピック誘致に失敗し、変更を余儀なくされた。ちなみに、立て直しを図る東京都は、2011年の秋をめどに、新たな観光振興プラン策定の検討に入っている。

■ジャックの塔　　　（横浜市提供）
1917（大正6）年に竣工された横浜市開港記念会館の通称。横浜市のランドマークの一つとなっている。

第3章　全国各地の観光プランを知る　185

3-3 地域ぐるみがミソ！

　ここでは地域ぐるみ型というキーワードでくくられてよい観光プランを見てみたい。その典型として、飛騨・美濃じまん運動の岐阜県、「まるごと渥美半島」を掲げる愛知県田原市、そして「村ぐるみ」で観光に取り組む沖縄県の今帰仁村の3ケースを取り上げる。

事例9　岐阜県
飛騨・美濃じまん運動を展開する

　岐阜県に観光振興計画と称するものはない。しかし、実質的な観光振興計画として「飛騨・美濃じまん運動実施計画」が策定されている。2008（平成20）年に作られたこの計画は、タイトルが意表を突くだけではない。様々な点でユニークであると言える。それは岐阜県が他県との差別化を狙うだけでなく、地域ぐるみの活力を観光交流の拡大によって成し遂げようとの強い気持ちがあるからと見受けられる。

■中山道馬籠宿
坂に開けた宿場であり、藤村記念館などが人気を呼ぶ。

1　岐阜の観光的魅力と課題

　岐阜県は、飛山濃水の美しい自然や、豊かな風土に育まれ、全国に誇れる観光資源を有している。世界文化遺産の白川郷をはじめ、「美しい日本の歴史的風土100選」（古都保存財団）で見ても、岐阜市（城下町、宿場町）、高山市（歴史的な街並み）、飛騨市（古川の街並み）、郡上市（郡上八幡の街並み）、各務原市（木曽川、日本ライン）、中津川市（中山道馬籠宿）、美濃市（うだつの上がる街並み）、恵那市（城下町岩村の街並み）と8つも選ばれ、その数は全国一となっている。

　その一方でマイナス評価もある。「行ってみたい県」では34位と低く（岐阜県調査2005年）、「どこにあるか知られていない県」

ではワースト6位（NHK「ワースト脱出大作戦」（2005年））と前述の「実施計画」の中でも指摘されている。すなわち、観光資源を有してはいるが、知名度が低く、積極的な行き先としては選ばれていないのである。こんな状況下で岐阜県は「飛驒・美濃じまん運動実施計画」を策定した。

2　飛驒・美濃じまん運動実施計画

　この「飛驒・美濃じまん運動実施計画」を策定する前提として、岐阜県は観光振興条例を制定した。2007年のことだ。「みんなでつくろう観光王国飛驒・美濃条例」である。運動にとって何よりも大事なみんなの合意、県民の合意を形成するとしたのである。その第1条でこう言う。

　「飛驒・美濃のじまんを知ってもらい、見つけだし、創りだす飛驒・美濃じまん運動に取り組むことで、観光産業を基幹産業として発展させ、もって飛驒・美濃の特性を生かした誇りの持てるふるさとをつくります」。

　「飛驒・美濃じまん運動実施計画」は、まさにこの観光条例の趣旨を踏まえて定められた。期間は2008年度からの5年間。しかも、2012年に開催される国民体育大会「ぎふ清流国体」へリンクさせていくとの戦略的視点を持っている。数値目標も明確で、以下のように20パーセントを超えるアップを目指すとしている。

	2006年度	2012年度（目標）
観光客数	5,037万人	6,000万人（20％増）
観光消費額	2,810億円	3,400億円（20％増）
観光に行ってみたい県	34位	20位以内

　さて、この地域ぐるみの「じまん運動」のキャッチフレーズは、次のようである。

　　　　「知ってもらおう、見つけだそう、創りだそう
　　　　　　　　　ふるさとじまん」

　県民一人ひとりのヤル気に働きかけ、身近にある地域資源（じまん）を掘り起こし、情報発信していく総合的な取組みとしたのである。その上で「観光王国飛驒・美濃の実現に向けた取り組み」として2つを掲げている。

一つは「飛騨・美濃じまん観光キャンペーン」を展開するというもので、「観光」によって域外需要を呼び込み、本県の基幹産業として発展させ、「誇りの持てるふるさとづくり」につなげるとするものである。

　もう一つは「観光消費額を拡大し、観光産業を発展させるための重点項目」を掲げての取組みだ。重点目標は極めてプラクティカルに「知名度の向上」と言い放ち、その目標の下に、観光消費額を拡大させようとする。

3　着実に進められる「取組み」事例

　こうした柱や重点分野を掲げてスタートした飛騨・美濃じまん運動であるが、具体的にはどんな展開をしているのだろうか。その取組みを幾つか紹介する。

(1)　岐阜の宝もの認定プロジェクト

　　第1のこの事業は、全国に誇れる新たな「岐阜の宝もの」を県民ぐるみで発掘し、その魅力を国内外に発信しようとするプロジェクトだ。第1回の認定は2008年に行われた。最初は1240件の応募の中から、27件が「じまんの原石」として選定された。例えば、中津川の栗きんとんや土岐市の窯元めぐりといった資源である。その中から「岐阜の宝もの」第1号として小坂の滝めぐりが選ばれ、「明日の宝もの」には中山道、川原町界隈、郡上鮎、八百津のおやつが認定された。これらの「宝もの」に対しては、アドバイザーの派遣や、補助金の優遇措置などの支援が用意された。なお、2回目となった2010年には、高山市の「乗鞍山麓五色ヶ原の森」と東濃地方の「地歌舞伎と芝居小屋」の2件が、「岐阜の宝もの」と新たに認定されている。

(2)　飛騨・美濃じまん観光キャンペーン

　　次いで、「食」と「水」をテーマに実施した誘客キャンペーンが挙げられた。2009年度では、夏は「清流のぎふ」、秋

■三ツ滝　　　　　　　（岐阜県提供）
小坂の滝めぐり（下呂市小坂町）の滝の一つである。

は「おいしい秋のぎふ」と銘打ち、全国ＰＲキャラバンなどの誘客宣伝活動を展開している。通年事業としても、キリンビールと「ＧＫプロジェクト」として連携して様々な旅行商品を企画し、また、ＪＲグループとは「いい旅ふた旅ぎふの旅」というデスティネーションキャンペーンを行った。

(3) まちづくり・県産品のブランド化に対する支援

　県の関与も本格的である。地域が主体となった、まちづくりや特産品のブランド化の取組みを支援するため、県が職員で構成するチームを作り、派遣するといった取組みも進められている。地元での会合に赴き、地域の人たちと一緒に議論するとともに、町並み整備や、各種イベントの開催、特産品の販売促進などへの財政支援などを行うのである。

　このような県と県民が総参加しての、地域ぐるみの多彩な取組み実績もあり、2008年度の観光客数は対前年比2.7パーセントアップし、5429万人という数となった。ここ10年来の最高の入込数であるという。もちろん昨今の社会経済状況の停滞の中で、今後の観光客数の増加には困難があろう。しかし、飛騨・美濃じまん運動実施計画に基づく岐阜県の地域ぐるみの観光プランは、間違いなくその実を上げていくものと期待されるものである。

問合せ先　岐阜県観光・ブランド振興課
☎058-272-8396

事例10　田原市（愛知県）
菜の花も丼も海浜も"まるごと"に

　地域ぐるみ型の観光プランの2つ目である。田原市は愛知県南部の渥美半島のほぼ全域を包む自治体だ。西に景勝地の伊良湖岬をもち、電照菊やバラ、観葉植物等の花卉の産出額は日本一を誇り、さらにキャベツやブロッコリーの全国有数の産地ともなっている。また、トヨタ自動車田原工場等を配し、その税収によって健全な財政が維持されると言われている。平成の合併で田原町、赤羽根町、渥美町の3自治体が一本化してスタートした、

人口6万7000人弱の新しい市である。幕末に田原藩の経世家である渡辺崋山(わたなべかざん)を輩出した地としても名高い。

しかし、観光ではここ数年、その利用者数は減少傾向にあり、ピークであった2001（平成13）年の339万人と比べると、既に2005年の段階で287万人となっている。特に伊良湖岬周辺の観光客数は激減し、海水浴場への入込数が10年間で半減、鳥羽等に渡る伊良湖旅客ターミナルの客数も大きく減少している。そして、民主党政権の下での事業見直しの一環として、2010年に伊勢湾フェリーの廃止が国から取り沙汰された。採算が悪いとの判断である。しかし、地元田原市は観光産業に致命的だと猛反発し、鳥羽市と連携しその存続を決めた。

■渥美半島・伊良湖岬(いらごみさき)　（田原市提供）
海上の向こうに位置するのは三島由紀夫の「潮騒」の舞台となった神島(かみじま)である。

1　"観光の達人"に指摘されたポイント

そんな状況下で田原市は、観光振興による地域活性化を図るべく、2007年に「田原市観光基本計画」を策定した。ちなみにその時、田原市は旅行業者やホテル関係者などを"観光の達人"と称して外部から招へいし、幅広く意見を聞いている。新鮮な手法で、地元では気付かない視点が幾つも指摘された。まず「魅力を感じた田原の観光資源」であるが、達人たちはこう言っている。

- ・農の風景（キャベツ畑や電照菊など）は観光資源として活用の価値がある。
- ・野菜・果物が新鮮で安いのが魅力である。
- ・伊良湖岬周辺の風景は、朝、昼、夕、いつ見ても美しい。
- ・田原城址周辺は、文化観光の素材として重要である。
- ・トヨタの自動車工場は、産業観光の対象となる。

しかし他方で、地産地消の「食」、すなわち日本一の農業王国としての産直の買い物、食を味わえる施設などが少ないとして、田原市は観光プラン作りを進めたのである。まず計画では基本コンセプトを、「常春・渥美半島観光の再生」とした。その上で、

- 多彩な地域資源を最大限に活用した"まるごと渥美半島観光"
- 海に囲まれた里山・渥美半島で四季を通じて「見る」「食べる」「体験する」が満喫できる、"旬産旬時"とれたて新鮮な心安らぐスローライフ型観光

という視点を設定したのだ。"渥美半島まるごと観光"としてイメージを増大させながら、渥美半島の地域ぐるみの、オールシーズン楽しめる観光魅力度の向上を図ろうというものである。

2　目覚ましい最近の試みと成果

　観光基本計画を受けての田原市では、積極的な活動が展開されている。その中でも、地域住民のチエを出した、特筆できる事例の3つをここで紹介しておきたい。

(1)　「食」でのチエ「どんぶり街道」

　一つは「食」の展開である。名付けて"渥美半島どんぶり街道"と言う。「渥美半島をどんどん行くと、どんぶり街道が続きます。食べにおいでん、遊びにおいでん」などと呼び掛けるものだ。このプロジェクトへの市内の参加店舗数は2011年春には30となった。しかも「大あさり味噌かつ丼」「三河赤どりの親子丼」「ちりめん丼」「田原ポークソース味噌かつ丼」といった地産の食材を活用したメニューが半島全体で展開されるのだ。運営費の捻出に苦労しながらも、「どんぶり街道通行手形というスタンプラリーを考案したことで、とても人気が出ましたね。」と評判の良さに納得しているのは、このプロジェクトを推進した「どん丼おいでん委員会」会長の神谷幸治氏である。㈲華の代表であり、自身の店も「あなご天丼」を提供して、この「どんぶり街道」の一端を担っている。"まるごと渥美半島観光"と"旬産旬時"の両コンセプトを体現させたとの自信がにじむ。なお、神谷氏は2010年度に農林水産省の「地産地消の仕事人」に選定されている。

■どんぶり街道・手形
この手形のスタンプラリーが人気の起爆剤となった。

> 「地産地消の仕事人」
> 　2008年から農林水産省が始めた選定事業である。地場産物の安定供給体制の構築など地域の農林水産物の生産、販売、消費をつなぐ中心的な役割を果たし、今後、各地の地産地消のさらなる発展のために活躍が期待される人々のことを言う。都道府県等からの推薦に基づき選定される。

(2)　「花」での工夫「菜の花街道」

　もう一つの試みは、早春の渥美半島を一色に彩る「菜の花まつり」イベントである。常春の国と言われるにふさわしい菜の花で、1月から3月までの長期間、特産市や菜の花畑ライトアップ、菜の花狩りといったイベントも絡め、集客を図るものだ。約1200万本の菜の花が咲く。"まるごと渥美半島観光"がここにもあると言えるのだ。豊橋から田原までのローカル線・渥美線も車体を全て黄色に彩った菜の花電車を走らせ、バス会社も同様に色鮮やかな菜の花バスを運行する。旅行業者のノリも極めて良く、積極的だとされるのがこの「菜の花街道」プログラムなのである。

(3)　環境重視の「菜の花エコプロジェクト」

　そしてもう一つ加えるべきものは、「菜の花エコプロジェクト」だ。そもそもこの事業は、遊休農地の活用と景観作りを目指して始まったもので、空き田畑に菜の花を栽培し、その菜種油を学校給食に使用する。使用後の廃食油は軽油相当の燃料とし、スクールバス等を走らせるというプロジェクトである。「たはらエコガーデンシティ」という省エネまちづくりを標榜する、この田原市の基本コンセプトとも絡み、大いに注目されるところである。菜の花エコプロジェクトは、地域ぐるみ、学校ぐるみといった幅広く市民を巻き込んでの、行政観光資源とも言える。

　このように"まるごと渥美半島観光"を掲げる田原市の観光プランは、まさに地域ぐるみ型の典型と言ってよいのである。

問合せ先　田原市商工観光課
☎0531-23-3516

事例11 今帰仁村（沖縄県）
日本一早い桜まつりと世界遺産グスク

　地域ぐるみとのキーワードで挙げるべき観光プランの3つ目は、沖縄の今帰仁村である。

　今帰仁は沖縄本島北部、本部半島に位置し、北は東シナ海に面する人口9400人余りの村である。名護市に隣接し、那覇から北に車で約3時間の距離にある。豊かな自然とのどかな田園風景が広がる。特産物は今帰仁スイカ、マンゴー、今帰仁アグー（黒豚）で有名だ。しかし、今帰仁の名を知らしめているのは、世界遺産にも指定されている今帰仁城跡（グスク）である。大小7つの連郭式の山城で、優美な曲線を描く城壁は1.5キロメートルに及び、その規模は首里城に次ぐ広さとされる。この城は13世紀の末頃、沖縄本島に北山、中山、南山の3つの小国家が鼎立した琉球の三山時代に築かれ、約400年にわたって北部地域の拠点とされていたものである。現在はこの城址での桜まつりで名高い。

■グスクに咲く桜　（今帰仁村提供）
今帰仁の桜の開花は1月で、日本で一番早いとされる。

1　観光リゾート計画の基本理念

　今帰仁村では観光振興を村の重要な施策と考え、既に1998（平成10）年に「今帰仁村観光リゾート計画（第一次）」を策定している。しかし、それからの10年で村の観光を巡る状況は大きく変わった。その一つは今帰仁城跡の世界遺産登録であり、もう一つが「沖縄美ら海水族館」（隣接の本部町）のリニューアルである。

　今帰仁村は、こうした背景の中で、これからの10年間を見越した観光振興の方向性と方策を新たに作ることとした。それが2009年策定の「今帰仁村観光リゾート振興計画（第二次）」である。この新たな観光リゾート計画において、今帰仁村は改めて目標を立てた。まず、観光客数を44万4000人（2007年度）から61万5000人（2018年度）にすると設定した。年間3パーセントずつの増加

を想定しての数値である。また観光収入については、9042万円（2007年度）から1億2000万円（2018年度）にするとした。今帰仁城跡の入場料売上を10年間で3割増と想定してのものである。

そして観光リゾート計画では、この目標の達成に向けて「ストラクチャープラン」を掲げ、9つの基本方向を提示したのである。

■沖縄美ら海水族館
大水槽を泳ぐジンベエザメやイルカショーが人気である。

(1)「指導体制（人材・組織）づくりを推進する」
(2)「歴史遺産を活かす」
(3)「海山の恵みを活かす」
(4)「美しいむら並みをつくる」
(5)「健康長寿を実践する」
(6)「生活文化を発信する」
(7)「体験滞在観光を促進する」
(8)「着地型・周遊観光を実践する」
(9)「情報発信を強化する」

2　特筆すべきアクションプログラムの組織作り

今帰仁村の観光リゾート計画において特筆すべきは、「観光振興の推進組織づくり」である。決して大きくはない今帰仁村にあって、観光を振興するには村全体が一丸となってコトに当たらなければならない。そのための村ぐるみの組織作りを提案したのである。観光計画の基本方向の第一に掲げ、しかも「アクションプラン」として別立てにしてまでこの方向性を強調しているのだ。

では、この村ぐるみの組織作りとはどんなものか。まず始めに、観光メニュー作りを議論する「観光推進協議会」を立ち上げる。次いで今帰仁の地域資源（ブランド）を生かした観光事業をテーマ別（「今帰仁ブランディング事業」「案内ガイド事業」「民泊事業」など）に話し合う検討会を開く。そして、実際の事業実

施を担う「各集落」「ＮＰＯ」「民間事業者」などに提案する。そしてモデル事業を実践することで、独自で運営資金を得る持続可能な組織に成長させる。さらに、そのモデル事業で得たノウハウを生かしつつ、地域の人材や団体による新たな事業展開に発展する。そこで観光客の集客と観光収益の向上を図るというものだ。そのポイントは、各人の責任を持った観光振興策の運営を期待することと、行政支援に頼らない自立的な地域主体の観光振興を目指すことである。

　もっともこの新しい試みは、その後必ずしも計画どおりに進められてはいない。しかし、村ぐるみの持続可能な観光振興の組織策として、今帰仁の與那嶺幸人(よなみねゆきと)村長も大いに力を入れ、2010年度中（平成23年春）の発足を何とかして図りたい、としている。

3　日本一早い桜まつりの今帰仁グスク

　ところで、ここ数年、今帰仁村の1月はにぎやかである。日本一早い桜まつりと銘打って、今帰仁グスクの城跡でイベントが開催されるようになったからである。「今帰仁グスク桜まつり」である。地元の寒緋桜(かんひざくら)は日本のどこよりも早く、この南国の地に咲き始めるのだ。しかし「特に人気は夜にあるのです。」と、今帰仁村の立津剛志商工観光林業係長は言う。「ライトアップで幻想的な光に照らし出される城壁や石畳、そして夜空に浮かび上がる桜花。さらに最近話題を呼んでいるのが、『花あかり』です。城の平朗門から城内への参道をろうそくの灯りで照らすもので、地元の中学校の生徒たちが村青年会の指導を受け、ペットボトルを加工し600個の灯籠を作って祭りを盛り上げました。」と誇らしげである。

　村ぐるみでの観光振興の前向きさを、じっくりと知らされる感があるというものだ。

　　　　　　　　　　　　　　　　問合せ先　今帰仁村経済課
　　　　　　　　　　　　　　　　　　　　　商工観光林業係
　　　　　　　　　　　　　　　　　　　　　☎0980-56-2256

事例12　阿賀野市・酒田市・大田区・徳島県
　　　　　（新潟県）　（山形県）　（東京都）

　地域ぐるみがミソ！という観光プランとしては、ほかにも大い

に喧伝したい自治体がある。特に地元のもてなしという観点から力を入れている地域を3つ、4つ紹介する。

例えば新潟県の阿賀野市である。越後平野の中央に位置し、「白鳥の湖」と言われる瓢湖を持つ。この小じんまりとした人口約5万人の市は、2008（平成20）年に「阿賀野市観光振興基本計画」を策定している。特筆すべきは、その戦略における地域ぐるみの視点である。「もてなしの心とコミュニケーションの醸成」とうたい、市民が一丸となって「あいさつ運動」や「声かけ運動」を展開しようと訴えている。商店街では「どこでもトイレ」とのおもてなし運動や、ボランティアの白鳥ガイドの育成を図る。極めつけは「県外ナンバーのバスを見たら、手を振ろう」という呼び掛けまで提案されているのだ。微笑ましい限りである。

■瓢湖　　　　　　　　　　　（阿賀野市提供）
ラムサール条約登録の湿地で、白鳥の飛来で有名であり「白鳥の湖」とも言われる。

こうしたきめ細かいもてなしの姿勢においては、山形県酒田市の観光プランも負けてはいない。映画「おくりびと」や藤沢周平ワールドで人気を呼ぶ酒田市では、やはり2008年に「酒田市観光基本計画」を策定している。「湊酒田　粋な文化に出会うまち」をキャッチフレーズにしたこのプランで、特に地域ぐるみという点で注目されるのが「方言」の活用である。「よぐきたの」「まだきてくれの」といった方言の積極的な使用が呼び掛けられ、来訪者に心温まる受入れをしているようだ。また「秋の膳」「冬の膳」「酒田日本海寒鱈まつり」や雛街道期間中の「ひな膳」など、郷土料理を地の人と一緒になって提供しようとしているのである。

こうした活動は地方に限らない。東京でも、大田区は2009年に「大田区観光振興プラン」を発表する。2010年秋の羽田空港の国際化を契機に「世界と

■酒田市の倉庫群
ＪＲ東日本のポスターでも掲げられ、山居倉庫は酒田を全国発信する代表的な風景となった。

つながる生活観光都市」を将来目標として設定した。そして地域と連携して打ち出した戦略の一つが、「大田物語として編集し、観光大田をブランドへ導く」とする方向性である。区民に愛着を持たれている「歴史やゆかりの人物」「地域の記憶」「名所・風景」「産業資産・匠」といったテーマで新たに地域商品を創り出そうと訴えるのである。具体的には、路地裏探索コースや商店街お宝コースなどといった、地域巡回コースを開発する。あるいは、世界に誇る大田区のモノづくりを体験できるツアーを開催するというものだ。地域ぐるみの協力があって、初めて実を結ぶプランである。

　都道府県で岐阜県以外にもう一つ挙げるならば徳島県だろう。「観光立県とくしまづくり」として、2009年に「オンリーワン徳島行動計画（第二幕）」を策定している。この計画が「おもてなしの国とくしま」を重点施策の一つに掲げたのも、お遍路さんへの「お接待」を、長い歴史に裏付けられた庶民文化とする土地柄だからこそのものだろう。そういえば2007年に、徳島市のシンボル眉山と阿波踊りを配した映画「眉山」（松嶋菜々子主演）がヒットした。そこでは撮影に地元ぐるみで協力し、5日間に連日5000人のエキストラやボランティアが参加したと言われている。

お遍路さんとお接待

　四国88か所は弘法大師（空海）にゆかりをもつ札所の総称であり、その地を巡ることを「お遍路」「四国巡礼」などと言う。巡礼者は「お遍路さん」と呼ばれ、白装束に杖を持ち「同行二人」と書かれた菅傘をかぶる。弘法大師との二人旅の意味である。札所に到着するとお参りし読経を行い、その証を納経所で墨書してもらう。地元の人は巡礼者にお茶や食べ物でもてなすが、これは「お接待」と言われる。1990年代以降は、観光ブームの中で一躍巡礼者が増加し、その数は年間30万人に上る。バスによる団体巡礼が大半であるが、車や伝統的な徒歩での巡礼を試みる人も少なくない。

■お遍路・四国・薬王寺（徳島県提供）

第3章　全国各地の観光プランを知る

③-④ シティセールスで売り込め！

　シティセールスは、文字どおりまちの売込み活動である。地域間競争時代に入った昨今、全国の自治体が躍起になっているところだ。ここではその中から、シティセールス提唱の老舗たる宮城県仙台市、シティセールスに極めて力を入れている岩手県盛岡市、そして最近、市一丸となって取り組み始めた神奈川県厚木市の例を取り上げる。

事例13　仙台市
シティセールス戦略プランを軸とした観光振興

1　シティセールスと仙台市

　シティセールスと言えば、そのトッププランナーとして仙台市を挙げないわけにはいかない。早くからシティセールスを市の基本戦略として積極的に推進し、交流人口の拡大を積極的に図ってきているのだ。すなわち2004（平成16）年に「仙台市シティセールス戦略プラン」を策定している。さらに2009年にはその改訂版を策定し、そこでは、「今後本市が目指す都市像を実現し、市民により魅力と活力のある生活を提供していくためには、すぐれて都市経営的・世界戦略的な視点に立ち、『シティセールス』を都市政策の重点に据えなければなりません。」と意気込みを示すほどだ。さらにシティセールスは、「単に都市を売り込む宣伝活動に止まるものではありません。都市づくりの観点から、必要な資源（ヒト、カネ、モノ、情報など）を獲得するために都市外に働きかけ、取り込み、生かしていく一連の活動として、戦略的に進めることが必要」とまで表しているのだ。

■仙台七夕まつり　　　　（仙台市提供）
毎年8月6～8日に開かれる。東北三大祭の一つである。

2　戦略プランの6つの戦略

　この仙台市のシティセールス戦略プランでは、基本的に「都市

198　第Ⅱ部　わがまちの観光プランをつくろう！

のブランド」の重視が出発点となる。そして、仙台ブランドの核となるイメージを「杜の都」とした。ただシティセールス戦略プランではそれだけでは不十分だとし、3つの方向性を提示している。

その1つの方向性が「潤す」(Comfortable City) というものである。緑美しい杜の都のイメージから導く。杜の都の自然、緑の街並みに着眼し、仙台で働こう、仙台に住もう、仙台に進出しよう（企業）と呼びかけるのだ。

2つ目の方向性は「魅せる」(Cultural City) である。四季を通じて祭りやイベントで活気付く文化都市のイメージから導いている。国内外から、仙台に集おう、仙台で遊ぼう、仙台で学ぼうと訴える。

3つ目は「拓く」(Creative City) である。新しいものを生み育てる学都のイメージから誘導される。東北大学の知的ストックを産業と結び付け、世界をリードする新しいビジネスモデルの展開などを進めようとする。

戦略プランでは、この3つの方向性を、「杜の都の3つのC」と命名する。これを中心軸の①ブランド戦略として位置付け、その上で②産業誘致・経済交流戦略、③観光集客戦略、④コンベンション戦略、⑤学術・文化交流戦略、⑥スポーツ交流戦略を設定した。すなわち、この6つの戦略を全市的に相互に関連付けながら展開するとしたのだ。それにしてもシティセールスというものは市民を巻き込んだ戦略的なものでなくてはならず、その点で「3つのC」などという構成はやや奇を衒い過ぎている感がある。プロ野球で楽天が勝つことの方がずっと仙台の人気になるなどと言った批判もあるというものだ。

ともあれ、ここではこのシティセールス戦略プランの6つの戦略の中から、特に観光振興に関連する「観光集客戦略」と「学術・文化交流戦略」の2つを取り上げてみる。

3 注目すべき「観光集客戦略」

まず「観光集客戦略」である。戦略プランの目標として、市内宿泊客数を430万人（2006年度）から510万人（2010年度）に伸長させるとしている。そして、観光集客戦略の具体的なシティセー

ルス及びアクションとして、次のものを掲げた。

1つは観光魅力の演出である。「仙台七夕まつり」のほか、「青葉まつり」「定禅寺ストリートジャズフェスティバル」「SENDAI光のページェント」など、仙台の特色ある観光のブランド力の向上を試みる。仙台城跡の整備活用などを盛り込んだ観光スポットブランド向上プロジェクトや祭り・イベントのブラッシュアップを図るとした。

2つは観光客の誘致である。例えば国内の観光客には、ホームページ等を通じた情報発信を強化するほか、旅行業界、マスコミなどへのセールスを強化する。他方で海外の観光客には、韓国、香港、台湾、タイ、シンガポール等のアジアを重点として、旅行雑誌、テレビ等のマスメディアや旅行エージェントの招へいを行う。また松島、平泉などの仙台周辺の主要観光地との「伊達な広域観光圏」などの観光連携などに取り組むとしたのだ。

3つは受入れ環境の整備である。温かいホスピタリティで訪れる人をもてなし、特にホテルやレストラン、タクシーや商店など、オール仙台でのホスピタリティの向上を図る。また、案内サインの整備や観光シティバス「るーぷる仙台」の増便やルートの拡充を推進するというものだ。

■牛タン　　　　　　　　　　　　（仙台市提供）
炭火で焼く、肉厚でジューシーな味わいが幅広い人気を持つ。

4　もう一つの集客戦略の「学術・文化交流」

シティセールス戦略プランでは、「学術・文化交流戦略」も重視する。この戦略には学術交流と文化交流の二面がある。

その一つの学術交流のシティセールス及びアクションとして、学都のイメージを、世界的に高く評価される国際知的創造拠点のイメージとして高めることを狙っている。具体的には、学都仙台コンソーシアム活動の支援や外国人研究者・留学生等のネットワーク作り、先進的・国際学術研究機関（プロジェクト）誘致を

進めるとするのだ。

他方で、もう一つの面の文化交流のシティセールスとしては、独自の芸術・文化イベントを開催することを挙げる。仙台国際音楽コンクールのステータスを高め、「楽都・仙台」を世界にアピールする。あるいは演劇系施設の一層の活用などで「劇都・仙台」のブランドアップを図るなどである。

そんな中できめ細かいシティセールスの動きもある。例えば、仙台在住の作家、伊坂幸太郎氏の小説の映画「アヒルと鴨のコインロッカー」（2007年）、「重力ピエロ」（2009年）、「ゴールデンスランバー」（2010年）の3本が立て続けに発信されたことである。地元の作家による仙台を舞台とした小説の映画化で、「せんだい・宮城フィルムコミッション」のバックアップによる地元ロケを行い、全国で上映されることでシティセールスの好材料としたものだ。しかも「重力ピエロ」は2009年から始まった第1回の仙台シネマに認定されただけでなく、その秋のローマ映画祭にも出品された。

仙台市では、こうした幾つもの市民ぐるみのシティセールスが、常に展開されるようになったとも言えるのである。

問合せ先 仙台市観光交流課 ☎022-214-8259

事例14　盛岡市
ふるさとの山に向ひて言うことなし

盛岡市は南部信直（なんぶのぶなお）による築城から400年の歴史を持つ。人口は約30万人。そここに城下町の風情が残り緑も多く、まちなかに北上、雫石、中津の3本の川が流れ、潤いある風景を作っている。

1　盛岡ブランド推進計画―「もりおか暮らし物語」

さてその盛岡市は、2006（平成18）年に「盛岡ブランド推進計画」を策定した。地域間競争が始まる中で選ばれるまちを目指し、地域の有している有形・無形の財産を育み生かす、盛岡ブラ

ンドの開発を行うとしたものだ。名付けて「もりおか暮らし物語」。この言葉をトップキャッチコピーとし、「盛岡を訪れたい」「盛岡で暮らしたい」「盛岡のものを使いたい、求めたい」など、盛岡を選んでもらう手がかりのブランド作りを目指すのである。このコンセプトを、計画の宣言文で次のようにうたい上げる。

■盛岡さんさ踊り　　　　　（盛岡市提供）
8月1〜4日に開催され、「日本一の太鼓パレード」とも称される。

> 望郷の岩手山　麗しの姫神山
> 鮭が遡る川
> 歩きたいまちなみ
> 鮮やかな四季が彩る城跡
> 盛岡には　自然と暮らしの物語があります
>
> 伝統が生きる技と工夫のものづくり
> 南部杜氏の地酒
> 南部鉄器は用の美
> 清らかな水と大地の恵み
> 盛岡には　暮らしと伝統が培った物語があります
> 　　　　　　　　　　　（以下略）

こうした思いの込められた盛岡ブランド推進計画であれば、それはまさに発信を重視したシティセールス計画そのものと言うべきものだろう。具体策においても市のウリをいかに展開するかという、工夫のメニューが並べられている。特に「観光分野」での取組みとして次の12の推進項目が挙げられた。

(1) 啄木・賢治の活用促進
(2) 祭り行事のブランド化
(3) 川と水と湖のブランド振興
(4) 冬観光のブランド化
(5) その他資源のブランド化
(6) 観光基地づくり
(7) まちなか観光地づくり
(8) 修学旅行の推進

⑼　外国人観光客の誘致　　⑾　つなぎ温泉のブランド化
⑽　もてなしの心の推進　　⑿　滞在交流等の観光

　この盛りだくさんの項目を中心に個別のプロジェクトが考案され、実施されていくのである。例えば石川啄木や宮沢賢治、新渡戸稲造などの博物館巡りが提唱され、あるいは盛岡の代表的祭りである初夏のチャグチャグ馬コ、夏の盛岡さんさ踊り、秋の盛岡秋まつり山車の全国的ＰＲが展開される。盛岡特産品ブランド認証、全国高校生短歌大会・短歌甲子園の実施などの新しい企画も次々に発信されたのである。

■チャグチャグ馬コ　　　　（盛岡市提供）
初夏の６月に催され、100頭ほどの飾り付けられた馬が進む。

2　盛岡市観光推進計画も策定

　しかし、盛岡市は2008年、さらに観光戦略の本格的展開に着手する。「盛岡市観光推進計画」の新たな策定である。この新計画作りは、2006年の盛岡市と玉山村の合併、2008年の観光庁発足、2010年の東北新幹線の青森延伸などの動きに呼応したものだ。そこには盛岡市の、北東北や岩手県のゲートウェイとしての優位性を生かした、観光振興戦略を構築しようとの算段もあった。

　この新しい「観光推進計画」は、「もりおか暮らし物語」をトップキャッチコピーとする盛岡ブランド推進計画と一体となった計画となる。盛岡ブランド計画での観光推進の基本的方向やエリア別計画を踏襲するとともに、新しい推進体制として行政、業界、市民団体、市民に期待する役割を明示しているのである。この観光推進計画では３つの基本的方向付けが行われた。

《３つの基本的方向》

　第１は、盛岡ブランドを構成するまちのたたずまいや文化活動などを紹介する一方、文化イベント開催やコンベンション誘致に力を入れようとするものだ。観光を地域間交流による文化振興の一環として位置付けるのである。

　第２は、都心エリアを"ハレ"の場と捉え、都心エリアの個性

化を重視するとともに、中津川・北上川や歴史的建造物を活用したまちの演出にも力を入れるものだ。回遊性に富む、歩いて楽しいまちづくりや商店街づくりを進め、観光を中心市街地活性化の方策の一つとした。

　第3は、観光産業を盛岡における主要産業の一つとし、交通運輸・宿泊・飲食・商業・地場産業さらには農林業なども含め、観光客の消費が地域内で循環する仕組みを工夫する。観光を地域産業振興の中心として位置付けるのである。

　さらに、この基本方向を踏まえて盛岡市は、従来の「杜と水の都」「賢治・啄木を育んだまち」といった都市イメージに加え、「芸術文化活動の盛んなまち」「映画館通りのあるまち」など文化活動や居住環境の良さをアピールすることとしたのである。

3　常に全国発信を忘れない

　盛岡ブランド推進計画は、この盛岡観光推進計画と連動する形で、盛岡市のシティセールスを引っ張っているといえる。そんな盛岡市がここ3年で力を入れるのが石川啄木である。薄幸の啄木は27歳の若さで1912（明治45）年に逝った。2010年が歌集「一握の砂」の発刊100年事業、今年（2011年）が100回忌、そしてその延長線上に盛岡市では、来年の2012年を「啄木没後100年記念事業」として設定した。啄木は盛岡の最大の観光資源なのである。

　そういえば、2008年の春に東京で、「ふるさとの山に向ひて」と銘打った日本酒と同名のCDの披露パーティーが開催されたことがある。啄木をテーマに、盛岡市が「千の風になって」の作曲家新井満氏とともに企画したものだ。パーティーには石川啄木の孫らも出席し、PRの輪が拡大された。その時新井氏は、CDの自分の権利を市に寄附するとし、加えてその資金が石川啄木記念館に流れるようにしたと発表し、大きな拍手を受けた。啄木、日本酒、CD、盛岡といった有機的なコラボレーションの下での、資金確保を含めての観光戦略は、盛岡のブランド推進計画、さらに言えばシティセールスの一つの方向性を示したものと言ってよい。

　こうした経緯を知るだけに、2010年にブランド推進課長に就任した吉田晴彦氏はこう説明する。

「啄木は賢治とともにシティセールスの軸です。新井満さんの啄木のＣＤは現在も玉山（啄木の出身地渋民村のあった地域）の有線放送で毎日夕方5時に流され、地域に浸透しています。今後とも啄木を、そして盛岡ブランドを、市民とともに全国発信していきますよ、ブランド推進計画を踏まえて。新幹線が青森まで延伸しましたし、近々ＪＲの盛岡デスティネーションキャンペーンも予定されています。まさに好機だと思っています。」

問合せ先　盛岡市ブランド推進課
☎019-603-8001

事例15 厚木市（神奈川県）
「味よし」「眺めよし」「気持ちよし」のまち

1　厚木市の特徴とその課題

　厚木市は人口22万人余り。特例市である。東京と横浜の近郊にありながら、背後に大山を控え、市内には清冽（せいれつ）な中津川など3本の川が流れる。他方でソニーや日産などの日本のトップ企業が多く存在し、財政力指数も1.439と高い（2007〜2009年度までの3か年平均）。

■厚木のシロコロ・ホルモン　（厚木市提供）
豚ホルモンの柔らかい大腸を、割かずに管状のままで使用している。

　しかし、都市間競争が激化する中で、持続する都市の発展を目指そうとする厚木市は、シティセールスを展開することで、「多くの人から認められ、選ばれる都市」となることを標榜する。打って出ようとの積極姿勢である。しかし、そう考えると弱みがないわけではない。例えば、厚木と言えば「厚木飛行場に降りたマッカーサー元帥」と敗戦日本のイメージが思い浮かばれ、温泉や食などの地域資源についてもその認知度が十分でないとも指摘される。

　こうした課題を抱える厚木市は、2010年の春に「厚木市シティ

セールス推進指針」を策定した。

2　「このまちのウリは何であろうか」

　このシティセールス推進指針を策定するに当たって、厚木市で議論されたのが「このまちのウリは何か」であった。議論の中で4つの都市イメージが集約された。

　第1の都市イメージは「味よし、眺めよし、気持ちよし」である。これは厚木のまちの第一印象をトータルに表したものだ。筆頭に「味よし」すなわち「食」を置いたのは理由がある。そもそも高座豚（こうざぶた）など豚肉の産地として有名であり、また2008年のB−1グランプリ（正式には「B級ご当地グルメの祭典！B−1グランプリ」）全国大会（久留米市）で、厚木のシロコロ・ホルモンが全国一となってマスコミで騒動となっていたからである。しかも、2010年の秋にはこの厚木において当該大会が開催されたのだ。この盛り上がりを地域活性化の好機と考え、地元の資源として存在する「食」産業の広がりをベースに、地域全体の活性化を図ろうと算段したのである。

　第2の都市イメージは「ちょうどいい」である。現状をいたずらに否定せず、言わば「足るを知る」といった厚木の市民の自信の表れと言ってよい。厚木は、ショッピングできる商店街も、散策できる自然（山、川、緑）も近い。東京・横浜から1時間というロケーションも暮らすのに「ちょうどいい」。発展性ばかりに固執するのでなく、さりげない生活目線の中での充実感を大切にすることこそ大事という発想である。

　第3の都市イメージは「世界へ発信！」である。厚木の代名詞となっている「マッカーサー元帥」という敗戦の地のイメージを払拭したい思いは切実だ。そこで、戦後日本の発展の象徴である日産やソニーなど地元の企業ブランドを活用し、厚木を戦後日本の経済発展の象徴として180度転換する。そんな市民の期待がこのイメージには込められているのだ。

　第4の都市イメージは「みんなでつくる！」である。安心安全のまちづくりや自治基本条例の策定などを進めている厚木市の、先進自治体としての自負がここにあるのだ。同時に自治と協働のまちを作りたいと、これからの願いも入っている。

これら都市イメージを踏まえ、シティセールスのコンセプトが作られた。

　　　「味る」「緑る」「ふれる」─思い立ったら厚木

　ちなみに、この言葉の策定論議は興味深い。すなわち当初事務局でまとめられたフレーズは、

　　　「味」と「緑」と「ふれあい」と　─思い立ったら厚木

というものであった。しかし、「『ふれあい』などという表現は若い世代には気持ち悪いです。」「『緑』などという言葉も平板だ、思い切って『緑る』といった行動性のある動詞にしてはどうか。」等の議論が出た。そして「ラリルレロといったラ行の商品はヒットするんですよ。」という市街地にぎわい懇和会の六ケ村健三会長の発言もあって、ユニークなコンセプトが前記のように決まったのである。フレーズの「意外性」「触発性」で、シティセールスを展開しようとの思いが込められると言えようか。

3　シティセールス推進の４つの戦略

　さて「厚木市シティセールス推進指針」では、この４つの都市イメージを具現化するために、それぞれに呼応する戦略を設定した。

　１つは、「味よし！眺めよし！気持ちよし！」のイメージから方向付けられた、「訪れたいまち・あつぎ」という交流拡大戦略である。この戦略下では、地域資源の発掘と魅力のアップ、ホスピタリティの向上を主軸とした。例えば、あつぎ食ブランド制度の発足であり、「あつぎ鮎まつり」や「あつぎ国際大道芸」イベントのブラッシュアップなどを掲げたのである。

　２つは、「ちょうどいい！」の厚木イメージから示されるもので、「住みたい、住み続けたいまち・あつぎ」という定住促進戦略である。ここでは、「住んで良いまち」に必要な生活環境の充実や、厚木市そのものを学ぶ機会の拡大などを主眼とし、それに基づく様々な事業展開を示しているのだ。例えば、

厚木市マスコットキャラクター
あゆコロちゃん

■「あゆコロちゃん」
厚木の名物の鮎とシロコロ・ホルモンをデザイン化している。

首都圏の割に地価が安いといった厚木の優位性をＰＲし、あるいは「厚木学」「厚木検定」を提唱するものである。

　3つは、「世界へ発信！」のイメージから引き出されたもので、「夢を育むまち・あつぎ」という文化発信戦略である。人々の夢を育む環境の整備と、企業と連携した環境の整備とがポイントとなる。例えば、中心市街地での文化芸術活動の環境整備であり、また「あつぎフィルム・コミッション」の活用などが提示される。

　4つは、「みんなでつくる！」というイメージから誘導された、「協働のまち・あつぎ」という協働推進戦略なのである。例えば、市民協働事業の提案制度の充実であり、企業と連携しての小田急本厚木駅構内への製品展示や、ネーミングライツの実施などである。

> **ネーミングライツ（Naming rights）**
> 　施設命名権をいう。施設の名称にスポンサー企業の社名やブランド名を付与するもの。公営施設として国内で初めて導入されたのは、味の素スタジアム（東京都調布市）である。ほかに、京セラドーム大阪、日本ガイシスポーツプラザ（名古屋市総合体育館）なども有名である。

　それにしても昨今、厚木市は旬の季節にあると言えるようだ。厚木の「食」イメージを全国に浸透させたＢ－1グランプリ全国大会は2日間で43万5000人もの集客となった。この大会の盛り上がりを継承していこうと、市は大会後も「食のシンポジウム」や、地元松蔭大学と共同して「食による観光まちづくり」といった市民大学を開催した。さらに、2011年度には新たに厚木市観光振興計画を、次いで観光振興条例を策定することとした。シティセールスの推進で、観光プラン全体の弾みがつけられようとする例だと言ってよいだろう。

　　　　　　　　　問合せ先　厚木市観光振興課　　☎046-225-2820
　　　　　　　　　　　　　　シティセールス推進課　☎046-225-2448

事例16 甲府市・山口市・甲賀市（滋賀県）

　その他、シティセールスで売り込む観光プランとして、どんな自治体が力を入れているだろうか。信玄公の山梨県甲府市、長州の藩都の山口県山口市、信楽焼の滋賀県甲賀市を取り上げておきたい。

　甲府市は人口約20万人。甲府盆地に位置し、南に富士山、北に八ヶ岳を望む広大な眺望で有名だ。2009（平成21）年に「観光振興基本計画」を策定した。そこでの基本方針の第一は「ようこそ甲府へ」である。武田信玄や柳沢吉保、あるいは伝統産業や郷土食などの地域資源を生かそうとの方向性を持つ。そこには、特にこれまで歴史や土着性を踏まえた観光策ができていなかったとの反省がある。それだけに、甲府市は対外的発信として、信玄公に象徴される歴史を前面に出しているのだ。ちなみに、甲府市観光協会の観光ガイドにアクセスすると信玄公がぬっと現われ、「歴史のあるまちにはドラマがある」と語りかけてくる。加えて2010年度のB－1グランプリ大会で、甲府の「鳥もつ煮」が優勝した。これも、シティセールスの今後の展開を有効にするものとして期待されよう。

■武田信玄公　　　　　　　　　　（甲府市提供）
戦国時代の甲斐の大名。市民の誇りであり、4月には信玄公祭りが開催される。

　山口市も人口約20万人。「西の京」と言われ、大内文化の拠点とされる。幕末にあっては、萩から移った毛利長州藩の本拠地となり、回天維新の発信地となった。ただ、下関や宇部と異なり産業地域を有することなく、一貫して行政都市の色彩が強い。それだけに観光産業への期待は大きい。しかし、まちのブランドイメージが定着していない。そこで2010年、「観光交流基本計画」を策定した。その際、プロジェクトの第一としては、全国発信で

第3章　全国各地の観光プランを知る　209

きるユニークな観光ブランドの創設が主眼とされた。例えば、12月には「日本のクリスマスは山口から」を発信する。1552（天文21）年に宣教師が日本人教徒を招き、讃美歌を歌ったのが日本のクリスマスの始まりと言われるからだ。あるいは山口七夕ちょうちんまつりが、青森のねぶた、秋田の竿燈と並び日本三大火祭りの一つとされる。これを前面に出して、全国にシティセールスをしようとするものである。

　同じ歴史ものを要素としながら、独特の味を出してシティセールスを展開しようとしているのが甲賀市である。琵琶湖の南に位置し、東は鈴鹿山脈に接する人口9万人余りのこのまちは、3つの宝物を持つ。1つは狸の置物で知られる信楽焼、2つは戦国の世を駆け抜けた甲賀忍者、3つは東海道宿場町（土山宿、水口宿）である。これらをウリに甲賀市は2010年に「甲賀市観光振興計画」を作ったのだ。そして計画の通称名を「甲賀のお宝発見伝」としたのである。

　このように、まちの歴史や素材を最大限に観光資源として活用し、全国に発信しようとの強い心意気を持つ自治体は実に多い。自治体間競争の時代の今日である。交流人口と定住人口の拡大に向け、全国のいずれの自治体も、多かれ少なかれシティセールスの戦略的視点を持っていることは間違いないのである。

■瑠璃光寺五重塔　　　（山口市提供）
「長州はいい塔をもっていると惚れぼれする」と司馬遼太郎をして嘆息させた塔である。

第4章 観光プラン作成のフォーマット

　本章では市町村及び都道府県の観光プランの実際の先行例を見ながら、これから観光プランを作成しようと考える際の、そのフォーマット（一般的な構成）を解説したい。市町村の観光プランは群馬県高崎市を、都道府県の観光プランは島根県を例とした。併せて幾つかの市町村と全ての都道府県の観光プランの策定状況も掲載しておく。

4-1 市の観光プランの一例
―高崎市観光振興計画

　さて、高崎市の観光プランについてである。取り上げた理由はほかでもない。本計画が市の観光プランとして標準的で、計画作りの上で大いに参考になると考えたからである。

　高崎市は人口37万人余り。中山道随一の宿場町という歴史もあり、商都としてのイメージが強い。日本一のだるま生産地であり、また、プロ・オーケストラ（群馬交響楽団）の本拠地から音楽の街としても知られる。しかし、ここ数年で周囲の5町1村（倉渕村、箕郷町、群馬町、新町、榛名町、吉井町）と合併し、市街地から山岳地に至る広範なエリアとなった。この高崎市が2010（平成22）年に観光振興計画を策定した。計画期間は2019年度までの10年間である。

■高崎白衣大観音　　（高崎市提供）
高さ41.8メートルのこの観音像は観音山の頂に立ち、高崎市のランドマークとなっている。

第4章　観光プラン作成のフォーマット　*211*

1 高崎市の観光計画の構成

　まず、この「高崎市観光振興計画」の全体の構成を示してみる。高崎市の場合は6章立てとなっている。観光プランの構成のオーソドックスな体裁を持っていると言える。

序　章　計画策定の趣旨
　　背景と目的／計画の位置付け／計画の期間

第1章　計画策定の基本的視点
　　市の概要／環境変化への対応／市民から始まる観光まちづくり　等

第2章　高崎市観光の現況と課題
　　主な観光資源の分布と特徴／観光動向／観光の課題　等

第3章　計画の基本構想
　　基本コンセプト／基本目標

第4章　計画推進のための施策
　　基本方針／観光振興施策と事業計画

第5章　スタートアップ事業
　　中心市街地の観光回遊促進／着地型体験観光／高崎だるまの活用　等

第6章　計画の推進方法
　　役割分担／計画の検証・評価／地域別の推進施策

（参考資料）
　策定経緯／策定体制

---

2 高崎市の観光資源と基本理念

　高崎市には突出した観光資源はない。しかし、合併で広域化したこともあって自然や歴史資源は多い。中でも榛名山と高崎の観音様（高崎白衣大観音）が2大拠点とされ、花暦や温泉巡りもある。そうした資源に支えられ、観光入込客数は2008年で見ると624万人で、前年比で5.9パーセントアップしており、それまでの数年で比較しても増加傾向にある。宿泊者数も69万人強で1.6パーセントアップ、観光消費額も200億円で対前年比10.5パーセントと増加している。

　しかし、他方で改善すべ

■群馬交響楽団　　　　　　　　　　　　　　（高崎市提供）
1945（昭和20）年に発足した日本の地方交響楽団の草分け的な楽団である。

き課題もある。例えば、①観光のための交通インフラが未整備である、②情報の一元化と必要情報の整理が十分でない、③新たな観光資源の発見・発掘が不十分で地域特有の食も未活用であるなど、計画の中でも問題点として指摘される。

　高崎市では、こうして出された現状や課題を計画の第2章で明らかにし、それを踏まえ施策の方向を示すのである。そして、第3章で計画のコンセプトとして、

　　　　「にぎわいとうるおいを奏でる交流のまち
　　　　　　　　～出あう、広がる、高崎体験」

をキャッチフレーズとして掲げた。また、基本目標は、観光客数を623万人（2008年度）から640万人（2014年度）へ、さらに670万人（2019年度）へと設定した。「奏でる」とは群馬交響楽団の存在を意識してのことだろう。

3　8つのスタートアップ事業

　高崎市の観光振興計画の提示する施策は多彩だ。しかし、その際の基本方針としては次の4つに絞って提示している。

　(1)　高崎らしさで高崎の観光ブランドを創ろう
　(2)　人を生かし高崎のおもてなしを広げよう
　(3)　みんなに高崎を楽しんでもらえる環境を整えよう
　(4)　もっと魅力ある高崎の観光の形を考えよう

　計画の第4章には、観光振興施策と事業計画の項目が全体114ページの内の33ページと3分の1も割かれ、この4つの基本方針の下に100余りの具体的な施策が提示されている。しかも、高崎市はこの100余りの事業について明確に優先順位を付けた。この点が高崎市の観光プランの特徴となろう。第5章でそれをスタートアップ事業として、計画で示された諸施策の中から、まず始めに実施する事業を選び出し、計画から3年間に優先して取り組むとしたのである。ポイントとヤル気をはっきりと示す戦略である。それが8つのスタートアップ事業とされるものだ。一通り見ておこう。

　まず1つは、中心市街地の観光回遊を進めることである。テーマ性のあるルートや観光マップの作成、イベント情報の発信等によって、高崎の中心市街地を回遊してもらえる仕掛け作りを行う

というものだ。

2つは、着地型体験観光の推進である。合併で広がった里山での田舎暮らしや自然、伝統の地場産業を生かし、体験観光プログラムの商品化を進めるものだ。

3つは、名物高崎だるまの活用である。高崎だるまは、縁起の良い顔の福入りだるまである。それだけに、これを活用して市の知名度向上を図らない手はないと、その製作過程の見学や絵付け体験の場を提供する。それとともに関連商品の開発など、他産業とのコラボレーションを推進し、伝統工芸の現場を国内外に向けて発信しようとする。

■名物高崎だるま　　　　　（高崎市提供）
毎年1月6・7日に少林山達磨寺で「高崎だるま市」が開催される。

4つは、観光拠点たる榛名湖の名物作りである。地域の農畜産物を使った榛名湖ブランドとして食の名物を作り上げ、地産地消の活用により榛名湖の一層の魅力向上を図ろうとするのだ。

5つは、口コミ情報に着眼する。口コミで旬の地域情報を交換する仕組み作りを進め、情報交流の機会を充実させようとするものだ。また、学生のホームページやメールの活用、あるいは市民や地元サークルのホームページへのリンク等、独自のPR活動等をきめ細かくサポートし、効果的な情報提供を展開しようとしている。

その他のスタートアップ事業として、観光関係者への研修の取組みやコンベンションの誘致をうたい、あるいは観光振興推進協議会の設立も訴えている。いずれも観光振興を支援する体制作りこそが必要だとの強い思いによるものだ。

4　綿密に準備し、次々と動く

ところで、高崎市の観光振興計画には、手続き上でいくつかの特徴のあることに気付く。

第1に注目されるのは、その策定に向けた周到な準備である。まず2007年度に、振興計画策定の準備組織として高崎市観光ビ

ジョン研究会が組織される。そして翌年に研究会報告を出し、次いで2008年度には、高崎市観光振興計画策定基礎調査を行う。すなわち、市民、来訪者、旅行予定者向けのアンケートを実施し、その結果と分析を行ったのだ。それを踏まえて観光振興計画策定委員会が議論を重ね、最終的に2010年に高崎市観光振興計画を発表したのである。その丁寧な積み重ね作業は他自治体の参考になるというものだろう。もっとも、自治体によっては準備に２年も費やすのはいかにも長いという指摘もあろう。

　第２の特徴は、計画の今後の検証の姿勢である。計画の10年間を前期と後期に分け、前期５年間の終了時点で事業の検証と見直しを行い、事業を再構築していくとする。特にスタートアップ事業については、３年後から事業の検証作業を行うと明記している。実績こそを重視しようとの心意気が伝わるというものだ。もっとも、行政は検証という作業をとかく回避しがちである。それだけに、この方針が手抜かりなく履行されることを期待するものである。

　第３は、報告書作りそのものから見える、市民向けへの配慮である。カラー写真を広範囲に使用して親しみやすくし、また、全国の先行事例を掲載しては市民理解の促進をきめ細かく図っている。

　こうした市の前向きな取組み姿勢を自信を持って示すかのように、高崎市観光課の串田千明主任主事はこう言う。

　「計画の策定作業の途中から事業化していったものがいくつもあるのですよ。例えば、高崎駅発の観光タクシーなどは、計画策定中に実現しました。これを手本に周辺自治体でも導入が進んでいます。他に先んじて"考えるより動く"傾向の強い高崎の市民気質を表しているとも思います。」

　行動と実績こそを重視しようとするこの地の動きを知るとき、高崎市の観光振興への期待と自負が十分に垣間見られて心強い。確かに計画途中で始められた観光タクシーも2010年の秋からは「ちいタク」と名付けられ、出発・到着を高崎駅にして伊香保温泉まで往来するようになった。榛名湖に立ち寄るコースと、水澤観世音・水沢うどんを堪能する「つるつる水沢コース」があり、

いずれも 2 時間8800円の料金設定だ。2 次交通の利便性のアップを図ることで、しっかりとした回遊戦略を浸透させようとするものだ。

また、スタートアップ事業の筆頭に挙げられた「中心市街地の観光回遊促進」では、2010年から「高崎田町屋台通り」がオープンしている。路地の夜店の雰囲気の中で、下仁田のネギや倉渕の野菜を、肩を触れ合いながら味わってもらおうとする観光まちづくり事業だ。地元商店街主導の「まちなか」にぎわい創出の挑戦である。さらには「高崎駅前で黄昏どきの"BAR"めぐり」といった企画も出た。地元ガイド付きの3店舗を巡るツアーで、地元名産の苺「やよいひめ」のカクテルなども楽しむ。他方で「榛名湖の名物づくり」では、榛名観光協会での統一ブランド「はるなコケッコー」という鶏料理を売り出した。地元産の銘柄鶏であればコスト負担が少なく、年間の安定供給も可能になると期待したのだ。「ワカサギに代わる新たな地元名物に」と既に地元で話題となっている。

資源の少ない街とはいえ、高崎市の観光プランは、このように市民のきめ細かな挑戦を生み、果実をもたらしつつあると言ってよいだろう。

■レトロな下仁田駅
高崎の屋台通りでも太くて甘い下仁田ネギが好まれる。鍋物には欠かせない。

問合せ先 高崎市観光課
☎027-321-1257

4-2 観光プランの一般的な構成

前節では、高崎市を例に、市の観光プランの一ケースを見てみた。これをベースにしつつ、全国の市町村の策定された多くの先例から、観光プランの一般的な構成を示してみよう。それは次の1～9のような事項になっていると提示できる。

1 プラン策定の背景（理由）と位置付け

第1は、冒頭に観光プラン策定の背景が示されることだ。これまでの先例計画の多くはその背景として次のような記述を掲げている。

(1) 観光は基本産業、総合産業であり、有力な地域活性化策となること
(2) 観光立国宣言など、国の積極的な姿勢と観光振興の気運の高まりがあること
(3) 市町村合併による新自治体の一体感を醸成する必要があること

また、併せて観光プランには、

(1) 市の総合計画（基本計画）の一環として位置付けられていること
(2) 観光振興条例などが制定され、議会（住民）の明確な支持があること

なども記される。さらに首長の挨拶を載せ、観光振興が当該自治体にとって重要な施策であることが強調される。

2 現状分析と課題の抽出

第2の構成要素は、当該自治体での観光産業の現状分析と問題点の抽出である。観光資源を掲載することは、どこの自治体も行うことだが、他方で現行の観光振興策の問題点を厳しく掲示する自治体は少ない。観光施策の正確な現状分析は痛みを伴いがちであるが、改善点と次の観光振興策への連動

■富良野の麦畑　　　　　（富良野市提供）
富良野の秋。収穫の終わった麦畑は広大である。

第4章　観光プラン作成のフォーマット　217

のため、きちんと行われるべきものである。
　さて、この観光上の問題点や観光ニーズの把握については、一般的に次のような資料や手法が用いられる。
(1)　国や県、市町村の基礎資料
　　　人口や年齢層などの社会動向や観光消費額などの経済動向、あるいは人々の嗜好傾向などの調査は行政が経年的に行っている。この国や県、あるいは市町村の資料は基礎的情報として活用される。
(2)　アンケート調査という手法
　　　最も一般的な現状分析の手法としては、アンケート調査がある。サンプル数はまちまちであるが、厚木市の「シティセールス戦略指針」(2010年) の場合は市内住民層と関東圏全体などと分けて、計3000本のサンプルをとっている。
(3)　SWOT分析という手法
　　　SWOT分析もある。これは地域の観光の「強み」(Strengths)、「弱み」(Weaknesses)、「機会」(Opportunities)、「脅威」(Threats) を分類し、その分析の上で具体的戦略を立てるものだ。富良野市の「観光振興計画」(平成20年) はこれによって、観光振興の課題分析を行っている。例えば、富良野の「強み」は自然景観や演劇文化であり、「弱み」は宿泊施設や交通アクセスの不十分さである。「機会」は東アジアからの観光客増大であり、「脅威」とは観光地間の競争激化などとする。ただ、この手法は、やや主観的なものになりがちとの批判もある。
(4)　「観光の達人」による実地踏査方式
　　　また、観光のプロと言われる人たちによる現地調査による、課題把握と施策提言を行う手法もある。例えば、田原市の「観光基本計画」(2007年) では、「観光の達人」と称して、旅行業者やホテル関係者、観光学部の教員たちを動員して市内各地を回り、その実態把握と方向性を提示させ、それを整理するところから分析している。
　　　その他、附録で述べる「わがまち診断票」手法も、地域の問題点や地域のニーズをつかむきっかけとして、各地で工夫

を加えて活用してほしいものである。

3　経済効果の明示と数値目標の設定

　第3の事項は数字である。特に観光振興がいかに地域活性化に有効であるか、積極的に取り組むべき意味があるかを、数字で客観的に示すことは必要だ。例えば、北海道の「北海道観光のくにづくり行動計画」(2008年)では、経済効果として2005年ベースだが、総観光消費額が1兆2946億円と5年間で783億円増加し、農業産出額の1兆663億円を上回っていることを明記している。さらに、生産波及額でも1兆9770億円と、5年前と比べ997億円増加していることも掲げている。具体的な数字によって、より観光振興策の有効さを強調しようとする自治体は少なくないのだ。

　同じく数字となるが、数値目標の設定も重要である。これについては、観光プランを策定するほとんどの自治体が織り込んでいる。例えば、岡山県の「観光立県戦略」(2008年)では、次のように数値目標を設定する。

■閑谷学校
江戸前期に岡山藩が庶民教育のために開設した学校。この講堂は国宝である。

	2009年度	2013年度（目標）
総観光客数	2,502万人	2,640万人
観光消費額	1,483億円	1,623億円
外国人宿泊者数	6万人	12万人

　自治体の数値目標は、一般的に5年後くらいに観光客を1割から2割アップさせるといった伸び率を立てるものが多い。しかし、中には倍増に近い数値を掲げ、意気込みを示すというより、その実現性に疑問を抱かせるケースもある。また、あまりに長期での数値目標も、経済社会の変動の激しい昨今であるだけに、信憑性を持たせることは困難だろう。

　ちなみにこの数値目標について言えば、なかなかユニークなものもある。長野県の「『観光立県長野』再興計画」(2008年)だ。

ここでは、「もう一か所、もう一泊、もう1コイン、もう一度」と提案している。1コインとは500円玉のことだ。宿泊増、消費額増、リピーター増を狙うものだが、分かりやすく、やる気が出ると地元関係者の評判はよい。

4　基本方向の設定（キャッチフレーズなどの目標設定）

さてポイントは、基本方向（キャッチフレーズ）である。観光プランのキャッチフレーズは、関係者が最も気を遣って議論される。地域の特性が端的に表現され、また、発展性や触発性があることも必要とされる。できればマスコミの注目を浴びたいと考える。しかし、あまり奇を衒うと鼻白む結果を生む。いくつかの例をここでは掲げるが、後に一覧で掲載してみた（●P.226）。それぞれに比較し、プラン作りの参考にしていただきたい。

■ＳＬ人吉
肥薩線の熊本―人吉間を走る。2009年から運行され人気を博している。

アトランダムにいくつか印象深いものを挙げるとすれば、熊本県の「歴史回廊くまもと観光立県」宣言（2008年）、高松市の「観光振興計画」（2008年）の「あったか都市・ゆったり都市」といった、その歴史や風土感のにじむネーミングであろうか。また、伊勢市の「観光振興基本計画」（2008年）の伊勢神宮をイメージした「日本人の心のふるさと伊勢」というコンセプトや、大分市の「観光振興計画」（2008年）の「歩くほど美味しくなる街」というフレーズも、地味ながら土地柄を踏まえての工夫の跡が見られるというものだ。

弘前市が最近制定した「弘前市観光振興アクションプログラム」（2011年）では、「魅力あふれる弘前感交劇場づくり」とやや凝った目標を設定している。「感交」とは感動を交流し合う意だとされる。

5　具体的な諸施策の提示

さて、言うまでもなく観光プランの主軸は、そこに掲げられる

具体的な施策である。それらは「戦略」「取組み」「プロジェクト」「重点施策」などと称される。高崎市の計画の「8つのスタートアップ事業」といった項目に見られるように、数項目にグルーピングされるのが一般的である。具体的には、地域観光資源の発掘策、ニューツーリズムへの対応策、受入れ態勢作り（ホスピタリティやもてなしの心）の醸成策、インバウンドの対応策、広域観光策などといった項目に集約される。

■大和ミュージアム　　　　　　　　（広島県提供）
呉市の海事歴史科学館の愛称。日露戦争の日本海海戦から100年目の2005年に開設された。

　ちなみに、広島県の「ひろしま観光立県推進基本計画」（2008年）の場合は、個別施策は多分野に及んでいるが、それを包摂する戦略は次の4つとなっている。
　(1) 情報発信の強化による「ひろしまブランド」の確立（全国・全世界に向けた情報発信）
　(2) 地域の特色を活かした魅力ある観光地づくり（市町の取組みへの支援）
　(3) おもてなしの充実等による受入体制の整備促進（民間の取組みへの行政支援）
　(4) 国際観光の更なる推進（広域連携による県の取組み）
　いずれにせよ、観光プランの重要施策と明確に位置付けられることになれば、政策としての優先度は高まり、予算獲得に利することになるというものだ。

6　推進体制作り

　観光プラン作りにおいて、住民や関係団体といかに協働していくかは大きな課題となる。行政が介入しすぎれば反発を買う。しかし、一般的に役所への期待は大きい。
　例えば、甲府市の観光振興基本計画（2009年）では、推進体制作りに特に力を入れるとし、「みんなでがんばるじゃん！」という姿勢を訴えている。観光への事業連携が一部にとどまっていること、人材育成が不足していることを反省し、行政・企業・大

学・団体・住民・警察・病院等との幅広い連携の必要性をうたうのだ。併せてこうした協力体制の中から、お祭りやイベントの充実、人材育成も進めるとする狙いも持つ。

　推進体制作りでは伊勢市に興味ある動きがある（第3章⊙P.174）。伊勢市は「観光振興基本計画」を2008年に策定するが、その1年前に市民・業者・団体・行政による「伊勢市観光活性化プロジェクト会議」なるものがスタートしている。この会議は、

(1)　伊勢を訪れる人々にどう満足して過ごしていただくか
(2)　いかに日本及び世界に「伊勢」を発信していくか
(3)　そのためには、どのような体制で伊勢の観光まちづくりを展開していけばよいか

を考え、発足したものだ。「食」「環境」「人」の3つの部会で構成される。メンバーは約70人、毎月2〜3回集まって情報交換する。「食」部会では名物作りに取り組むとし、「外宮さんにちなんだどんぶりを創ろう」と「御饌丼」をスタートし、「環境」部会では、エコの移動手段としての「自転車による環境ツーリズム」を始めている。「人」部会では、市民誰もが伊勢の魅力を伝えるとして「一日伊勢っ子案内人」に取り組む。特に関心が持たれるのは、市民が自由に参加できる「ゆるい紐帯」での運動体であることだ。「参加したい人は事務局に連絡すればOK！」という参加方法である。もっとも、最近では市からの財政補助もなくなり、会議にやや勢いがなくなっていると言われる。しかし、市民参加型の観光のまちづくりの一つの好例として紹介しておきたい。

■二見が浦　　　　　　　　　　　（伊勢市提供）
古来より日の出遙拝所として知られる。夫婦岩を結ぶ大注連縄（おおしめなわ）は35メートルある。

問合せ先　伊勢市観光企画課
☎0596-21-5565

7　地域別計画

　観光は地域に密着する産業だ。自治体が広域化すればするほど、地域性が希薄になる。それだけに各自治体内で、地域別の計画の設定が求められるのは必然である。特に市町村合併の行われた自治体では、合併前の自治体エリアへの手厚い配慮は、政治的にも欠かせない。例えば、浜松市の「浜松市観光ビジョン」（2007年）の場合、合併によって広大化したエリアを5つに分け、これらの地域の特性を勘案した特別メニューを各論として提示している。都市部エリア、浜名湖エリア、浜北エリア、引佐エリア、天竜エリアの5つであり、「ひとつの浜松」作りに腐心する姿が見えるというものだ。

■名古屋駅前ビル　　（愛知県提供）
製造業が幅広い産業となっている愛知県では産業観光にも力が入る。

　ちなみに都道府県の場合は、その広域性から特に各地域への個別計画が不可欠となる。愛知県の「観光振興基本計画」（2008年）でも、県内を名古屋、尾張平野部、三河平野部などと5つの地域に分類し、それぞれの方向性を示している。長野県の「『観光立県長野』再興計画」（2008年）も10の区域に分ける。北信、長野、松本、諏訪、木曽といった以前からの行政運営圏を生かし、「エリア10観光振興プロジェクト」を策定している。地域社会において風土と歴史は、どこまでも大切なのである。

8　検討組織

　観光プランの構成の後半には、一般に当該プランの検討組織を紹介する。策定内容の責任を明確にすることが求められるからである。他方でプラン作成に当たっては、幅広い関係者の意見を集約したということを、住民や議会に説明するためでもある。

　さて、検討組織が俎上に上ったところで、検討組織の運用法について記しておく。一般的に観光プランの策定組織は、10人から15人くらいが多い。例えば、厚木市のシティセールス戦略検討委員会の場合は、委員長は大学教授、副委員長は商店街会長である。委員は、観光協会、商工会議所、農協、小田急電鉄、厚木シ

第4章　観光プラン作成のフォーマット　223

ロコロ・ホルモン探検隊長、ホテル支配人らであり、また、2人の公募市民（デザイナー、元サラリーマン）も参加している。もっとも「住んでよし、訪れてよし」の立場からの議論が期待される時代であるだけに、既存の地元諸団体からだけでなく、学生、主婦や若い女性、定年後の年配者といった層からの参加は今後不可欠だろう。

《検討委員等への期待》

　突然だが、ここで検討の過程上での留意点を指摘しておきたい。一つは、検討組織のメンバーへの期待というべきものだ。検討委員には、何よりも観光プランを役所でなく自分たちの町のものだという認識を持ってほしいものである。端的に言えば、役所のカネに依存する、役人の行動だけを要求するといった姿勢ではコトが進まない。また、従来からの自分たち団体が採ってきた方式に拘泥しないことも大切である。他の人や外部の情報に耳を傾ける柔軟さが必要なのである。

　もう一つの留意点は、検討委員と事務局との役割分担についてである。事務局は行政が担当するのが一般的だ。しかし、行政主導であると従来の役所の中のしがらみもあって、なかなか斬新なプランが出されない。そこで、施策や資源化に対するアイディアは各委員から積極的に出すということでなくてはならない。そして、それを取りまとめていくのが行政（事務局）となるのである。なお昨今は、事務局を外部のコンサルタント会社等に委託する場合が少なくないが、カネがかかる。それだけに最近では地元大学といった研究機関やＮＰＯと協働することも選択肢となると言えるだろう。

9　策定スケジュール

　最後に掲載されるのは、観光プランの策定経過（スケジュール）だ。これについての一般的な流れを紹介しておく。

　プランの策定には1年をかけるというのが大半であるが、自治体によっては、事前の準備にもう1年かけるというケースもある。次のような流れとなる。

(前年)

| 準備作業 | 観光資源調査、観光意向調査、観光動向調査など |

↓

(当年)

4月	第1回会議	計画策定の基本的方向性について
6月	第2回会議	観光資源の整理、観光振興策の課題について（前半）
8月	第3回会議	観光資源の整理、観光振興策の課題について（後半）
10月	第4回会議	計画素案（基本方向、施策の体系など）について（前半）
12月	第5回会議	計画素案（基本方向、施策の体系など）について（後半）
1月		市民へのパブリックコメント
2月	第6回会議	計画最終案の検討について
3月	第7回会議	計画公表（市長に提出、市の計画化としての決定手続き）

↓

(次年)

| 予算化 | 計画を受けての予算化（事実上、計画作りと並行して前年度に予算化作業をする） |

4-3 市町村の観光プランの策定状況

　では、全国の各市町村での観光プラン（計画）は現在どんな策定状況になっているだろうか。

　次に見られるように、市では人口規模の大小にほとんど関係なく、観光計画は広く策定されている。政令指定都市、中核市、特例市という区分と無関係である。さらに言えば、観光資源の多寡との相関性があるわけでもない。他方、町村になると、その策定数は多くなく、また、観光条例を制定していることも少ない。

　以下に各市町村の観光プランの幾つかを紹介する。なお、2010（平成22）年4月現在、区市町村の数は全国で1750であり、市（区も含む。）が809、町が757、村が184となっている。

1　政令指定都市の場合

　政令指定都市は現在19市ある。その中から本書で取り上げた観光プランを掲げる。

　政令指定都市は、大阪、名古屋など人口50万人以上で、政令で定める市を指す。ちなみに20番目として熊本市が平成24年の移行を目指している。

■浜松まつり（御殿屋台）　　　　（浜松市提供）
5月3～5日の浜松まつりでは昼は凧揚げ、夜は屋台の引き回しと練りが行われる。

自治体名	計　画 （自治体名省略）	コメント
仙台市	シティセールス戦略プラン（2009年改訂）	「杜の都」の都市ブランド作りを核とするプラン。仙台市はシティセールスの老舗的存在である。
横浜市	観光交流推進計画（2007年改訂）	ヨコハマ国際戦略とし、横浜開港150周年（Y150）を軸とした。羽田空港の国際化に期待を寄せる。
浜松市	観光ビジョン（2007年）	浜名湖花博など花のイメージが強い。合併後の統一イメージが求められ、観光振興での「浜松スタイル」を目指す。

2 中核市の場合

　中核市は全国で41の数で存在する。中核市は、人口30万人以上の市が対象となり、旭川、青森、金沢、長野、姫路、鹿児島などがこれに当たる。ここでは6つの中核市の観光プランを先例として取り上げた。

■讃岐うどん　　　　　　　　　（高松市提供）
香川県では「ＵＤＯＮツーリズム」と称してその喧伝を図っている。

自治体名	計　画 （自治体名省略）	コメント
盛岡市	観光振興計画（2009年）	盛岡ブランド推進計画（「もりおか暮らし物語」）（2006年）と立て続けに策定。ブランドの観光振興に力を入れる。
宇都宮市	都市観光振興プラン 　　　　　　（2004年） ブランド戦略指針 　　　　　　（2009年）	餃子で名高いが、市は「100年先を誇れるまちを、みんなで」を標榜する。
富山市	観光実践プログラム 　　　　　　（2010年）	「豊かな自然の中で"輝く"人間交流都市とやま」がタイトル。「好きやちゃ TOYAMA」とも呼びかける。
高松市	観光振興計画（2008年）	「あったか都市・ゆったり都市」を掲げるが、UDONツーリズム、「アートと海」などの軸を設定している。
熊本市	観光振興計画（湧々観光アクションプラン） 　　　　　　（2010年） シティブランド戦略プラン　　　（2008年）	「熊本城」と阿蘇山を水源とする「くまもとの水」の2つを市のウリとする。
大分市	観光振興計画（2008年）	「歩くほど　美味しくなる街」をキャッチフレーズにする。サルの高崎山と水族館「うみたまご」の観光に力を入れる。

3 特例市の場合

全国で40の特例市が存在する。その中で、本書で紹介した主な市の観光プランは次の自治体である。

特例市は、人口20万人以上であることが指定要件となっている。八戸、小田原、松本、明石、鳥取、佐世保などがこれである。

■山寺立石寺　　　　　　　（山形市提供）
山寺を訪れた松尾芭蕉は、「閑さや岩にしみ入る蟬の声」と詠んだ。

自治体名	計　画 （自治体名省略）	コメント
山形市	観光基本計画（2008年）	「"また来たくなる"観光やまがた」を掲げる。「山の向こうのもう一つの日本」との自負がある。山寺と花笠祭で名高い。
厚木市	シティセールス推進指針 （2010年） 観光振興計画 （2011年予定）	「味る、緑る、ふれる　—思い立ったら厚木」とユニークな呼びかけを提唱している。
甲府市	観光振興基本計画 （2009年）	「自然と調和した都市観光」というのがキャッチフレーズ。「信玄公のまち」でシティセールスを試みる。
福井市	観光ビジョン（2008年）	地域資源を重視し、「生業観光」というコンセプトを出す。「住んで楽しい観光まちづくり」というフレーズも強調される。

4　その他の市町村の場合

■弘前城
津軽藩の居城。2011年は築城400年祭のイベントが全市域で開催される。

■田んぼアーツ
田んぼをキャンパスに大きな絵が描かれる。その見物に田舎館村の役場が開放されている。

自治体名	計　画 （自治体名省略）	コメント
富良野市	観光振興計画（2008年）	サブタイトルは「『過ごしたかった日常』がここにある」。テレビドラマ「北の国から」と雄大な自然をウリとする。
ニセコ町	観光振興計画（2009年）	「悠悠リゾート　ニセコ」をテーマに、特に外国人スキー客の誘客に焦点を向ける。
弘前市	観光振興アクションプログラム　　　（2011年）	「魅力あふれる弘前感交劇場づくり」が目標。「りんご色のまちHIROSAKI」のウリ表現もある。
田舎館村	総合振興計画（第4次） （2001年） （2011年第5次策定）	キャッチフレーズは「田舎だってI－じゃん」。体験して面白い観光作りを進めるとし、「田んぼアーツ」を企画し話題を呼ぶ。
墨田区	観光振興プラン （2008年）	東京スカイツリーをウリにする。また「時速5キロのまちづくり」というコンパクトな観光まちづくりも進める。
田原市	観光基本計画（2007年）	「常春・渥美半島観光の再生」を目指すとし、"まるごと渥美半島観光"をキャッチフレーズとする。菜の花でも有名。
出雲市	観光基本計画（2009年）	「神話の夢舞台」をテーマに「世界を結ぶご縁都市、ご縁を大切にする出雲」を目標にした。2012年の大遷宮が節目。
今治市	観光振興計画（2009年）	瀬戸内しまなみ海道の開通を機に、「海響都市観光のブランド＝いまばり」を設定した。交通の通過点化への阻止を狙う。
今帰仁村	観光リゾート振興計画 （2009年）	「自然と歴史とロマン」をテーマにし、特に世界遺産の今帰仁城に！と訴え、桜祭りでの誘客に力を入れる。

4-4 県の観光プランの一例
—しまね観光アクションプラン

次に、都道府県の観光プランの作成例について見てみよう。スタンダードなケースとして、島根県の観光振興計画を取り上げてみる。

島根県には、時空を越えて日本人の生きざまを伝えるイメージ素材がある。八岐大蛇（やまたのおろち）や国引き・国譲りといった神話だけではない。シナリオ作家の山田太一は、沈む夕日を映す宍道湖（しんじこ）の湖面の風景に、日本の太古というものを知らされるという。アニメーション作家で映画監督の宮崎駿は、自然と人間の併存の接点を探る映画「もののけ姫」を制作するに当たって、古くから製鉄を営んだ出雲地方の「たたら」にその姿を求めた。

■宍道湖（しんじこ）　　　　　　　　　（松江市提供）
嫁が島の残照は最も人気のある宍道湖十景の一つである。

そうした舞台を持つ島根県が、観光立県を目指し2008（平成20）年に「しまね観光立県条例」を制定し、それを受けて翌年に「しまね観光アクションプラン」を策定したのである。

《都道府県と市町村の違い》

ところで、都道府県と市町村の観光プランの違いは何だろうか。都道府県の観光プランは、一般的に市町村のプランと比較して大きく3つの特徴を持つと言える。

1つは市町村の枠を越え、当該都道府県全体を包摂する広域的なビジョンであることだ。言うまでもないことである。

2つは各市町村の意向を集約する機能を持つことである。市町村→都道府県というベクトルである。

3つは各市町村の観光施策を基本的に方向付ける作用を持つということである。都道府県→市町村とのベクトルである。現に広島県の「ひろしま観光立県推進基本計画」では、「市町等が主体的に取り組むもの」として「観光を核とした『まちづくり計画』の策定」などと明示している。

もっとも、こうした性格は、都道府県の行政計画一般に共通するものであり、広域自治体の都道府県と基礎自治体たる市町村との役割分担の違いによるものと言える。しかし、観光プランでは各市町村の特性が重視されるだけに、特に2つ目の特徴が強く出されるべきものと思われる。ただ、そうは言っても、都道府県の観光プランと市町村のプランとの間に、施策の方向において大きな差異はないというのが実態である。

1　観光アクションプラン策定の背景

　さて、島根県の観光入込客数はと言えば、近年は連続的に増加しており、観光消費額もそれに伴って増加している。しかし、島根県は、知名度も観光地としてのイメージも必ずしも高くない。全国で比較すると、例えば、宿泊者数などは、2007年度の宿泊旅行統計調査によると179万人で、全国都道府県で第47位である。だが、観光の経済波及効果は小さくない。2008年度の県全体の観光消費額は1425億円であり、それによってもたらされる波及効果は1697億円と算出されている（「しまね観光アクションプラン」より）。

　果たして県としては、この観光の経済波及効果への期待を込めて「しまね観光立県条例」を制定し、すかさず2009年の春に「しまね観光アクションプラン」を制定した。県の観光に寄せる思いは極めて大きいのだ。しかも、この観光アクションプランの計画期間は、2009年度から3か年という短期での集中的な枠付けとした。さらに、地域重視という視点を持った観光戦略にしていることも注目される。県としての全体計画だけでなく、圏域別計画も別編で掲げ、市町村等へのガイドラインとしての性格も有しているのである。

2　しまね観光アクションプランの構成

　島根の観光プランは7章立てとなっている。その全体の体系を計画の目次に沿って掲げておこう。

■石見神楽　　　　　　　　　（島根県提供）
石見地方に受け継がれる伝統芸能の神楽。日本神話を題材とする。

第4章　観光プラン作成のフォーマット　*231*

> 第1章　策定にあたって
> 　計画策定の趣旨／計画の性格／計画の期間と構成
> 第2章　島根県の観光を取り巻く現状と課題
> 　概論／各論（観光客ニーズの変化への対応／地域資源の活用／観光地しまねの浸透など）
> 第3章　観光立県実現に向けた目標数値とその達成に向けて
> 　目標数値／達成に向けての視点など
> 第4章　計画の推進体制等
> 　役割分担の考え方／それぞれの役割・責務
> 第5章　全体計画（課題への対応・目指すべき方向・施策）
> 　施策Ⅰ　地域の特色や魅力を生かした観光地づくり
> 　　　　　（地域観光資源の磨き上げ／石見銀山を柱とした観光／修学・教育旅行）
> 　施策Ⅱ　情報発信や誘客宣伝活動の強化
> 　施策Ⅲ　外国人観光客の誘致推進
> 　施策Ⅳ　広域観光の推進
> 　施策Ⅴ　おもてなし気運の向上、受け入れ体制の整備
> 第6章　圏域別計画
> 　出雲圏域／石見圏域／隠岐圏域
> 第7章　資　料
> 　観光動態／外国人観光客の指標／参考文献・資料

3　観光プランの「全体計画」の施策

　では「しまね観光アクションプラン」の具体的な施策は何か。「第5章　全体計画」からなぞってみる。主な施策は、次の5つが掲げられている。

　1つは、地域性を重視するものだ。全県が東西に長く、文化圏も異なっていることなどから出雲、石見、隠岐の3圏域ごとの特性に合った観光振興の強化を図る。併せて各市町村で観光振興計画が策定されるように働きかける。具体的には、テーマ型、参加体験型観光の視点も入れた出雲路や石見路の旅行企画を工夫しようとするのだ。他方で世界遺産となった石見銀山を核とする観光推進策を掲げる。銀山の定時ガイドを設置したり、銀山―原爆ドーム―厳島神社といった中国地方の3か所の世界遺産を結びつけたりする。

　2つは、情報戦略の重視である。大都市圏など県外向けの情報発信として、新聞、雑誌、テレビなどを動員した誘客宣伝を強調するもので、口コミサイトの開設や「島根観光ナビ」の充実な

ど、インターネット等を活用した情報発信も目論んでいる。

　3つは、外国人対策である。海外マスコミや旅行業者の招へい、多言語でのインターネット、パンフレット等による情報発信などを進めるというものだ。ここでは境港（鳥取県）や浜田へのクルーズ船や台湾の富裕層の誘致を具体的に想定している。

　4つは、広域的視点での展開である。国や中国5県、山陰、県内連携による観光客の誘致を図ろうとする。特に「山陰文化観光圏」整備事業では隠岐を含めた島根、鳥取の2県の連携の中で取り組まれている。いわゆる点から線、線から面へという行政区域のボーダーレス化の視点だ。その延長で、中国5県の連携による外国人観光客誘致や、県内の各地域間連携の推進も重視する。

　5つは、ホスピタリティである。おもてなし気運の向上や、受入れ体制の整備を図るもので、観光ガイド等の観光の担い手の育成や、観光事業者、県民のおもてなしセミナーの開催、まち歩きマップの作成支援などを掲げる。

4　観光プランの「圏域ごと」の施策

　前記の全体計画を踏まえつつ、島根県の観光アクションプランは地域性を重視し、出雲、石見、隠岐という3つの「圏域ごと」の取組み方針を示す。東西に細長く広がる島根県ならではの区分である。広いエリアを持つ県行政にとって、地域別プランの提示は各市町村との協働性を確保する上でも不可欠なのである。

　第1は出雲圏域である。ここでは神話と出雲大社の認知度を生かした集客を図ろうとし、遷宮行事や「縁結び」をテーマにした着地型旅行商品も組み入れる。「神頼みの観光振興ではないか」などと口にしては神罰が当たろうか。いやいや、伝統文化の貴重な観光資源は、これを積極的に使わない手はないのだろう。

　第2は、石見圏域である。柿本人麻呂や森鴎外、島村抱月のふるさととされる石見だが、広範なだけに何よりも広域観光ルートの確立などが重視される。例えば、ハード面では石見銀山―アクアス―津和野といった浜田自動車道等の整備に着眼し、ソフト面では「なつかしの国　石見」の地域イメージの発信に努める。確かに赤い石州瓦が続く風景は、南欧の色合いにも似ており、訪れる人々の気持ちを和らげるというものだ。さらには海と山の食

材を生かした「食」による魅力向上の取組みも強調される。

　第3は、隠岐圏域である。後鳥羽上皇や後醍醐天皇の流刑の地として、独特の文化を醸成した隠岐の地は、まさに時空を越える島根の魅力の一つと言えるだろう。案内機能として、ワンストップで隠岐全体を観光できるようなツアーセンター体制の強化や、観光ホームページの充実、あるいは隠岐産品の開発・販路開拓の強化などが提示される。

■石見銀山（間部）　　　　　　（島根県提供）
大田市にあり、2007年に世界遺産（文化遺産）に登録された。

5　したたかな推進姿勢

　こうした取組みを示した上で、「観光アクションプラン」では、目標を明確化する具体的な数値を下表に提示した。この目標数値については、理念先行の期待値でなく、経済不況なども勘案した現実的な判断での設定となっている。

	2008年度	2011年度	2015年度
観光入込数	2,870万人	2,900万人	3,000万人
観光消費額	1,425億円	1,450億円	1,460億円

《古事記1300年事業》

　ところで、2010年秋、島根県では新しいビッグプロジェクトを打ち上げた。「古事記1300年事業」基本構想である。「しまね観光アクションプラン」（2009年）には必ずしも明示されなかったものだ。「神話のふるさと『島根』推進協議会」（会長・島根県知事）が決定し、古事記編さん1300年を迎える2012年と、60年に一度の出雲大社の「正遷座祭」（大遷宮）がある2013年を軸に、大々的な島根への観光キャンペーンを展開しようとするものだ。ＪＲ西日本がデスティネーションキャンペーンと絡んで一枚かむ。この新たなプロジェクトは、従来の「しまね観光アクションプラン」を踏まえつつも「何とか島根のウリを見つけ他県との差別化を図りたい」（島根県・玉串和代観光振興課長）としていた

担当課が、あれこれ検討を重ねて立案したものである。奈良県の平城遷都1300年祭の高揚を引き継ぐビッグイベントとしても期待され、しかも、古事記ワールドに由来して奈良（平城京）、宮崎（高千穂）、鳥取（因幡の白兎）、三重（伊勢神宮）との連携も図る。もう一つの観光プランであり、注目される挑戦と言ってよい。

問合せ先　島根県観光振興課
☎0852-22-5292

■「神々の国しまね　古事記1300年」ロゴマーク
わきあがる雲の中にそびえ立つ社（やしろ）とオロチのシルエットを配し、『古事記』と『しまね』のつながりが一目で印象付けられるデザインとなっている。

世界遺産

世界遺産は、1972年の国連ユネスコ総会で採択された世界遺産条約に基づき、世界遺産リストに登録された「顕著で普遍的な価値を持つ」物件をいう。文化遺産、自然遺産、複合遺産に3分類される。2011年現在、我が国で登録された世界遺産は14件。その他に新たな登録を目指すものとして、富士山、飛鳥藤原、富岡製糸場、長崎の教会群、三内丸山遺跡などがある。

日本の世界遺産	
文化遺産（11）	法隆寺 姫路城 京都の文化財 奈良の文化財 白川郷・五箇山 原爆ドーム 厳島神社 日光の社寺 琉球王国のグスク 紀伊山地の霊場 石見銀山
自然遺産（3）	屋久島 白神山地 知床

4-5 都道府県の観光プランの策定状況

　ここからは、47都道府県の観光プラン及び観光振興条例の策定状況を掲載する。多くの都道府県は、特に観光立国推進基本法及び観光立国推進基本計画が制定された2007（平成19）年以降に、その制定及び策定（改訂）が行われている。

　しかし、現在、観光振興条例のない都道府県は、結構多い。青森、宮城をはじめとして28に及ぶ。ほぼ半分は条例を制定していない。他方で観光プラン（振興計画）のない県は香川、大分、佐賀の3県のみである。もっとも、この3県も、個別の観光振興計画が策定されていないということであって、行政の総合計画の一環としての計画性は有しているのは言うまでもない。

《都道府県の観光振興条例、観光プランの策定状況(2011年3月現在)》

都道府県	計　画	条　例
北海道	北海道観光のくにづくり行動計画　　（2008年）	北海道観光のくにづくり条例　　（2001年）
青森県	「あおもりツーリズム創造プロジェクト」事業　　（2007年）	観光条例なし
岩手県	みちのく岩手観光立県基本計画（2010年）	みちのく岩手観光立県基本条例　　（2009年）
宮城県	みやぎ観光戦略プラン（第2期）　　（2011年）	観光条例なし
秋田県	秋田県観光振興プラン　　（2011年）	観光条例なし
山形県	やまがた観光交流推進プラン　　（2011年）	観光条例なし
福島県	"活き活き"ふくしま産業プラン　　（2010年）	観光条例なし
茨城県	茨城県観光振興基本計画　　（2006年度）	観光条例なし
栃木県	新とちぎ観光プラン　　（2011年）	観光条例なし
群馬県	はばたけ群馬観光プラン　　（2008年）	観光条例なし
埼玉県	埼玉「超」観光立県宣言　　（2010年）注：宣言である	観光条例なし
千葉県	観光立県ちば推進基本計画　　（2008年）	千葉県観光立県推進条例　　（2008年）

東 京 都	東京都観光産業振興プラン　　　（2007年）　注：2011年度に新計画策定	観光条例なし
神奈川県	神奈川県観光振興計画　　　　　（2010年）	神奈川県観光振興条例（2010年）
新 潟 県	「2009新潟県大観光交流年」事業　（2009年）注：計画ではない	新潟県観光立県推進条例　　　　　　　　　　　　　　（2009年）
富 山 県	富山県観光振興戦略プラン　　　（2010年）	元気とやま観光振興条例　　　　　　　　　　　　　（2008年）
石 川 県	新ほっと石川観光プラン　　　　（2005年）	観光条例なし
福 井 県	ビジット"ふくい"推進計画　　　（2004年）	観光条例なし
山 梨 県	山梨県観光振興基本計画　　　　（2008年）	観光条例なし
長 野 県	「観光立県長野」再興計画　　　（2008年）	観光条例なし
岐 阜 県	飛騨・美濃じまん運動実施計画（2008年）	みんなでつくろう観光王国飛騨・美濃条例　　　　　　（2007年）
静 岡 県	観光しずおか躍進計画　　　　　（2006年）	観光条例なし
愛 知 県	愛知県観光振興基本計画　　　　（2010年）	愛知県観光振興基本条例　　　　　　　　　　　　　（2008年）
三 重 県	三重県観光振興プラン　　　　　（2004年）	観光条例なし

■鶴岡の武家屋敷（山形県鶴岡市）
藤沢周平原作の映画『蝉しぐれ』の舞台となった丙申堂。庄内鶴岡の豪商、風間家の屋敷である。

■一乗谷朝倉氏遺跡
福井市にある戦国大名朝倉氏の遺跡であり、国の特別史跡である。

第4章　観光プラン作成のフォーマット　237

滋 賀 県	近江の誇りづくり観光ビジョン（2009年）	観光条例なし
京 都 府	「生活共感・感動創造」京都観光戦略プラン　　　　　　　　　　　　　　　（2009年）	観光条例なし
大 阪 府	大阪府観光戦略　　　　　　　　（2011年）	観光条例なし
兵 庫 県	ひょうごツーリズムビジョン　　（2010年）	観光条例なし
奈 良 県	ポスト1300年観光戦略アクションプラン　　　　　　　　　　　　　　　　（2011年）	観光条例なし
和歌山県	和歌山県観光振興実施行動計画（2010年）	和歌山県観光立県推進条例　　　　　　　　　　　　　　　　（2010年）
鳥 取 県	ようこそようこそ鳥取県運動取組指針　　　　　　　　　　　　　　　　（2010年）	ようこそようこそ鳥取観光振興条例　　　　　　　　　　　（2009年）
島 根 県	しまね観光アクションプラン　　（2009年）	しまね観光立県条例　（2008年）
岡 山 県	岡山県観光立県戦略　　　　　　（2008年）	観光条例なし
広 島 県	ひろしま観光立県推進基本計画（2008年）	ひろしま観光立県推進基本条例　　　　　　　　　　　　　　　　（2007年）
山 口 県	山口県年間観光客3千万人構想実現アクションプラン　　　　　　　　（2009年）	観光条例なし

■太陽の塔（大阪千里）
ＥＸＰＯ '70大阪万博の跡地に残る太陽の塔。岡本太郎制作の建造物。

■阿波踊り　　　　　　　（徳島県提供）
毎年8月12〜15日までの4日間開催される。400年の歴史を持つ。

徳 島 県	徳島県観光振興基本計画　　　　　（2009年）	もてなしの阿波とくしま観光基本条例　　　　　　　　　　　　　（2009年）
香 川 県	観光計画なし	観光条例なし
愛 媛 県	愛媛県観光振興基本計画　　　（2011年度）	えひめお接待の心観光振興条例　　　　　　　　　　　　　（2009年）
高 知 県	高知県産業振興計画（観光分野）　　　　　　　　　　　　　（2009年）	あったか高知観光条例（2004年）
福 岡 県	福岡プラスワン戦略　　　　　　（2007年）	観光条例なし
佐 賀 県	観光計画なし	観光条例なし
長 崎 県	長崎県観光振興計画　　　　　　（2007年）	長崎県観光振興条例　　（2006年）
熊 本 県	ようこそくまもと観光立県推進計画　　　　　　　　　　　　　（2009年）	ようこそくまもと観光立県条例　　　　　　　　　　　　　（2008年）
大 分 県	観光計画なし	観光条例なし
宮 崎 県	宮崎県観光リゾート振興計画　　（2005年）	観光条例なし
鹿児島県	観光発展戦略プロジェクト事業（2009年）　　　　　　　注：計画ではない	観光立県かごしま県民条例　　　　　　　　　　　　　（2009年）
沖 縄 県	ビジットおきなわ計画　　　　　（2007年～毎年改定）	沖縄県観光振興条例　　　　　　　　　　　　　（1980年）

■軍艦島（長崎市）
かつて炭鉱のまちであった長崎県の端島。無人島だが最近はツアーも持たれている。

■知覧の武家屋敷（鹿児島県南九州市）
知覧は特攻の基地があったことで有名だが、江戸時代からの武家屋敷も保存されている。

（参考：観光庁）
観光立国推進基本法（2006年）
観光立国推進基本計画（2007年）

第5章 観光プランの意義と今後の課題

最後の第5章では、今まで概観してきた各地の観光振興の取組みや各自治体の観光プランの総括を含め、地方自治体等が観光プランを策定していく意義と、その際の留意点を整理する。

5-1 観光プランを作る意義

はじめに、観光プランが、全国の自治体や観光協会で取り組まれている理由を改めて記してみたい。観光プラン策定の有無は自治体の規模の大小を問わず、観光資源の有無ともほとんど関係ない。このように各地で観光プランが求められ、その策定が続くのはなぜであろうか。

その1 観光立国という国の方針

まず挙げるべきは、国の観光立国の方針である。2004（平成16）年に観光立国推進戦略会議の報告書「国際競争力のある観光立国の推進」が出された。それを受け、衆参両院共に全会一致による観光立国推進基本法の制定（2006年）、観光立国推進基本計画の策定（2007年）、観光庁の発足（2008年）と続く。そうした国策としての積極的な動きが、各自治体を作動させていることは言うまでもない。観光立国推進基本法は「地方公共団体の責務」としてこう規定する。

「地方公共団体は、基本理念にのっとり、観光立国の実現に関し、国との適切な役割分担を踏まえて、自主的かつ主体的に、その地

■観光立国推進戦略会議報告書（2004年）

240　第Ⅱ部　わがまちの観光プランをつくろう！

方公共団体の区域の特性を生かした施策を策定し、及び実施する責務を有する。」(第4条)

そして、この法律に基づいて策定された観光立国推進基本計画では、「観光立国の実現に関する施策を総合的かつ計画的に推進するために必要な事項」(第4)の一つとして、「地域単位の計画の策定」を挙げ、次のように記述している。

「観光立国の実現のためには、我が国国内のそれぞれの地域において、多様な関係者が議論を積み重ね、総合的かつ計画的な取組を進めていくことが重要である。このため、この基本計画を踏まえ、各地域においても観光振興についての基本的な方針や目標等を定めた、行政区域を越えた広域的なものを含む様々なレベルの地域単位の計画を策定することが望まれる。」

多くの地方自治体は、まず、この国の法及び計画に基づいて、それぞれの観光プラン作りに着手するのである。

もっとも、こうした国の姿勢とは別に、独自に観光プランを策定している自治体は少なくない。例えば、函館市は既に1982(昭和57)年に「はこだて市観光基本計画」を策定し(2004年に新計画を策定)、鎌倉市も1996年に「鎌倉市観光基本計画」を作っている。あるいは宮崎市も2002年に「宮崎市観光推進計画」を立てている(2010年に新計画を策定)。地方自治体は時に国に先行し、時に国の施策を領導してきていることは知っておいてよい。

その2 自治体にとっての計画のメリット

ところで、各自治体の観光プランの策定経緯を見てみると、国策としての方針もさることながら、それ以上に各自治体が経済社会面、政治面、行政面の3つの面から観光プラン策定に力を入れる理由を見つけることができる。

1 経済社会面からの必要性

一つは経済社会的メリットである。経済の衰退と人口の減少に悩む地方自治体にとって、観光による地域の活性化への期待は高

い。実際に観光の経済効果は小さくない。例えば、熊本県の「観光立県推進計画」(2009年)では2007年の観光消費額は2745億円、生産波及額が4403億円、観光産業の雇用誘発効果も4万1461人に及ぶとする。このため「観光は県民経済に貢献する総合産業だ」と熊本県知事は言い切る。長野県も「『観光立県長野』再興計画」(2008年)で2006年の観光消費額は3241億円であり、県内の農業生産額の2759億円、精密機械の生産額の2903億円をそれぞれ上回ったと記す。

　また、少子高齢化と戦後の著しい都市化の中で、地方の自治体にとって人口の定住あるいは流入の促進は重要な課題となっている。例えば、人口約20万人の山口市は、2010年に「観光交流基本計画」と称したプランを策定している。そこでは人口減少により生産・消費・納税額が縮小することを回避し経済社会の活性化のため、計画意図のイの一番に「交流人口の拡大」を掲げているほどだ。国が「住んでよし、訪れてよしの国づくり」(「観光立国懇親会報告書」2003年)を観光立国推進の理念としたのは、決して偶然ではないのである。

2　政治面からの必要性

　観光プランの策定が強調されるもう一つの背景が市町村合併である。1999年から始められた、いわゆる平成の大合併によって、2009年度末には10年前の3232から1750の自治体にまで減少した。ほぼ半減であるが、県によっては広島県のように86の自治体が23にまで、何と4分の3の市町村が消滅したところもある。それだけに、各地に合併後遺症が生じ、特に周辺の旧地域住民の中心部地域への不信と反発が根強く、その事態への対応が合併後の自治体の課題となった。

　信楽焼の狸で有名な甲賀市の「観光振興計画」(2010年)もその一例だ。2004年に水口、土山、甲賀、甲南、信楽の5町が合併し、甲賀市となった。しかし、これら5町にはそれぞれの歴史と風土がある。この多様さを包摂するベクトルを設定しなくてはならない。その結果が東海道宿場町(水口町、土山町)と甲賀忍者(甲賀町)と信楽焼(信楽町)を束ねた「甲賀のお宝発見伝」なる観光プランであった。ともすればバラバラになりかねない広範

な地域を、いかに一体的、総合的に活性化していくか。その結集軸として期待されたのである。

そして、策定のもう一つの政治的背景に、首長の政治的思惑があることも指摘しておかねばならない。率直に言って観光振興という施策は、支持率に腐心する首長には思いのほか魅力的と言ってよい。観光プランは、まず政策としての「明るい地域の未来像」を提示できる。そのことによって政治家としての抱負を語ることができ、地域全域の一体感を醸成できるのである。

■信楽焼の狸の置物　　　　　　　　（甲賀市提供）
狸は「他を抜く」との縁起物とされ、店先に置かれるようになったと言われる。

さらに言えば、観光振興の場合は、新しい計画作りとはいえハード（建物、道路など）でなく、ソフト（チエ）の工夫が主となる。それゆえ財政負担をかけずに済むというメリットもあるのだ。横浜市の場合、2007年に「観光交流推進計画」を策定しているが、それを受けての翌2008年度の観光交流推進費（経済観光局）は10億5409万円であり、これは市の予算総額3兆3195億円の0.03パーセントにすぎない。政治主義的に言えば、観光プランは多くの首長にとって新しい夢を語り選挙民をつなぎとめることのできる、安価で格好の手段と言えるのである。

もっとも、このことは逆の作用も持つ。奈良県は2005年に「21世紀の観光戦略」なる計画を立てている。が、2007年の知事選で交代した新知事は、前知事策定の当該計画にはあまり興味を示さず、当該計画とは別個の「平城遷都1300年祭記念事業計画」を立ち上げ、それに邁進したという経緯がある。

■みなとみらい21　　　　　　　　（横浜市提供）
みなとみらい21（MM21）は臨海部の再開発の町。横浜ランドマークタワーは建物で日本一の高さを誇る。

第5章　観光プランの意義と今後の課題　　243

3　行政面からの必要性

　観光プランを策定するもう一つの理由は、行政面からのメリットである。しかも、それは2つある。

　第1は、自治体内部におけるメリットである。自治体行政にあっては、いずれの職場であれ、予算や人員の確保は困難な作業である。まして、昨今の我が国の社会のように、財政難に加えてシビアな住民視線の注がれる中では、行政は極めて効率的な運営が求められることとなる。それだけに、施策の方向性及び優先順位の明確化がなされれば、その分、庁内の関係部と住民に対し、説得性と透明性に力を持つと言える。先に島根県の「しまね観光アクションプラン」(2009年)の例を紹介した。その計画が策定されるや、翌年度予算として早速に観光情報発信事業に1億2192万円、山陰文化観光圏事業に1193万円、隠岐観光振興に1830万円が措置されている。国の補助金が入っているとはいえ、厳しい島根県の財政事情からして決して少なくない額である。こうした計画の財源確保の効用は、窮屈なルールの役所世界では侮れないのである。

■益田市・グラントワ
島根県益田市にある島根県立石見美術館・いわみ芸術劇場。赤い石州瓦が使われている。

　第2は、国などに対する関係でのメリットである。言うまでもなく観光行政は極めて地域性の高いものだ。それだけに、自分たちの地域の立ち位置を、プランという形で明確にしておくことは重要である。観光資源の保護や創出に、全国画一の手法は必ずしもなじまず、また自治体としては小回りの利く展開を欲することも多いからである。例えば、厚木市で毎夏開催される「あつぎ鮎まつり」にあって、河川を利用した様々なイベントや屋形船の開設などを考案しようとする。しかし、河川法での制約は厳しい。それだけに、法の改正や柔軟な運用を見込んだ地元としての意思は、観光プランで先行して明確にしておくことが必要とされるのである。

　2000年に地方分権一括法が施行され、2001年には地方分権改革

推進法が制定された。中央集権から地方分権へ、あるいは地域主権の時代へとパラダイムは移行しつつある。観光分野においても、こうした時代の趨勢の中で、地方の主体性が具体的に展開されるべきは当然であろう。

4　緊急事態面からの必要性

2011年3月に東北地方太平洋沖地震が起き、津波とともに甚大な被害をもたらした。肉親や生活基盤そのものを失った人は数多い。その地域にとって生活の再建こそが最優先であり、観光振興などは当然のことながら二の次となる。しかし遠くない将来、改めて観光振興が地域活性の手段として注目されるようになると信じたい。その先例として、2度の地震に襲われた新潟県の事例を紹介しておく。

新潟県は2004年に中越地震、2007年に中越沖地震に襲われた。それぞれの年は観光入込客数が激減する。しかし、新潟県は懸命に復旧、復興を目指し、2009年に「新潟県観光立県推進行動計画」を策定するのだ。しかも併せて「2009新潟県大観光交流年」なる運動を立ち上げ、県、市町村、関係団体・企業161が協働しての大ムーブメントを展開するのである。大きなダメージを受けながら観光振興を地域振興の起爆剤として、何とか明日につなげたいという、行政の取組みがあったことは知っておいてよいだろう。

5-2 観光プランを策定する上での留意点

さて、このように策定が望まれている観光プランであるが、各自治体の観光プランの実態や担当者からのヒアリング内容を整理するとき、今後持つべき視点や陥ってはならない課題が見えてくる。そこでここからは、こうした課題を踏まえた、観光プランを策定する上での留意点を提示していきたい。1 政策的な面からの留意点、2 技術的な面からの留意点、3 主体と協働という面からの留意点の3点である。

その1 政策的な面からの留意点

まず、観光プランを策定する上で、政策的な面からの留意点とは何であろうか。

1 「観光は個別政策でなく総合政策だ」という認識

持つべき視点の第1は、「『観光』はもはや『観光』ではない」という認識であろう。「観光」を定義して、「國の光を観る」（『易経』の一節「觀國之光　利用賓于王」から）との表現を取り上げ、その根拠付けとするのが一般的である。しかし、従来からの「観光」のイメージは、観光バスに乗って温泉に行き、名所巡りと名物料理を堪能し、そして翌日は買い込んだ土産物を抱え昏々と眠りながら帰宅するという形で浸透している。

ところが、今や観光のコンセプトは拡大し、「住んでよし、訪れてよしの国づくり」（観光立国懇親会報告書）という理念の下に再構築されるようになってきている。地元の人々に住みやすいまちであること、外から訪れる人に納得される土地であることが求められているのである。既に全国で制定されている観光プランは、意識しているか否かにかかわらず、この視点を持ちつつあると言える。すなわち、観光プランは、地域の商業振興だけでなく農林漁業振興であり、景観や自然の保護を図るものであり、新幹線や道路等の整備対策なのである。さらに言えば、芸術文化の振興策であり、子供の教育対策であり、老人対策のプランでもあるのだ。換言すれば「観光」政策とは、今や「総合政策」になって

いるのである。

> **今帰仁村の観光の基本理念**
>
> 　今帰仁村の計画では観光の基本理念を幅広く捉えてこう言う。
> 　「目指すところは、豊かなむらづくりである。豊かなむらとは、良好で身近な自然環境に恵まれ、地域が歴史とロマンに満ち、そこに住む村民誰もが健康でイキイキと日常生活を営んでいる姿であろう。このような豊かな村や村の生活に訪れた人たちが共感することで、宿泊滞在してみたいという欲求が沸き起こるものである。そしてその欲求の積み重ねが、一度限りではなく何度も足繁く通う観光リゾートそのものにつながっていくものと思われる」(「観光リゾート振興計画」(第2次　2009 (平成21)年))

　そして「観光は総合政策だ」という視点からは、自治体が観光プランを策定する場合、例えば、その担当セクションは観光課の専管として行わず、企画課といった庁内組織の総合調整担当のセクションがこれを担当するか、共管することが肝要となる。観光を軸に、地域のまちづくり全体を回転していくのだという、心構えが持たれてよいのである。

2　「網羅主義」「万遍主義」からの脱却

　次いで観光プラン策定上で気を付けるべきことは、過度の網羅主義に陥らないことである。首長たちにしてみれば、自治体内の全ての人々や課題を万遍なく取り上げ、いずこにも配慮をしなければならないとの思惑が働く。合併によって市町村名が消えた地域の人たちに対し、それまでの自分たちの地域が計画上も軽視されてしまうことになれば不快感を示す。確かにそれへの気配りは誰も否定できないだろう。

■鹿児島へ走る新幹線
(鹿児島県提供)
交通基盤の整備も観光プランの対象となっている。

　しかし、他方でこうした行政の網羅主義への拘泥、換言すれば平等至上主義には陥穽がある。その自治体のトータルとしてのウリが見えなくなるからである。全国区となった餃子のまちでありながら宇都宮市は、「餃子、大谷石、カクテル、ＪＡＺＺに加えて、宇都宮と聞いて憧れをもって思い描いてもらえる『宇都宮らしさ』をしっかりつくっていく」と市の「ブランド戦略指針」

（2009年）の冒頭で市長が述べている。シティセールスとしての先鋭戦略を考えながらも、一点集中主義への純化には逡巡するのであろう。しかし、シティセールスといった観点からは、ウリの表現は単純で先鋭化された方がよい。

そう考えるならば、観光プランを作成するに当たっては、例えば、住民向け版と対外者向け版の複数化を試みることなどがあってよいだろう。すなわち、観光プランの本体は網羅的に各地域の課題と方向性を展開する。が、概要版などはシティセールス用と捉え、対外的な喧伝と割り切って「餃子のまち」（宇都宮）、「シロコロのまち」（厚木）といったアクセントの置かれたものとすることである。

3 「お国自慢」という競争心は有用

2007年から日本テレビ系列で放送されている人気番組がある。みのもんたが司会する「秘密のケンミンSHOW」だ。毎週木曜日の夜9時から放送される。「県民の県民による県民のための赤裸々カミングアウト・バラエティ」とタイトルコールにある。芸能人の出身地を題材に、その土地で行われる行事や習慣を紹介する内容で、平均視聴率は約16パーセントと高い（関東地区ビデオリサーチ調べ）。要は「お国自慢」番組である。

確かに、出身のふるさとに楽しく拘泥する日本人気質には特筆すべきものがある。ふるさとの話題は、対人関係でも裃を脱げる安堵感があり、ふるさと回帰願望も満たしてくれ、上下関係・利害関係に絡まないとの安心感がある。しかし、この「お国自慢」というテーマを見くびってはならない。お国自慢というのは十分に本気度を醸成するからである。お国自慢の源泉は、自治体のシティセールス戦のブランド力であり、オンリーワン化への期待と言ってよいのだ。

そのことを踏まえ、岐阜県などはストレートに「『飛騨・美濃じまん』運動実施計画」（2008年）

■五箇山合掌造り集落　　　　　　　（富山県提供）
富山県南砺市にある五箇山。1995年に世界遺産（文化遺産）に登録された。

248　第Ⅱ部　わがまちの観光プランをつくろう！

という名称を付けた観光プランを策定しているほどだ。「飛騨・美濃のじまんを知ってもらい、見つけだし、創りだす飛騨・美濃じまん運動に取り組むことで、観光産業を基幹産業として発展させ、もって飛騨・美濃の特性をいかした誇りの持てるふるさとをつくります」(「みんなでつくろう観光王国飛騨・美濃条例」第1条)とうたっているのである。

　「みちのく岩手観光立県基本計画」(2010年)を策定した岩手県も特に「お客さまに来ていただく」ためのお国自慢の情報発信を重要視した。平安末期に清衡、基衡、秀衡と奥州藤原三代が栄華を極めたみちのくの大地。その藤原氏が建立した平泉の中尊寺金色堂こそが、マルコ・ポーロやコロンブスが夢見た伝説の地になったと言われる。また、西行が足を運び、芭蕉が"夏草や　兵どもが　夢の跡"と詠っている。果たして県庁の職員の名刺には、金色堂の写真とともに、「黄金の國、いわて」と刻まれ、「マルコ・ポーロや西行法師、松尾芭蕉が憧れた理想郷」と記しているのだ。

　同様に、田原市の職員名刺も事例として挙げておく。下の名刺の写真は、田原市に属する渥美半島の伊良湖岬の風景であるが、市の職員が自らイラストで描いたものだ。この地域自慢の名刺は市の職員の手作りというウリもあって、全国へのシティセールスの一環として市長をはじめ多くの関係者がこれを活用している。

　もっとも、こうした地域自慢の名刺戦法は、様々に工夫され、花盛りというほどに各自治体で活用されているのが実態である。

　いずれにせよ、我が国の自治体は地域間競争の時代に入ったと言われる。住民が住む地域を選ぶ時代になったという意味もある。それだけに、これからの「オンリーワン」施策を追求しようとする全国各地の観光振興策において、「お国自慢」は自治体間競争でのキーワードとさえなっているのである。

■観光名刺(田原市(伊良湖岬))

第5章　観光プランの意義と今後の課題

4 「観光は楽しむべきゲームだ」との余裕を持つこと

　それにしても、地域の観光資源をいかに発見していくか、それをどう創造し発信していくかは、ちょっとした遊び心が必要とも思われる。観光プランを策定する際に求められるのは高揚感である。

　2010年9月、厚木市でB-1グランプリ大会が開催された。出展された料理は全国の津々浦々から46メニューである。2日間の参加者数は43万5000人。グランプリ賞は甲府市の「鳥もつ煮」となったが、「黒石つゆやきそば」「三崎まぐろラーメン」「豊川いなり寿司」「出雲ぜんざい」「大村あま辛まっ黒！カレー」などなど、実に多彩な料理が集結している。2006年に青森県八戸市で始まったこのB級グルメのイベント（B-1グランプリ）は、瞬く間に全国の団体を巻き込み、2009年の秋田県横手市の大会でも約27万人が集まった。地域の風土と特産品とを織り交ぜ、新しい「食」のチエで加工しての勝負である。しかも、経済効果は大きく、厚木市のB-1大会での経済効果は36億円（厚木市調べ）と公表された。それだけに、この誘客ゲームは競争心を高めるのである。しかし、熾烈でありながら、どこか和やかなイメージを感じさせるところに、このイベントの魅力があると言えようか。

　もう一つ、こうした視点から注目してよい試みを掲載しておく。「嚶鳴フォーラム」なるイベントである。2007年に東海市らの提唱で始まったこの事業は、「ふるさとの先人に学ぶ21世紀のまちづくり、人づくり、心そだて」を目指すとするものだ。しかし、実態的には歴史文化フォーラムにとどまらず、まさに観光まちづくりのイベントそのものになっている。地元の経世家という「お宝」を素材に、歴史上でのお国自慢と観光振興に向けた新しい工夫策に他ならない。ちなみに「嚶鳴」とは、鳥が仲間を求めて鳴き交うという意味であり、転じて仲間を求めて切磋琢磨しながら、共

■JR豊後竹田駅
豊後竹田は軍神とされた廣瀬武夫と作曲家の滝廉太郎を生んだ地である。

に学び合う姿を表する。2007年の第1回は、東海市の細井平洲、第2回は高島市の中江藤樹、3回目は長野市の佐久間象山（地元では「ぞうざん」と言われる）、そして2010年の4回目は竹田市の廣瀬武夫にスポットを当てた。

　この地元を誇り、地元を自慢するとの視点は、歴史ブームを受けての、特に歴女なるものが増えているとの世情を反映しての、知的な観光まちづくりにつながっていくものと期待される。

問合せ先　嚶鳴協議会事務局
　　　　　東海市教育委員会
　　　　　☎052-603-2211

5　地域を越える広域的な視点を持つこと

　お国自慢は楽しい。また、自治体であれば、自分たちの利益を優先して考えることは当然だ。しかし、狭量な自治体主義に陥り、周辺自治体や関連自治体の存在を無視するとなると問題である。言うまでもなく観光として訪れる人々は、県境や市町村境など行政区域を意識して行動などしないからだ。そこで、ここでは広域的な視点を持つ大切さを指摘したい。

　例えば、観光プランでは必ず載録される観光マップの作成を考えてみたい。通常、人々は行政エリア等と関係なく地域を越え、買い物や散策を楽しむ。だが、自治体の観光マップは、とかく自らの地域内の施設やイベントだけを詳細に表し、周辺自治体のエリアは白地とする。これでは人々は戸惑ってしまうだろう。たかが観光マップ、という話ではない。自治体は、とかく広域的な視点を欠落し、自治体至上主義に陥りかねないことがある。

　そうした点も勘案しつつ、国は2009年から広域観光圏構想を推進した。会津・米沢地域観光圏（会津若松市、喜多方市、米沢市など）や阿蘇くじゅう観光圏（阿蘇市、小国町、高森町、竹田市など）などといった、県境や市境を越えての連携プロジェクトである。2010年には45地域が認定されるほどに拡大した。観光を広く一

■会津若松城　　　　　　　（福島県提供）
通称「鶴ヶ城」と言われる。1965（昭和40）年に復元されたもの。

第5章　観光プランの意義と今後の課題　251

体的に捉える視点は有用と言えるだろう。だが、この取組みは2009年来、政府の事業仕分けの対象となり、大幅な見直しが求められたのだ。しかし、主体を自治体に移行させるなどし、その継続を期待したいものである。

> **観光圏構想と事業仕分け**
>
> 　観光圏事業は2009年度からスタートした。しかし、民主党政権への移行で、その年の秋から始まった政府の事業仕分け（行政刷新会議）で、厳しい査定を受ける。効果がよく見えない、国でなく自治体がやるべきではないか、などが理由とされ、8割の予算削減判定を受けた。2010年度の事業仕分けでは「観光地域づくりプラットホーム事業」（要求額5億4200万円）として提案されたが、観光圏事業の看板の掛替えではないかと批判され、当該事業も抜本的な見直しと予算の半減が決まった。認定を受けて既にスタートしていた各地（補助金交付予定の41地域）のプロジェクトは大きな混乱を強いられることになった。観光のような長期的な視点で考えねばならない事業が、短期的な視点で判断されることにはやはり問題があると言うべきだろう。

　他方、既に地方自治体の間では、そうした広域的試みに挑戦しているところも少なくない。山形市は2008年に「観光基本計画」を策定しているが、そこでは広域観光の推進を方針の一つとし、仙台市、福島市との3県都の連携を打ち出している。仙台との"仙山交流"事業や、他市での「山形ふれあいマーケット」の開催、「仙台まるごとバス」の山寺までのエリア拡大等を図っているのである。また、福島商工会議所青年部の取り組んだ「伊達政宗と上杉の歴史を福島に取り戻せプロジェクト」（第1章 P.95）も、この文脈に位置付けられる取組みといってよいだろう。なお、先に挙げた古事記1300年事業計画（P.234）に絡む、出雲—大和—高千穂—伊勢神宮—因幡の白兎などといった神話世界で結ぶプロジェクトも、特筆すべき広域的連携と言ってよいだろう。

奈良県の「歩く・なら」マップ

　広域的な観光まちづくりの観点から注目されるのは、奈良県の歩く奈良推進グループの活動である。2009年から始められたウォーキングポータルサイト「歩く・なら」は、50の推奨ルートを公開し（2010年末現在）、誰もがひと味もふた味も違う奈良を楽しめるサービスとして提供されている。ルートには「斑鳩から飛鳥へ　聖徳太子の往来道・太子道」や「戦国武将の夢の跡・大和郡山の三城めぐり」といったテーマが準備され、団塊世代や歴女など、ファン層は広い。必要な時に全国の「セブンイレブン」のマルチコピー機でプリントアウトできる利便さもウリだ（1枚60円）。

■奈良県庁
県庁の屋上は一般に開放され、奈良公園や興福寺が眺められる。

　このプロジェクトは県が提案したものであるが、興味深いのは、奈良県下のほとんどの市町村との協働作業で行われていることである。すなわち、ルートマップの作成に当たって、我がまち自慢を大いに入れようとの関連市町村の情報がインプットされるのである。「市町村が競い合って内容を充実させることで、広域的エリアを包摂しながらも、きめ細かいルートマップができるのです。コンビニでプリントアウトできるのも、官公庁では全国初の取組みですよ。」と当該グループの谷垣裕子課長補佐の解説には熱がこもる。

　　　　問合せ先　奈良県庁・歩く奈良推進グループ
　　　　☎0742-27-8479

6　国際友好交流の視点を持つこと

　広域的視点で言えば、さらに海を越えての広域化もやはり必要だ。観光は人の流れを作ることである。特に海外からのインバウンドへの期待は大きい。どの自治体も観光プランの策定に当たっては、外国人対応について幾つもの施策を掲げている。いわく、外国人対応ボランティアを充実する、中国、韓国などアジア諸国をターゲットとして中国語や韓国語による紹介パンフレットを作製するなどである。日本への教育旅行を誘致する動きや、コンベンションの誘致（MICE）に力を入れている自治体もある。しかし、積極的な誘致策と言うには、いささか閉塞感がある。

　そこで、ここでは海外、特に姉妹友好都市交流による喚起策を期待したいと思う。我が国の自治体における姉妹都市の締結数は多い。2010年現在で、838自治体、姉妹自治体提携件数1586であ

る（(財)自治体国際化協会調べ）。相手の国別で見ると、アメリカ（24県、410市区町村）、中国（34県、302市区町村）、韓国（8県、121市区町村）の順となっている。しかし、昨今の自治体の財政難の中で、交流事業の多くは停滞している。しかし、座して待つよりは、こうした伝手を奇貨として、改めて観光誘致のアクションを起こしていくことは需要喚起につながるであろう。

宮島を持つ廿日市市は、2009年にフランスのモンサン＝ミッシェルと観光友好都市となった。世界遺産同士の縁である。そのこともあって、この1年で観光客が2割アップしたという（廿日市市調べ）。また、熊本市は「観光振興計画」を2010年に策定しているが、それと前後して韓国の蔚山と友好協力都市の調印を行っている。熊本と言えば加藤清正である。その清正が朝鮮出兵して築城したのが韓国の蔚山倭城である。韓国側から見れば宿怨と言われる加藤清正だが、そうした歴史観を越えて、両市は未来志向の関係を築こうとの思いを持って調印したのである。しかも、その交流の主軸を観光とした。観光は産業振興と地域活性化の軸であるばかりか、国際友好と平和の軸でもあることを改めて知っておいてよいだろう。「観光は平和へのパスポート」（「Tourism：Passport to Peace」　国連「国際観光年」スローガン（1967（昭和42）年決議））と言われるゆえんでもある。

しかし、かと言って、観光や姉妹都市交流が豊かな関係を築くばかりのものではない。2010年の秋、日本国政府は尖閣諸島に不法に入り込んでいた中国漁船を捕縛した。しかし、この措置に反発した中国政府は、様々な圧力を我が国に掛けてきたことはまだ記憶に新しい。特に中国観光客の日本訪問1万人計画や、東京での旅行博への出店の中止などなど、観光というものが国家間の攻撃手段として利用される実態を目の当たりに見せられた。インバウンドを進める際、私たちとしては忘れては

■厳島神社（宮島）
平安時代の寝殿造りで知られ、1400年の歴史を持つ。1996年に世界遺産（文化遺産）に登録された。

ならない、もう一つの視点と言える。

その2 技術的な面からの留意点

次いで、観光プランを策定する上で持つべき技術的な面からの留意点とは何であろうか。それを幾つか提示してみたい。

1 常に市民の目線で接していくこと

まず、観光プラン策定上での留意すべき技術的なポイント、それは市民目線に立ったプラン作りでなくてはならないということである。なぜなら、観光プランというものは、それ自体が市民への呼び掛けの書であり、ＰＲ戦略そのものとしなくてはならないからである。

例えば、文章表現一つとってもそうである。市民に穏やかに「語りかける」「話しかける」ということが肝要なのだ。分かりやすさと十分な情報提供を行うという配慮が最低限必要なのである。理解しやすければ、おのずと市民との信頼と協働への足がかりとなる。あるいはレイアウトをできるだけビジュアル化し、写真、イラスト、漫画などを使用することも有効だ。新潟県阿賀野市の「観光振興基本計画」（2008年）では、「ごずっちょ」というキャラクターを登場させている。市の背後にそびえたつ五頭（ごず）山と、瓢湖に飛来する白鳥をイメージし、メインカラーは阿賀野川の青を、頭には市の木である桜の花を飾っている。「ゆるキャラ」を含め、親近感を醸成することは計画策定上の大事なことだろう。

また、岩手県の観光振興では「わんこきょうだい」というキャラクターを作成した。これは県内5地域の「食」の特性を表した5兄弟キャラで、「こくっち」（粟、稗などの雑穀・県北）、「とふっち」（とう

■ごずっちょ　　（阿賀野市提供）

こくっち　とふっち　そばっち　おもっち　うにっち

■わんこきょうだい　　　　（岩手県提供）

ふ・県央)、「そばっち」(わんこそば・県中部)、「おもっち」(ずんだもち・県南)、「うにっち」(ウニ丼、三陸) の5つがこれである。連携するJR東日本の広報戦略の影響もあって全国の各駅などに飾られているが、なかなかの人気となった。

> **ゆるキャラ**
>
> 　ゆるキャラが大きく話題を呼び始めたのは、彦根城築城400年祭 (2007年) に登場した「ひこにゃん」からである。奈良の平城遷都1300年記念の際に登場した「せんとくん」も人気が高い。しかし、幼い仏様の頭に、鹿の角が生えたデザインには異論も出て、「まんとくん」まで登場し、かまびすしい論争が生じる。だがその一方、経済効果をもたらした (第3章◎P.183)。2010年秋に彦根市で開催された「ゆるキャラまつり」には、まだ3回目だというのに、全国各地から170のキャラクターが集まっている。ゆるキャラはカネをかけずに人を呼ぶことのできる、格好の素材と言えるようだ。

　また、市民に「多くの情報を知ってもらおう」との気配りでは、全国や海外の自治体の実際の取組み例や、各地の民間グループの挑戦例の紹介を広く行うことも大切である。観光プランの中で「小窓」等を設け、そこに全国のより多くの先例、事例を掲載するのだ。例えば、高崎市の「観光振興基本計画」(2010年) では、松江市の「花の観光地づくり」(牡丹の大根島) や「やまぐち観光交流塾」(山口県観光連盟) など、全部で15の全国の事例を載録している。大事なことは、観光プランでは事例で語り、より分かりやすく実態を理解してもらおうという姿勢である。

2　マスコミの活用にも留意すること

　市民目線に立ち、人々に知ってもらう、分かってもらうために忘れてはならないものの中に、マスコミ対策がある。今日、テレビや新聞の影響力は絶大だ。図表33を見てほしい。北海道は富良野市の「観光振興計画」(2008年) の数値から作成した観光客の入込推移である。大きく伸びている年は倉

■風のガーデンのロケ地
ロケ地は新富良野プリンスホテルのピクニックガーデンにある。

本聰脚本のドラマ放映の年なのである。「北の国から」(1998年『時代』、2002年『遺言』)であり、最近では「風のガーデン」(2008年)放映の後なのである。いかにテレビや新聞に載ることが

図表33　富良野市の観光入込客数

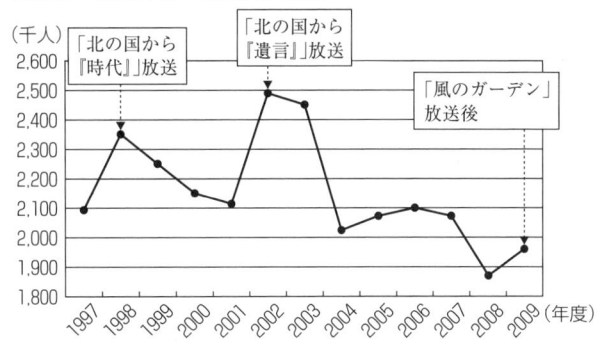

（グラフ：1997年～2009年度の富良野市観光入込客数の推移。1997年約2,100千人、1998年「北の国から『時代』」放送で約2,350千人、1999年約2,250千人、2000年約2,150千人、2001年約2,100千人、2002年「北の国から『遺言』」放送で約2,500千人、2003年約2,450千人、2004年約2,020千人、2005年約2,070千人、2006年約2,070千人、2007年約2,080千人、2008年約1,870千人、2009年「風のガーデン」放送後約1,960千人）

大きな影響を持つかが分かるというものだろう。さらに言えば、NHKの大河ドラマや朝の連続テレビ小説などは圧倒的な影響力を持つ。2008年の「篤姫」に湧いた鹿児島県では、県庁内に主幹（課長補佐級）を中心とした「大河ドラマ」対策室を作り、島津家の係累の職員を置いたほどだ。シティセールスを進める上で、マスコミ対策は最重要の課題なのである。

　それだけに行政の観光施策の担当者のマスコミ対応は、したたかでなくてはならないと言えよう。率直に言って、観光といった地域色がある一方で、政治的に無色の話題は記者たちに働きかけやすい。逆に記者たちにとっても、観光分野の動向については抵抗なく記事を書くことができる。その際、テレビ会社であれ新聞社であれ、記者たちと友人になることが一番有効である。そして、事あるごとに情報を提供していく。要するに観光に関する情報提供は、記者にも役所にも win − win の関係であるということである。

3　現状分析も市民の目線に立つこと

　観光プラン策定の出発点になる地域の現状分析においても、市民目線に立つということは不可欠である。その場合の現状分析には2つの意味があり、その一つは当該地域の観光の実態の客観的な把握を行うということである。その手段としては、市民アンケートやヒアリングなどといった幾つものアプローチがある（第4章◐P.211）。特に附録に掲げた「わがまち診断票」手法は自分たちの地域を見直すきっかけとなり、観光まちづくりへの参加

第5章　観光プランの意義と今後の課題　*257*

の一歩となる。行政のみならず、まさに市民目線のチェック方式として活用されることがあってよいだろう。

もう一つは市民の日常感覚に立つということであり、役所の思惑や思い入れを時に抑制することの必要性である。それに関し、注目されるエピソードがある。厚木市のシティセールス検討委員会（2010年）でのこと、そのメンバーの20代の女性が委員会の席でこう発言したのである。

■厚木市と大山　　　　　　　　　　（厚木市提供）
厚木は古くから山岳信仰の対象とされた大山が西にそびえ、市内には相模川などが流れる。

「厚木のまちは、背伸びしなくても今のままでちょうどいいんじゃあないですか。ショッピングのできるそこそこの商店街が身近にあります。散策できる自然（山、川、緑）にも囲まれています。都心からも1時間で便利です。本格的な買い物をするときは横浜か新宿に行けばいい。」

幸福の青い鳥をひたすら外に求めるというのでなく、自らの地域の中に再確認していこうという指摘なのだ。役所であれば、常に右肩上がりの発展性を重視しがちなものだ。そうした役所の気負いが先行する姿勢にも、彼女は日常感覚から疑問を呈したと言えるのである（第3章●P.205）。市民の貴重な視点と言ってよいだろう。

その3　主体と協働という面からの留意点

さらに触れるべきは、観光振興施策において誰が主体となるべきかという側面からの留意点である。プラン策定上で言えば、公私の役割分担を問うものであり、観光振興における「民間の力」の重視と、行政の立ち位置を整理しておくべきとの指摘である。

1　主役は地の民間の力であること

行政にはカネと法的権限がある。それだけに観光振興の計画作

258　第Ⅱ部　わがまちの観光プランをつくろう！

りに際して、基本的な枠組みと方向性を作ることが期待される。しかし、観光をはじめとする地域活性化の主体はその地の民間の人々が担うのが最も有効なのである。第1章で取り上げた多くの先例がそれを語っている。越後妻有アートトリエンナーレや瀬戸内国際芸術祭2010の取組みは、まさに民間のチエを示すものと言える。高知の赤岡町絵金蔵による観光まちづくりも、入湯手形を活用した黒川温泉の活性化も、その地に住む人の工夫によって生み出されたものである。

　観光や地域おこしという観点からは、かつて"三者（もの）"という言葉がよく口にされた。三者とは、①地域活動に必死に取り組む「バカ者」、②新鮮な感覚で元気よく取り組む地元の「若者」、③陋習に捉われず外から風（知識や経験）を持ち込む「よそ者」の意である。しかし、この3要素は必ずしもバラバラではなく、多くの場合、1人の人間で体現されることが少なくない。こうした地の民間の人の登場が期待されたのである。その例として、新潟県村上市の村上商店街の活動を挙げたい。

　人口わずか3万人のこの村上のまちは、「町屋と人形さまの町おこし」として昨今大いに有名になっている。バブル以降、郊外型の大型店の進出などによって衰退し始めていた小さな城下町の商店街が、都会に出て帰ってきた若い夫婦の活動によって再生されていったのである。

　そのきっかけは1998年に始めた伝統家屋である町屋の生活空間の公開である。大規模な近代化計画から町を守ろうとし始めたこの試みにより、観光客ゼロと言われた町にマップを持って歩く人の姿が見られるようになった。そしてこの町屋にさらに強い光を当てようと、2000年には「町屋の人形さま巡り」を開始した。各商店の中に置かれていた人形を、町屋の中の囲炉裏や神棚のある生活空間に飾り、訪れる人に歴史を味わって

■村上市・黒塀プロジェクト
市民が立ち上げたこのプロジェクトは小口の寄附と自己負担で行われている。

第5章　観光プランの意義と今後の課題　259

もらう。翌年には屏風に目を付け、これまた家の奥にしまわれていた屏風を並べることで、誘客と触れ合いを演出した。さらに2002年からは「黒塀プロジェクト」が着手された。昔からの城下町の風景を殺伐とさせてしまったブロック塀を、黒塀に変えてしまおうとの着眼である。城下町の風情を持たせる景観作りである。低コストで、町並みはがらっと変わっていく。こうしたまちおこしの仕掛人が、吉川真嗣、美貴のご夫婦である。真嗣は村上の生まれであるが、一旦は都会に出てUターンしてきたのは33歳の時である。美貴は30歳である。そしてこの2人から次々に出されるアイディアには地元の戸惑いも反発もあった。しかし、わずか10年の間に、こうした活動を地域に定着させ、村上の商店街の活性化をもたらしたのである。ちなみに、吉川真嗣は観光カリスマの1人となっている。2010年、筆者が現地ヒアリングに訪れた折も、パソコンに自分たちの活動の画像を映し出しながら、額に汗を浮かべながら終始熱心に説明してくれたものである。世の中は、やはり人で動くということを実感した。

なお、付言しておけば、村上市は2010年に「観光振興計画」を策定している。しかし、その審議会の25人の委員の中に「吉川」の名前はない。

2　"役人も捨てたものでもない"ということ

観光のプロモーター、あるいはプロデューサーとなる「人」というのは確かに市井に多い。しかし、動く「人」はどこにでもいる。市井にいれば、当然に役所にもいるものだ。

例えば、宇都宮市の「餃子によるまちおこし」（第3章 P.162）を思い出してほしい。そもそもは宇都宮市役所の1990年に実施された中堅職員研修の中での話がスタートだ。ある30代半ばの職員が、宇都宮市のイメージアップを図り、全国にPRできる日本一のものはないかという論議の中で、餃子の消費量が全国一であることに着眼したのである。翌年には「餃子によるまちおこし」をスタートさせるのだ。餃子マップを作り、宇都宮餃子会を発足させる。やがて、主導するのは宇都宮餃子会に移行し今日の盛況に至る。発端における市役所のお宝発掘創造のチエが、今や市全体の「ブランド戦略指針」（2009年）にまで高まったもの

である。

　九州は柳川市の話も同様だ。既に伝説ともなりかけている、宮崎駿製作の映画「柳川堀割物語」に登場する1人の係長である。柳川市は1980年代の高度成長期に、柳川のまちを縦横に走る堀割も川底にヘドロがたまり、悪臭が漂った。市はその堀割の大半をコンクリートで覆い、下水道とすることを計画する。しかし、その事業担当の下水道係長となった広松伝(つたえ)は、この計画に危機感を持つ。「堀割の再生こそが柳川を救う唯一の方法である」と市長に直訴し、他方で住民と100回を超える話し合いを重ね、ついにこの計画を撤回させるのである。

■ドンコ舟（柳川市）　　　　　　　　　　（柳川市提供）
水郷の川下りの主役たるドンコ舟は約160艘が準備されている。

　こうして残された柳川の堀割が、今や紛れもなく柳川のブランドとなり、「柳川市観光振興計画」(2009年)においての基本コンセプトに「水郷といやしのたたずまい」というフレーズで全国発信されることになった。もっとも、広松伝については市役所内では批判もある。「自分1人で何でもやろうとし組織的には浮いていた」と。しかし、それでも「市の発展に貢献してくれたことは誰も否定することはありません」と観光課職員は強く言っている。

　また、長野県飯田(いいだ)市には井上弘司がいる。彼もそもそも飯田市役所の職員であった。しかし、旅の通過点とされた南信州を目的地に変えるとして、体験型観光による旅や農家民泊の教育旅行をコーディネートすることに着手する。「ホンモノ体験にこだわる飯田市の都市・農村交流」を基本とし、「その時、その場所で、その人に

■JR飯田駅
地元名産のリンゴをイメージしたデザインで、駅舎の屋根もリンゴの赤色である。

第5章　観光プランの意義と今後の課題　261

学ぶ」との理念でツーリズムを展開したのである。そうした動きをくみ取って飯田市は本格的な取組みを展開するのだ。市が1991年から始めた体験教育旅行は、最初はわずか3校であったが、2004年には110校ほどになった。延べ参加者は4万人で、実数でも1万5000人くらいになると言われる。やがて飯田市は、当該事業を進める上でのランドオペレーターとして、㈱南信州観光公社を作ることになるが、「体験教育旅行では年間3億5000万円くらいのお金が飯田や下伊那に落ちています」と公言（2005年3月24日高知県本山町で開催のフォーラム）するほどに活性化した。井上は、2004年からは飯田市のエコツーリズム推進室長にもなった。退職後は「地域再生診療所」を開設し、地域再生の請負人として年間200日、全国の現場に出向き指導している。

　こうしたエピソードの人物は、有名無名を含め、実は全国の役所で活躍しているに違いないのである。そして観光施策担当者には、多かれ少なかれ、こうした前向きさを持ってほしいものである。「ノリ」が大きくなければ、コトは進まないのだ。

3　公民の協働を重視すること

　こうして主役としての「人」の姿を見てくると、地の民間の人々の力強さと役所の人材とがうまく協働し合えば、1＋1＝3となるに違いないと考える。当然である。

　九州の安心院は、農家民泊を軸にしたグリーンツーリズムで今や全国から注目を浴びている。その主体はグリーンツーリズム研究会であり、地元の人たちの工夫がこの土地に活性化をもたらしている。しかし、1997年に町議会が「グリーンツーリズム推進宣言」を出し、また、町役場に「商工観光課グリーンツーリズム推進係」が設置された。このバックアップこそが貴重だったとされる（第1章◯P.53）。要するに「地域ぐるみ」での公と民の協働する姿が、ここにはできていたのである。なお、安心院町は2005年に合併し、宇佐市の一部となった。その宇佐市では2010年度末に、安心院のグリーンツーリズムなどを抱えた新たな観光プラン「ツーリズムビジョン」を策定している。

　公民協働の好例としてもう一つ、厚木市のB−1グランプリの開催を記したい。2010年に策定された「シティセールス推進指

針」に掲げられたプロジェクトである。大会の集客数43万5000人。経済効果は2日間で36億円。マスコミ取材も多く、2日間でテレビ局が104件、新聞が64件と報告される（厚木市調べ）。

B－1グランプリの歩み

回数	年度	開催地	参加人数	優　　勝
第1回	2006	青森県八戸市	1万7,000人	富士宮やきそば（静岡県富士宮市）
第2回	2007	静岡県富士宮市	25万人	富士宮やきそば（静岡県富士宮市）
第3回	2008	福岡県久留米市	20万3,000人	厚木シロコロ・ホルモン（神奈川県厚木市）
第4回	2009	秋田県横手市	26万6,000人	横手やきそば（秋田県横手市）
第5回	2010	神奈川県厚木市	43万5,000人	甲府鳥もつ煮（山梨県甲府市）
第6回	2011	兵庫県姫路市	―	―

　このビッグイベントを厚木市はいかにコーディネートしたのか。特に市民（民間）と市との協働体制はいかに組まれたのであろうか。それは2つの面で注目される。

　1つは、このイベントの期間中に動員されたボランティアの延べ3935人という多さだ。何と市民ボランティア2602人、市職員スタッフ1333人である。市民ボランティアは、商業・産業関係者861人、ボランティア団体771人、学生272人、個人87人であった。

　2つはこのB－1グランプリの実行委員会の構成である。運営主体となった「実行委員会」は中心に「実施本部」が置かれ、その事務局として「総務部会」が置かれる。そしてその配下に「ボランティア部会」「協賛部会」「広報渉

■厚木市B－1風景　　　　　　　　　（厚木市提供）
B－1グランプリの会場は、厚木市の公園、イトーヨーカドーの駐車場、相模川河川敷の厚木野球場の3か所に置かれた。

第5章　観光プランの意義と今後の課題　263

外部会」「交通警備部会」「イベント部会」「会場・環境部会」の6つが配置された。大会の会長こそ厚木市長であったものの、実行委員長は厚木商工会議所の会頭、実施本部長はシロコロ・ホルモン探検隊長であった。そして市から出向した部長は、6部会のうち交通警備部会1つだけであったのだ。

　B-1グランプリin厚木実行委員会事務局の佐藤明課長（厚木市から出向）はこう言う。「B-1の大イベントは暗中模索でした。特に本格的な官民協働の取組みは初めてであっただけに、その調整は大変でしたね。しかし、成功裏に終わり、あんなにお互いに喜び合えることができたのは最高でした。」と。

　もっとも、このイベントは全てが万全であったわけではない。残された課題も次のように少なくない。

① B-1グランプリの経済効果が厚木市全域に結びつかなかったこと
② シロコロ・ホルモンの供給の少なさから訪問者の不評やまがい物を登場させてしまったこと
③ B-1ブームはやがて去るものだが、そうした今後の事態への警戒心が薄いこと

　挑戦すれば必ず課題が残る。しかし、また新しいチエで挑戦する。それを公民の協働でやる。果たして厚木市は、このイベントに前後して観光振興検討委員会を発足させ、「観光振興計画」（2011年度策定予定）の取りまとめ作業に入った。観光プランを含め観光振興による地域活性化は、こうした地域ぐるみの永続的な戦いであることを私たちは知ってよいのである。

5-3 観光プランをさらに磨き上げよう

　最後に観光プランを策定することの功罪に触れておきたい。そして、また改めて観光プランというものが果たす機能を確認しておくこととしたい。そのことによって、改善すべきは改善し、さらに磨かれた観光プランの登場が期待できるからである。

1　"たかが計画、されど計画"

　観光振興策を効果的に運営していくために、観光プランの存在は重要である。地域としての観光振興の基本理念を示し、達成目標を掲げ、具体的な取組みの施策を提示する。大事なことだ。だからこそ自治体は、多くの時間とエネルギーを割いて、その策定を図るのである。多くの自治体の実績の中にそのことは確認された。

　それにしても観光プランの策定は、作業として決して終点でなく、まさに始点となるべきものである。その書かれた内容をいかにして実践し、果実を得ていくかが問われることになる。そこで重要なことは、観光プランのチェック作業である。常にプランに掲げた施策が有効であるのか。当該自治体としての観光プランの諸施策の功罪を検証することが欠かせない。この作業をおざなりにすると、同じ過ちを犯しかねないからだ。役人にとって、長く手掛け続けている事業について、それを検証し改革することは先輩批判にもなり、抵抗があるものだ。しかし、反省からの逃避は後にキズを広げることになる。

　その点で、例えば高松市の「観光振興計画」（2008（平成20）年）は注目してよい。この計画の中では、それまでの高松市が行ってきた観光施策について、38の項目を取り上げ、その到達度のチェックを明示している。しかも10頁に及ぶ大きなスペースを割いてこれを行っているのだ。例えば「交通アクセス機能の充実」「モデル観光

■高松城（玉藻公園）　　　　　　　　　（高松市提供）
"讃州さぬきの高松さまの城が見えます波の上"と民謡として歌われた高松城。別名玉藻城。

第5章　観光プランの意義と今後の課題　265

コースの設定準備」「四国88か所巡りを活用した観光発信」などといった項目について総括する。中には「親切運動」のように「接遇講習会や手引書作成は行ったものの、タクシー利用者などからの苦情は依然としてなくなっていない」などといった表記もある。分析にいまひとつシビアさが薄いものの、しかしこうした反省と課題抽出から逃げないとの姿勢は評価してよいだろう。

2 総花（包括）方式でなく一点（集中）方式も

　もう一つ触れるべきは、観光プランにあっては、総花的な「巨艦方式」か戦略的な「一点突破方式」か、どちらが有効かとの問題意識である。

　例えば、島根県は2009年に総合的な計画としての「しまね観光アクションプラン」を策定した。しかし翌2010年に「古事記1300年事業基本構想」を打ち上げている。島根に縁の深い古事記の編さん1300年の一点に特化しての大型観光キャンペーンを図るものだ（第4章◉P.234）。基本構想の計画年次は2010年から2013年の4年間とし、延べ入込客数500万人、観光消費額200億円とまで掲げる。れっきとしたもう一つの観光プランなのである。

　同様のことが広島県でも見られている。広島県は2008年に「ひろしま観光立県推進基本計画」を策定した。ところが、2010年になって突如、「瀬戸内　海の道構想」作りに着手したのだ。低迷する瀬戸内を「海の道」としてイメージを作り上げ、認知度とブランド力を高めようとする戦略だ。県全体でなく、瀬戸内という限定された地域に焦点を当ててのもう一つの観光アクションプランなのである。

　さらに挙げれば奈良県である。前述したが奈良県は2005年に総合計画としての「21世紀の観光戦略」を立てている。それにもかかわらず、平城遷都1300年に当たる2010年に向けて、平城遷都1300年祭事業計画を実施した。そして成功するのだ。そのことを踏ま

■朱雀門
平城宮の正門である。ここをくぐりメインの建物の大極殿を目指すこととなる。

266　第Ⅱ部　わがまちの観光プランをつくろう！

て、奈良県では2011年に「ポスト1300年観光振興プラン」を策定した。その担当課職員はこう指摘する。「観光計画は大きな総合計画として策定してもあまり意味がないのではないか。時間をかけ、しかも総合的に策定した巨艦式の観光計画は、策定した端から色あせていく。むしろその時その時の需要をうまく感じ取って個別事業のプランとして短期集中的に実行していくことこそ有効ではないか」と。

　観光プランづくりに対する一つの問題提起と言ってよいだろう。

3　観光プランは常に磨き上げていきたいもの

　こうした様々な各地の観光プランの取組みの実態を見るとき、観光プランの効果へ疑問が出てくることは否めない。確かに観光行政にとって経済不況が長く、いずれの自治体も深刻な財政難に陥って身動きしづらいのは事実だ。また、昨今の社会経済の変化は大きい。その時代に10年後、20年後の計画目標を数字で立てることは非現実的との指摘もある。また、役所には計画至上主義のような、計画だけ作ればいいとの上滑りの体質も存在する。そのために、多くの関係者が役所や役所の計画に過大な期待を寄せることはどうも得策でないと反応しているきらいもある。

　確かに観光プランは課題が少なくない。しかし、もし観光プランを持たないとしたら、その地域の観光振興は確実に混迷するに違いない。観光プランは万能ではないが、価値観が多様化し、社会経済の変化が著しい昨今にあって、地域経営にこうしたチャート（海図）は不可欠と考えるべきである。それだけに各自治体が、常に試行錯誤や他の自治体の観光プランを検証する中で、より有効な計画に磨き上げられていくことを期待するものである。

　私たちは本書の冒頭でこう記した。

　　「地域の風を集めて、力に変えよう」

　そうなのである。力となるこの地域の風に、観光プランが確実に絡み合って発展していくことを、私たちは躊躇することなく断言するものである。

附録

わがまちの風を探そう「わがまち診断票」

観光まちづくりは様々な人たちがつながり合うことで進んでいきます。
つながりを作り出すために、まちに吹く観光まちづくりの風を探しましょう。
観光まちづくりの一歩を踏み出すために、まず、自分のまちのことを調べてみましょう。
良いところも、今ひとつのところも、知ることで始まります。
この診断票は、行政や観光協会の方々が使われることを想定して作っています。もちろん、行政や観光協会でない方も、調べやすいところから始めてみることを提案します。また、特に観光資源については、観光プラン等で取り上げられていないものについて調べることとしました。視点を変えると、見えてくるものもあります。そして、調べた結果に一喜一憂するのでなく、短所を強みに、長所をさらなる味方にできるよう、本書の事例等を基に行動に移してほしいと考えています。
できるところ、興味のあるところ、多くの共感が得られるところ、そういった部分を探し出し、観光まちづくりの輪を広げていきましょう。

1. 集める

〇観光パンフレット　　何種類あったか（　　）

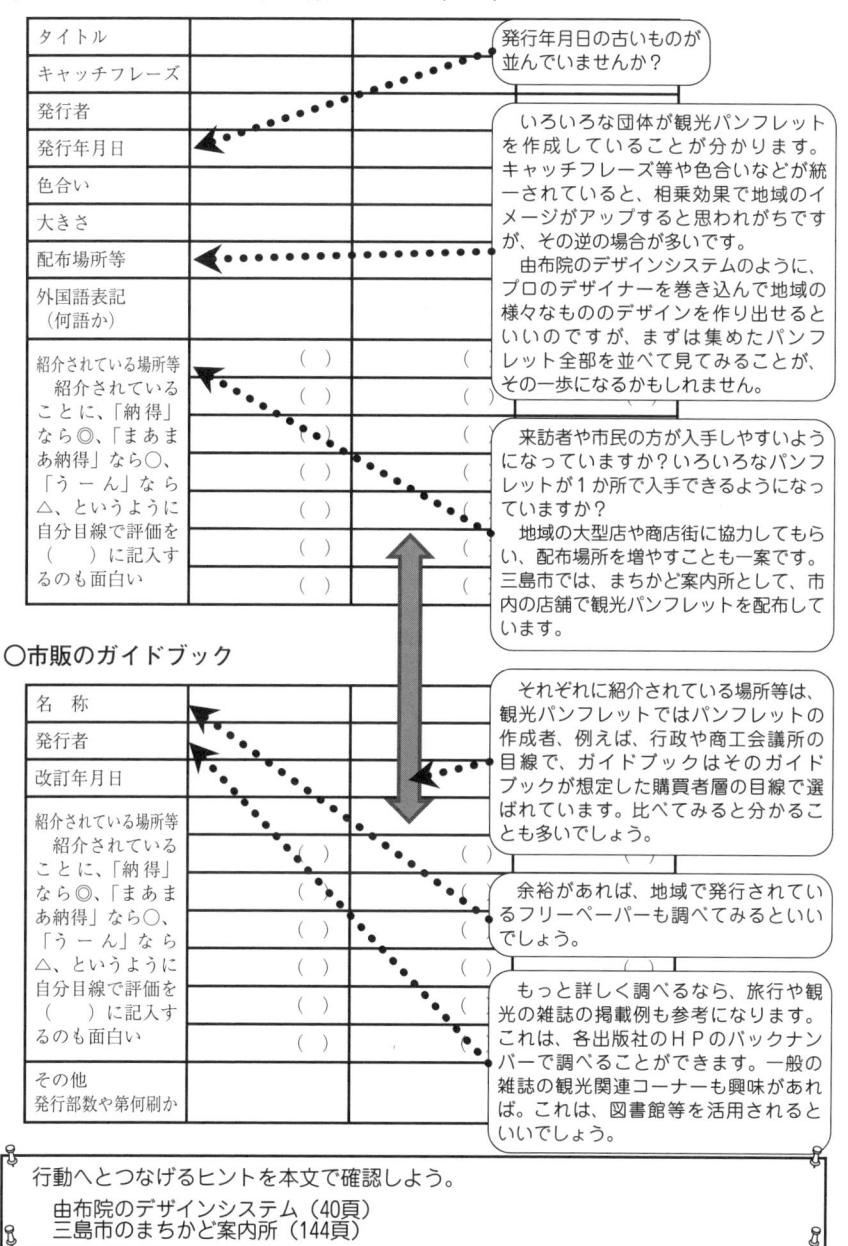

タイトル		
キャッチフレーズ		
発行者		
発行年月日		
色合い		
大きさ		
配布場所等		
外国語表記 （何語か）		
紹介されている場所等		
紹介されていることに、「納得」なら◎、「まあまあ納得」なら〇、「うーん」なら△、というように自分目線で評価を（　　）に記入するのも面白い	（　） （　） （　） （　） （　） （　）	（　） （　） （　） （　） （　） （　）

> 発行年月日の古いものが並んでいませんか？

> いろいろな団体が観光パンフレットを作成していることが分かります。キャッチフレーズ等や色合いなどが統一されていると、相乗効果で地域のイメージがアップすると思われがちですが、その逆の場合が多いです。
> 由布院のデザインシステムのように、プロのデザイナーを巻き込んで地域の様々なもののデザインを作り出せるといいのですが、まずは集めたパンフレット全部を並べて見てみることが、その一歩になるかもしれません。

> 来訪者や市民の方が入手しやすいようになっていますか？いろいろなパンフレットが1か所で入手できるようになっていますか？
> 地域の大型店や商店街に協力してもらい、配布場所を増やすことも一案です。三島市では、まちかど案内所として、市内の店舗で観光パンフレットを配布しています。

〇市販のガイドブック

名　称		
発行者		
改訂年月日		
紹介されている場所等		
紹介されていることに、「納得」なら◎、「まあまあ納得」なら〇、「うーん」なら△、というように自分目線で評価を（　　）に記入するのも面白い	（　） （　） （　） （　） （　）	（　） （　） （　） （　） （　）
その他 発行部数や第何刷か		

> それぞれに紹介されている場所等は、観光パンフレットではパンフレットの作成者、例えば、行政や商工会議所の目線で、ガイドブックはそのガイドブックが想定した購買者層の目線で選ばれています。比べてみると分かることも多いでしょう。

> 余裕があれば、地域で発行されているフリーペーパーも調べてみるといいでしょう。

> もっと詳しく調べるなら、旅行や観光の雑誌の掲載例も参考になります。これは、各出版社のHPのバックナンバーで調べることができます。一般の雑誌の観光関連コーナーも興味があれば。これは、図書館等を活用されるといいでしょう。

行動へとつなげるヒントを本文で確認しよう。
　　由布院のデザインシステム（40頁）
　　三島市のまちかど案内所（144頁）

2. 出かける

○案内表示、地図や誘導看板等

案内の内容	
設置場所	
設置者	
設置年月日	
色合い	
大きさ・特徴	
写真欄	

調べてみると、いろいろな団体がいろいろな目的で案内表示を行っています。これらも統一感がないことが多いです。
地域の社会奉仕団体が設置する際も、基本となるデザイン指標があれば助かるはずです。
洒落た案内表示は観光資源の一つともなります。設置等には費用が必要ですが、来訪者には「フリー」の楽しみとなります。住民には望ましい景観となります。まずは、行政の各部署で作成されている案内表示を統一することから始めませんか？

写真を撮りながら進めると、楽しい調査になります。住民に参加してもらい、まちづくりイベントとして開催するのもいいでしょう。また、携帯メールで気軽に参加できるようなイベントも面白いと思います。

地域の偉人を顕彰する石碑等には、住民の厚志で作られたものが多くあります。地域の市民運動の起源のようなものを発見することにつながるかもしれません。年代順に整理すると、まちづくりの軌跡を見ることにもなります。
また、手入れが行き届かず、設置当時の輝きをなくしたものもあるでしょう。再度、その偉人の功績を振り返る機会として、設置○周年記念で、住民の手で磨きをかけるというのも、住民参加イベントになるかもしれません。設置に関わった、今は高齢の方からの当時の苦労話も話題になります。

○記念碑やオブジェ

どのようなもの？	
設置理由	
設置場所	
設置者	
設置年月日	
作者	
大きさ・特徴	
写真欄	

見過ごされて忘れられていることを逆手に取って、宝探しのように記念碑等を回るイベントも面白いかもしれません。
越後妻有アートトリエンナーレや瀬戸内国際芸術祭での作品が、次々と常設化されています。これから作るものには、100年先に設置の趣旨を伝える努力も必要です。

まち歩きや地域文化の顕彰に取り組む市民団体に、記念碑探しをしてもらうのはどうでしょう。団体の活動が広がることを期待して。

公園や駅前に、オブジェが盛んに設置された時代がありました。設置された当時は、立ち止まって見る人も多かったでしょうが、年数が経過すると景色の一部になってしまい、見過ごされがちです。市民参加イベント等の待ち合わせの目印にするなど、オブジェに違った意味合いを持たせることで、住民に親しみあるものになるでしょう。
また、これらオブジェは、地域出身のアーティストが制作に関わる例が多くあります。もしかしたら、有名アーティストの若かった頃の作品かもしれません。
また、「安曇野スタイル」等の地域のアーティストをつなぐ取組みが、次への行動のヒントをくれるかもしれません。

行動へとつなげるヒントを本文で確認しよう。
　越後妻有アートトリエンナーレ（80頁）　瀬戸内国際芸術祭（84頁）
　安曇野スタイル（83頁）
　富良野市の「北の国から」（丸太小屋、石の家）（168頁）
　「嚶鳴フォーラム」（各地の経世家の顕彰跡）（250頁）
　宇都宮市の「餃子像」（162頁）

3. 調べる 〔市民・市民活動〕

> 自治体のHPで市民活動団体について紹介している場合が多いので参考にしましょう。

○ NPO団体数　　　　　　　　　団体

そのうち、活動区分が第2号、第3号、第4号、第5号のもの

組織の名称	
会員数	

> 意外と少なかったら…
> ○ 市民活動団体の活動を積極的に情報発信してみましょう。
> ○ 団体の目的等だけでなく、実際の活動内容が分かるような広報をしてみましょう。
> 　三島駅前の里親さんのように、好きなときだけ参加といったスタイルから始めてみるのもいいでしょう。例えば、最初はビアガーデンだった絵金蔵の取組みも参考になります。そういえば、黒川温泉の青年部もビアガーデンで楽しんでいますね。

○ 市民活動団体数　　　　　　　団体

そのうち、観光、まちづくり、文化、特産品開発等、観光に関わるもの

組織の名称	
会員数	
組織の名称	
会員数	

> 意外と少なかったら…
> ○ 観光に直接関係のない市民活動団体に、観光に興味を持ってもらえるような場面作りを考えてみましょう。
> 　例えば、
> ・清掃グループに観光イベント時の高校生ボランティアクリーンチーム指導役をお願いする（孫とおじいちゃん、おばあちゃんの関係を）
> ・高齢者グループに観光客に配る記念品作りをお願いする（黒川温泉では入湯手形を地元の老人会で作っている）
> ・若手の元気なグループにイベントの司会を任せてみる
> など、いろいろ考えられます。
> それぞれの活動と観光を結び付けるような働きかけをしてみるのもよいでしょう。

○ 市民活動団体等のつながり
（市民活動団体が集まる機会等あれば、その状況）

会等の名称	
参加団体数	

○ 市民活動団体のネットワークを図にまとめてみよう。観光等を中心に。

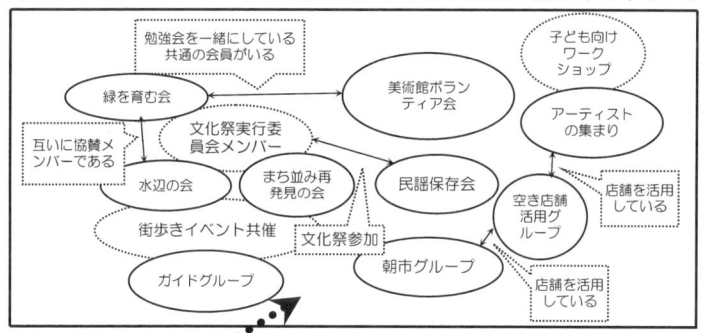

```
                勉強会を一緒にしている              子ども向け
                共通の会員がいる                   ワークショップ
                       │                              │
        (緑を育む会)────────(美術館ボラン
            │                ティア会)
            │           (文化祭実行委                (アーティスト
  互いに協賛メ         員会メンバー)                  の集まり)
  ンバーである    │        │
        (水辺の会)  (まち並み再        (民謡保存会)
                    発見の会)                  (空き店舗
                                              活用グ       店舗を活用
                                              ループ)      している
          (街歩きイベント共催) (文化祭参加)
        (ガイドグループ)        (朝市グループ)
                                                店舗を活用
                                                している
```

> 活動内容が違っても、顔を合わせて話すことで、お互いに困っていることが見えてきます。そんな機会作りをしてみましょう。
> 例：市民グループのまとめ役が集まる機会を作る。会議といったものでなく、交流会のようなもので。
> 例：市民グループのまとめ役や渉外担当でパソコンメールのメーリングリストや掲示板を作って、活動情報を共有できるようにしませんか。

行動へとつなげるヒントを本文で確認しよう。
　三島市の駅前清掃里親グループ（151頁）　絵金蔵（最初はビアガーデン）（20頁）
　黒川温泉の入湯手形・ビアガーデン（46頁）
　伊勢市の「伊勢市観光活性化プロジェクト会議」（222頁）
　田原市の「どんぶり街道・どんどんおいでん委員会」（191頁）
　安心院町グリーンツーリズム研究会（53頁）

○行政の委員会等への公募市民の参加等

委員会等の名称	
委員数	
応募数	
出席率	

> 委員希望者の数で、市民の問題意識の強い分野が分かります。また、観光まちづくり分野の委員会のメンバーが他のどの委員会に関わっているかも今後の参考になるでしょう。

○その他市民の参加意識等

観光やまちづくり関連アンケートの回答率	
観光に関する施策等のパブリックコメントの件数	
観光に関する施策等の説明会への参加者数	

> アンケートの回収率に、市民の意識の高さが現れます。しかし、回収率が低くても、アンケートの実施方法や内容に問題がある場合も多々あります。アンケートがきっかけで問題意識を持つ市民もいることから、気軽に回答できるアンケートを考えてみてください。
> 例えば、B-1グランプリの投票は使った割り箸で行います。ゴミの回収も兼ねたアソビ心のあるものです。こういったこともアンケートの実施方法に生かせます。

○イベント等の参加状況

イベントの名称	
主催者	
開催日	
始まった年	
参加者数	
うち市民参加者数	
ボランティア数	
主な協賛企業名	
協賛企業数	
主な協力団体名	
その他	

> イベントは観光まちづくりの舞台でもあります。市民の参加者数、ボランティア数が、イベントの成功の要因として挙げられています。瀬戸内国際芸術祭では、おそろいのTシャツが誇らしげに見えたボランティアさん。ありきたりのTシャツでなく、プラス1の価値のあるものにすれば、結束力も高まり、ボランティアがより楽しくなるのでは。お金ではない「特別」を作ってあげてほしいです。
> 絵金蔵のボランティアさんは、「ボラ」「ボラボラ」「ブラブラ」とそれぞれが望む関わり方でボランティアしています。

> 地域の歴史文化を顕彰するグループ等が市民向けに歴史講座などをしていることがあります。そういったグループに観光まちづくりに興味を持ってもらえると、新しい取組みが始まるかもしれません。
> 福島商工会議所の取組みでは、歴史とゲームを組み合わせた新しい取組みを、批判を覚悟に市内の郷土史の専門家に相談したところ、好評でアドバイスももらえたとのこと。理解者、応援団を増やすことにもつながります。

○観光客にまちの案内をする、ガイド活動組織があるか

組織の名称	
会員数	
活動エリア	

○広報誌等で観光振興策や観光情報を市民に知らせているか

広報誌の名称等	
発行日（発信日）	
内　容	

> 市民の観光への理解を進める方法として、広報誌の活用があります。観光プラン策定に際しても、結果だけでなく、進行状況も広報することで、観光プランをより身近に感じてもらえるでしょう。まちの魅力を知らせる市民向けの観光情報も、市民がまちを好きになるきっかけになります。
> 行政発行の広報誌だけでなく、観光協会や商工会議所が発行する広報誌も調べてみてください。

行動へとつなげるヒントを本文で確認しよう。
　　三島市（三島市ふるさとガイドの会）（15頁）　　　絵金蔵（ボラボラ）（22頁）
　　福島商工会議所（観光イラストマップ）（96頁）
　　観光ボランティアガイド「山形の達人」（107頁）

〔行政や観光協会〕

○観光主管課の組織と職員数 ◁······ 職員数が少ないと意志決定も早く、フットワークの軽さが期待できます。また、観光協会や他の部署との連携による取組みへと広がる可能性が高くなります。職員数の少なさをプラスに変える発想で。

○観光主管課の担当事業

職員数の多い少ないで判断できるものではありません。観光物産課や観光商工課として物産や商工と関連付けられているか、企画課等と並んで政策担当となっているかなど、そのまちでの観光の位置付けが分かります。

事業名	
事業内容	
事業年度(期間)	
予　算	
関係する部署・課	
協力団体等	

○観光主管課以外に観光に関わる課は？

「せせらぎのまちづくり」を進めている三島市では、関連の整備事業が完了したことから、組織変更を行いました。せせらぎのまちづくりの維持・活用が事業の中心になるので、地域振興部の中に農政課、商工観光課とともに観光振興課が位置付けられています。農業、商業など、幅広い業種と観光とのコラボレーションがますます期待されます。

○観光振興に取り組む横断的組織があるか(役職があるか)

○観光協会の区分

観光主管課の一画にある	旅館組合と共同	商工会議所と共同	そ の 他

○観光協会の組織と職員数

○観光協会の会員構成 ◁······ 観光に関わる業種の幅広さから考えると、様々な職種が会員であることが望ましいですが、各企業、商店も新たに観光協会に加盟することは、負担増となり二の足を踏むでしょう。そこで、個々の企業でなく、他の組合や協会と相互に会員になることで情報共有を図り、協働での取組み、展開につなげることも可能です。その前段階として、組合、団体が集まる連絡会等を設置して進める方法も考えられます。インターネットを活用して進める京都フラワーツーリズムは好例です。

○観光協会の主要事業

事業名			
事業内容			
事業年度(期間)			
協力団体等			

> 継続して行われている事業は、ついつい同じことの繰り返しになりがちです。協力いただいている団体等の率直な意見を聞いてみることも大切なのでは。

○商工会議所やその他団体の観光への取組み状況

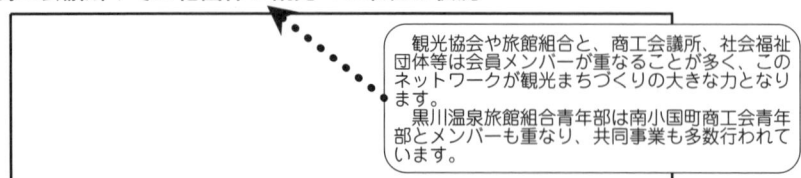

> 観光協会や旅館組合と、商工会議所、社会福祉団体等は会員メンバーが重なることが多く、このネットワークが観光まちづくりの大きな力となります。
> 黒川温泉旅館組合青年部は南小国町商工会青年部とメンバーも重なり、共同事業も多数行われています。

行動へとつなげるヒントを本文で確認しよう。
　三島市（12頁）　京都フラワーツーリズム（68頁）
　横浜観光コンベンション・ビューロー（116頁）　野沢温泉（124頁）
　黒川温泉（42頁）　奈良県歩く奈良推進グループ「歩く・ならマップ」（253頁）
　宇都宮市の中級職員研修の報告書（162頁）
　柳川市の「掘割の再生」広松伝（261頁）
　南信州観光公社の「体験型・農家民泊」（262頁）
　島根県古事記1300年事業（234頁）
　観光ボランティアガイド「山形の達人」育成研修事業（107頁）

〔情報発信力〕

○観光情報を発信するHPがあるか

発信者			
HP名称・特徴・内容等（不便な点）			
最終更新日			
リンク			

HPは情報の更新が重要です。しかし、頻繁に情報を更新していく作業は手間のかかるものです。そこで、観光情報を発信するHP相互に連携して更新作業をしていくことで、HPの更新が容易になります。様々な主体からの観光情報をまとめるのは難しいことですが、作業量を減らすというように、相互にメリットのあることなら、うまくいくのではないでしょうか。

また、実際にHPを利用してみると、使い勝手がよく分かります。民間のグルメ系はクーポン割引券が当たり前。また、HPから予約や問い合わせに進むこともできるなど、参考にすべきことは多くあります。ぜひ、ユーザーの目線で調べてみてください。

○個人でまちの情報を発信するHPがあるか（ブログ）

発信者			
ブログ・特徴等（発信者のプロフィールも）			
最終更新日			

Yahoo検索に地名を入力し、ブログを選ぶと、ず〜っと並びます。

ブログの情報発信力と動員力の大きさは知られています。工場景観ツアーの取組みではインターネットの情報発信のみで完売したように、テーマによっては特にその力を発揮します。
まちを発信するブログを調べてみると、インターネットでの情報発信に強い観光まちづくりのテーマを発見することもできます。

○テレビで取り上げられたまちの観光関連情報

テレビ・番組名			
日時・内容			

NHKの番組は、NHKネットクラブで調べられます。キーワード登録すれば、番組放送の予定もメールで知らせてくれます。
https://pid.nhk.or.jp/pid01/

○新聞で取り上げられたまちの観光関連情報

新聞名			
日時・内容			

各新聞社のHPで調べられます。新聞雑誌記事横断検索＠niftyデータベースサービス（有料）もあります。

少ないようなら、記者発表や、新聞社への情報提供等の方法や内容について見直してみましょう。

○雑誌等で取り上げられたまちの情報

雑誌・出版社名			
時期・内容			

種類の多い雑誌は、調べるのに一苦労があるかと思います。図書館やまちの書店等にお願いして（観光まちづくりの仲間になってもらって）、幅広い分野の雑誌を含めて、日常的に情報収集できるようになるといいですね。

○まちのミニコミ誌等で取り上げられた観光関連情報

雑誌・出版社名			
時期・内容			

行動へとつなげるヒントを本文で確認しよう。
　神奈川県観光協会の産業観光ツアー（76頁）
　水玉物語（街並み観光と夜景クルーズ）（67頁）

〔観光資源の見直し〕

　ここでは観光プラン等策定時に調べられるもの以外に目を向けました。例以外にもっといろいろと面白いものがあるかもしれません。

○次の項目の中から、興味あるものを調べてみましょう。

（公的、公的に近いもの）

　経済産業大臣指定伝統的工芸品、農林漁家民宿おかあさん100選、がんばる商店街77選、都道府県等の伝統野菜、都道府県の名産100選等

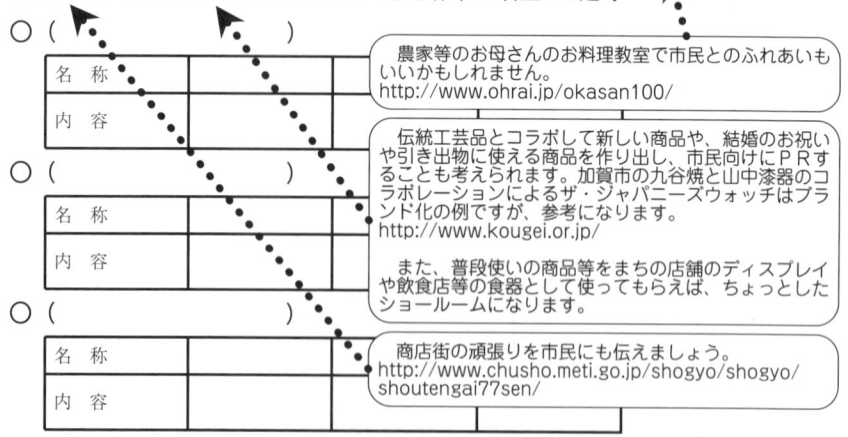

○（　　　　　　　　　）

名　称		
内　容		

> 農家等のお母さんのお料理教室で市民とのふれあいもいいかもしれません。
> http://www.ohrai.jp/okasan100/

○（　　　　　　　　　）

名　称		
内　容		

> 伝統工芸品とコラボして新しい商品や、結婚のお祝いや引き出物に使える商品を作り出し、市民向けにＰＲすることも考えられます。加賀市の九谷焼と山中漆器のコラボレーションによるザ・ジャパニーズウォッチはブランド化の例ですが、参考になります。
> http://www.kougei.or.jp/

> また、普段使いの商品等をまちの店舗のディスプレイや飲食店等の食器として使ってもらえば、ちょっとしたショールームになります。

○（　　　　　　　　　）

名　称		
内　容		

> 商店街の頑張りを市民にも伝えましょう。
> http://www.chusho.meti.go.jp/shogyo/shogyo/shoutengai77sen/

○次の項目の中から、興味あるものを調べてみましょう。

（民間のもの）

　テレビ等のロケ地、出身や縁ある芸能人・有名人、お取り寄せ人気商品、行列のできるお店、工場景観、歴史的建造物等

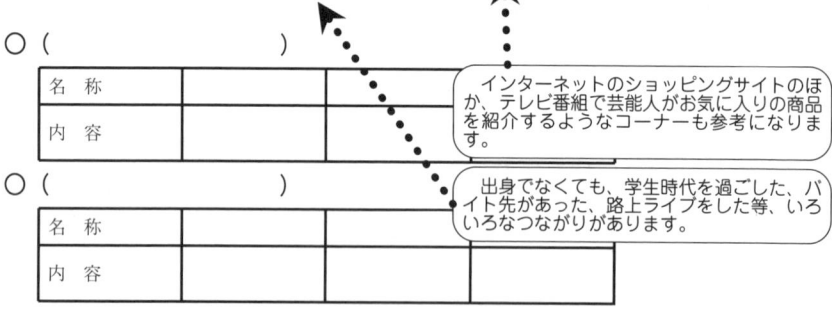

○（　　　　　　　　　）

名　称		
内　容		

> インターネットのショッピングサイトのほか、テレビ番組で芸能人がお気に入りの商品を紹介するようなコーナーも参考になります。

○（　　　　　　　　　）

名　称		
内　容		

> 出身でなくても、学生時代を過ごした、バイト先があった、路上ライブをした等、いろいろなつながりがあります。

行動へとつなげるヒントを本文で確認しよう。
　加賀市のザ・ジャパニーズウォッチ等（147頁）　宇都宮市（162頁）
　村上市商店街（259頁）
　盛岡市の「啄木ＣＤ・新井満・地元酒のコラボ企画」（204頁）
　富良野市の「北の国から」（165頁）　「風のガーデン」（256頁）
　工場観賞（60頁）　ハウステンボス（25頁）

〔世代をつなぐ〕

○小・中学校、高校、大学との連携、協働等について（あれば、その内容も）

まちの方が歴史や文化について教える。指導する。				
まちの歴史、文化についての冊子がある。配布されている。				
ボランティアや授業の一環としてイベントや景観整備、特産品開発に関わっている。				
クラブ活動の発表の場としてイベント等に参加している。				
その他				

三島市では、ガイドの会との協働による「旅育事業」として、市民が小学生に授業（お話）する場を作っています。また、景観に関する市民アンケートを中学生対象に行いました。中学生の意見を聞くと同時に、中学生に市民として自覚をもってもらういい機会になったでしょう。

由布院温泉では、観光協会が観光まちづくりの基礎である本多静六博士の講演録を子供向けに編集して発行し、小・中学生に副読本として配布しています。

瀬戸内国際芸術祭での直島小学校、中学校の児童生徒による直島のキャッチフレーズが並ぶポスターは、個人のＨＰやブログでも好意的に紹介されています。子供たち、子供たちの親御さん、おじいさん、おばあさんにもうれしいことです。

○市民からのアイデア等の募集（コンクール）の実施
　（例：観光キャッチフレーズ、マスコットキャラクター等）

アイデア募集等の内容				
実施年月				
応募数				
選ばれたアイデア等				

観光キャッチフレーズ、マスコットキャラクター、公園や新施設の名前を市民公募で決める例は多く見られます。また、「あなたの好きなまち光景」と称しての写真、写生、絵手紙のコンクールは、小中学校や趣味のグループとの連携も可能です。地元の食材を使った料理だと、主婦層を観光まちづくりに巻き込むきっかけになるかもしれません。

行動へとつなげるヒントを本文で確認しよう。
　瀬戸内国際芸術祭（小・中学生のキャッチフレーズポスター）（149頁）
　由布院温泉（140頁）　三島市（旅育事業）（148頁）
　今帰仁村の「花まつり・灯籠づくり」（195頁）
　岐阜県飛騨・美濃じまん運動（187頁）
　阿賀野市の「ごずっちょ」他（255頁）

おまけ

こんな方法もあります。

授業法や発想法として活用されているウェビング（イメージマップやマインドマップとも呼ばれています）を使って、あなたのまちのいいところ探しをしてみましょう。ウェブとは、蜘蛛の巣の意味です。一つの事柄から、思いつくことを次々とつなげていくもので、自分のまちに興味を持つ導入として有効です。

下記は、筆者（鷲尾）の住むまち神奈川県茅ヶ崎市について、ある市民が作った「茅ヶ崎ウェブ」です。このウェブから、茅ヶ崎には中高年向けの魅力と、若者向けの魅力が、表裏一体となって、混ざり合っていることが分かります。別の市民の方が作る「茅ヶ崎ウェブ」は、また違ったものになるかもしれません。何人かでやってみると、いろいろな視点が出てきておもしろいでしょう。

さて、あなたのまちは？

～ウェビングの進め方～

茅ヶ崎からまず思いついたのが「サザンオールスターズ」です。

サザンオールスターズ
↓
音　楽
↓
ユーミン
↓
サーフショップゴッデス

ユーミンの歌には茅ヶ崎が題材になっているものがあります。歌ってみると歌詞に小さなサーフショップが出てくることを思い出しました。

またもや「海」。海からつながる「えぼし岩」は「サザンオールスターズ」へ。「サーフィン」は「サーフショップゴッデス」へ…というように、思いついた事柄同士がつながったりもします。

このように、自分が興味のある事柄でつないでいく、思いつきは何でもOKです。楽しみながら、進めていきましょう。

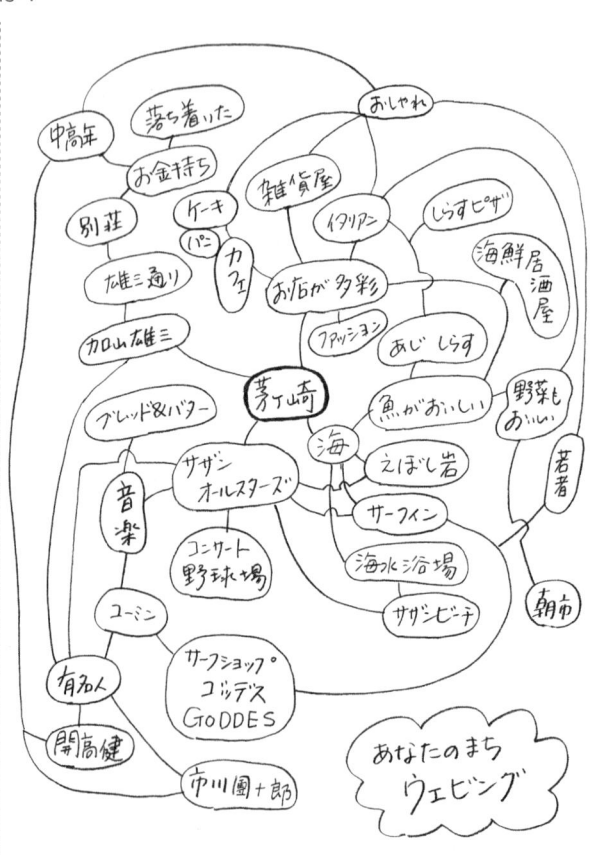

あ と が き

チエとセンスの風が吹く

　ずうっと気になっている言葉がある。
　仕事がら観光まちづくりの評判が高い地域の方々と話をする機会に恵まれた。そこで何度も聞いたのが、気になる言葉「たまたまですよ」。その言葉の「なぞ」に近づくことこそ、私が観光で仕事を続けてきている理由かもしれない。この言葉は「どうしてうまくいったのですか？」という問いに対する返答だった。もちろん、謙遜の意味もあるだろうが、心休まる景観や活気あふれるにぎわいを背に、淡々と「たまたまですよ」と言われるのである。そこには、おごりや高ぶりといった雰囲気はない。私は、十数年かけて自分なりの「なぞ」解きを進めてきたわけである。
　「たまたまですよ」の「たまたま」には、偶然や運の意味合いがある。どこかでじっとして偶然や運を待っているよりも、積極的に動くことで「たまたま」のチャンスは激増する。「たまたま」は待っていても起こらないということ。でも、「たまたま」が起きるのは「たまたま」だということ。？？？「なぞ」解きは迷路に入り込んだ。そして、今回、本書を出すことを相談されたとき、この「なぞ」解きの迷路から抜け出せそうな気がして、楽しい気分になった。

　今年の「春一番」（関東地方）が吹いたのが2月25日、本書の校正作業の真っただ中の季節の風便りだった。共著者として私に声を掛けてくださった嶋津さんとは、本書の方向性について何度も話し合った。そこで見つけた言葉が「風」。各地の観光まちづくりのチエとセンスを風に例え、いろいろな風を集めたものにすることに心を砕いた。第Ⅰ部は、多彩な肩書きの方にご執筆いただき、第Ⅱ部は、都道府県から市町村、都市から農山漁村、北から南まで、各地の観光プランを紹介した（事例の多くは月刊「地方財務」（ぎょうせい）の連載シリーズ（「全国自治体観光プランのいま」）から載録）。執筆やヒアリング等から現場の風を伝えたかった。そして、附録は、自分たちのまちに風を探してもらいたいと、診断票なるものを作成した。この診断票は、もしかしたら前例のない企画になっているのではないかと「診断票」を強く勧めた東京法令出版の湯浅崇さんと、嶋津さんと私は、小さく机の下でガッツポーズをしている。ぜひ、忌憚ないご意見を頂

戴し、新「診断票」、新新「診断票」につなげたいと願う。さらに、各地で工夫して、その地域の「診断票」を作ってもらえれば何よりうれしい。

　また、本書をお読みいただいた皆さんに、実際に各地の風を体感してもらいたいと、関係する連絡先を可能な限り、紹介したことも本書の特徴である。本書をきっかけに、観光まちづくりのネットワークが広がることを期待しながら。

　そうそう、自分たちの連絡先もお知らせしないと。嶋津、鷲尾へのご連絡は、y-washio@shoin-u.ac.jpへ。ご遠慮なく。

　さて、「たまたま」の「なぞ」解きの話に戻す。私が担当した第Ⅰ部の原稿からひしひしと感じるのが自然体ということ。無理せず、楽しく、観光まちづくりを進めると、「たまたま」があちこちで起こるようだ。繰り返しになるが、本書のきっかけに各地がつながり、「たまたま」の出会いが生まれることが、小さな願いであり、大きな野心でもある。

　平成23年4月

鷲尾　裕子

編著者紹介

嶋津　隆文（しまづ　りゅうぶん）　第Ⅱ部

昭和22年生まれ。早稲田大学法学部卒。東京都庁に入庁し、主に計画畑や国際畑を歩く。平成19年に東京観光財団専務理事。平成20年から松蔭大学観光文化学部教授（地域行政論）及び観光文化研究センター長。公的活動として厚木市観光振興検討委員会委員長、中野区個人情報保護審議会会長、田原市観光アドバイザーなど多数。主著に「どこで、どう暮らすか日本人」（TBSブリタニカ）、「明治の日本人と地方自治」（公職研）、「観光キーワード事典」（学陽書房）などがある。

鷲尾　裕子（わしお　ゆうこ）　第Ⅰ部・附録

神戸大学教育学部卒。㈳日本観光協会（現㈳日本観光振興協会）に勤めながら、社会人入学した横浜市立大学大学院国際文化研究専攻（都市社会・まちづくり系）博士前期課程を平成19年修了。㈳日本観光協会では、長年月刊「観光」の企画編集を担当するとともに、各地の国内観光振興のお手伝いに携わった。平成21年から松蔭大学観光文化学部講師（地域観光論）。出身地大阪、学んだ神戸、現に住まう神奈川、茅ヶ崎から各地を結ぶことを模索し、これまでに、神奈川県観光審議会副会長、神奈川県コミュニティカレッジ講師等を務める一方で、最近、茅ヶ崎で市民活動のメンバーにも加わった。

カネよりもチエとセンスで人を呼び込め！
地域発　観光まちづくり最前線

平成23年6月30日　初 版 発 行

編著者	嶋　津　隆　文
	鷲　尾　裕　子
発行者	星　沢　哲　也
発行所	東京法令出版株式会社

112-0002	東京都文京区小石川5丁目17番3号	03（5803）3304
534-0024	大阪市都島区東野田町1丁目17番12号	06（6355）5226
060-0009	札幌市中央区北9条西18丁目35番87	011（640）5182
980-0012	仙台市青葉区錦町1丁目1番10号	022（216）5871
462-0053	名古屋市北区光音寺町野方1918番地	052（914）2251
730-0005	広島市中区西白島町11番9号	082（516）1230
810-0011	福岡市中央区高砂2丁目13番22号	092（533）1588
380-8688	長野市南千歳町1005番地	

〔営業〕TEL 026（224）5411　FAX 026（224）5419
〔編集〕TEL 03（5803）3304　FAX 03（5803）2624
http://www.tokyo-horei.co.jp/

© RYUBUN SHIMAZU, YUKO WASHIO　Printed in Japan, 2011

　本書の全部又は一部の複写、複製及び磁気又は光記録媒体への入力等は、著作権法上での例外を除き禁じられています。これらの許諾については、当社までご照会ください。

　落丁本・乱丁本はお取替えいたします。

ISBN978-4-8090-3159-5